# 汉语儿童情态系统的
# 早期习得

张云秋 著

商务印书馆
The Commercial Press

**图书在版编目(CIP)数据**

汉语儿童情态系统的早期习得 / 张云秋著. —北京:
商务印书馆,2024
ISBN 978-7-100-23155-8

Ⅰ.①汉⋯　Ⅱ.①张⋯　Ⅲ.①汉语—儿童语言—研究
Ⅳ.① H193.1

中国国家版本馆 CIP 数据核字(2023)第 194039 号

权利保留,侵权必究。

## 汉语儿童情态系统的早期习得

张云秋　著

商　务　印　书　馆　出　版
(北京王府井大街36号　邮政编码100710)
商　务　印　书　馆　发　行
北京盛通印刷股份有限公司印刷
ISBN 978-7-100-23155-8

2024 年 6 月第 1 版　　　　开本 710×1000　1/16
2024 年 6 月北京第 1 次印刷　印张 19¼

定价:98.00 元

# 目 录

## 第一章 导 论 ········································································ 5

1.1 概念界定及研究目标 ··················································· 5
1.2 国内外情态研究概览 ··················································· 6
1.3 现代汉语情态研究评价 ··············································· 13
1.4 现代汉语儿童情态习得研究 ········································ 18
1.5 数据说明 ··································································· 19

## 第二章 现代汉语的情态系统 ············································· 24

2.1 现代汉语情态表现形式 ··············································· 24
2.2 现代汉语情态表现形式的情态地位 ······························ 26
2.3 现代汉语情态表达手段的情态属性 ······························ 28
2.4 儿童情态表达手段考察对象 ········································ 63

## 第三章 早期儿童情态动词的习得 ····································· 64

3.1 研究背景与研究目标 ·················································· 64

3.2 研究对象与数据说明 ......65
3.3 早期儿童多义情态动词的习得 ......66
3.4 早期儿童单义情态动词的习得 ......86
3.5 情态动词习得数据的量化 ......90
3.6 从情态动词的习得看早期语言中的情态类型 ......92

## 第四章　早期儿童情态副词的习得 ......106

4.1 研究背景与研究目标 ......106
4.2 情态副词类别及考察对象 ......107
4.3 儿童情态副词习得概况 ......108
4.4 情态副词的习得特征 ......132
4.5 儿童习得情态副词的意义 ......135

## 第五章　早期儿童情态助词的习得 ......138

5.1 研究背景与研究目标 ......138
5.2 情态助词的句法语义特征 ......139
5.3 儿童情态助词的习得 ......143
5.4 情态助词习得的地位 ......161

## 第六章　早期语言中的情态量级 ......164

6.1 研究背景与研究目标 ......164
6.2 情态量级的表现手段 ......165

6.3 儿童情态量级的早期习得·····166
6.4 情态量级的习得特征及初步解释·····172
6.5 情态量级的补充和细化·····179

## 第七章　早期语言中的情态意义不确定性·····184

7.1 研究背景与研究目标·····184
7.2 儿童情态意义不确定性的产出·····186
7.3 情态意义不确定的产出特征·····191
7.4 情态意义不确定习得的制约因素探讨·····197

## 第八章　情态意义与动词情状的共现习得·····206

8.1 研究背景与研究目标·····206
8.2 情状问题研究回顾·····207
8.3 情状类型的儿童习得·····212
8.4 情状类型与情态类型的共现习得·····231

## 第九章　情态否定的习得·····244

9.1 概念界定与研究目标·····244
9.2 情态否定研究回顾·····245
9.3 情态动词否定的早期习得·····250
9.4 情态动补构式否定式的早期习得·····264
9.5 两类情态否定习得特征的对比分析·····272

**第十章　结语：早期情态习得的论证意义** ························ 277

10.1　情态习得在语言习得中的地位 ······························ 277
10.2　早期情态系统习得研究的重要发现 ·························· 277
10.3　早期情态习得的论证意义 ·································· 280
10.4　结束语 ·················································· 289

参考文献 ······················································ 290
后　记 ························································ 299

# 图目录

图 1-1　现代汉语情态系统（崔希亮，2003）··················16
图 1-2　现代汉语语气系统（贺阳，1992）··················16
图 2-1　现代汉语情态范畴与语气范畴的连续统··················27
图 2-2　三类双音节情态副词的句位比例变化··················42
图 2-3　三类情态副词的句类适应比例变化··················42
图 3-1　三名儿童情态类型语义平均发展趋势图··················95
图 3-2　三名儿童基于单词义项的情态语义发展特征（上分别，下平均）······97
图 3-3　两名儿童输入的时量与产出的时间··················100
图 4-1　三名儿童情态副词语义类型发展趋势（左分别，右平均）········134
图 4-2　三名儿童情态副词语义量级发展趋势（左分别，右平均）········135
图 4-3　儿童情态副词从可能（推测）到必然（确信）的发展趋势
　　　　（左分别，右平均）··················135
图 6-1　三名儿童各类情态量级的产出数量··················175
图 6-2　三名儿童各类情态量级不同年龄段发展趋势
　　　　（个体发展及总体平均发展）··················175
图 7-1　不同情态词意义不确定产出的频率及年龄分布··················188
图 7-2　三名儿童各年龄段意义不确定情态词产出频次··················188
图 7-3　儿童产出共存情态意义的类型比例··················190
图 7-4　儿童不同年龄段情态义不确定产出比例
　　　　（个体平均发展与总体平均发展）··················192

图 8-1　与各情态动词共现的动词情状类型习得时间折线图（SYY）………226
图 8-2　与各情态动词共现的动词情状类型习得时间折线图（LXY）………228
图 8-3　LXY 完结情状、达成情状习得时间对比图………228
图 8-4　与各情态动词共现的动词情状类型习得时间折线图（JBS）………229
图 8-5　JBS 各情状类型习得时间折线图………230
图 8-6　情态类型与情状类型共现关系示意图………240
图 10-1　普遍语法句法结构层级………284
图 10-2　普遍语法各句法结构层级的细化………285
图 10-3　情态语义在句法结构中的分布层级（蔡维天，2010）………285

# 表目录

| 表号 | 标题 | 页码 |
|---|---|---|
| 表 1-1 | 朱冠明（2005）对现代汉语情态动词的分类 | 14 |
| 表 1-2 | 被试儿童信息及语料信息 | 23 |
| 表 2-1 | 现代汉语情态表达手段 | 24 |
| 表 2-2 | 现代汉语情态动词及其情态意义（1） | 30 |
| 表 2-2 | 现代汉语情态动词及其情态意义（2） | 30 |
| 表 2-3 | 现代汉语情态助词及其功能意义 | 33 |
| 表 2-4 | 现代汉语情态副词的范围及分类 | 39 |
| 表 2-5 | 各类情态副词的句位特征及句类适应特征定量统计 | 41 |
| 表 2-6 | 情态插入语的意义 | 51 |
| 表 2-7 | 情态插入语的情态类型及量级 | 53 |
| 表 2-8 | 黄国文（1988）现代汉语语篇衔接手段 | 55 |
| 表 3-1 | 三名儿童情态动词习得基本数据 | 91 |
| 表 3-2 | 三名儿童习得情态类型的顺序特征 | 95 |
| 表 3-3 | 两名儿童情态语义类型输入基本数据 | 98 |
| 表 3-4 | 两名儿童输入方式的时量数据与儿童两类产出方式的时间 | 101 |
| 表 4-1 | 三名儿童习得的情态副词总表 | 108 |
| 表 4-2 | 儿童情态副词习得基本数据表 | 132 |
| 表 5-1 | 句末语气助词的句法语义特征（徐晶凝，2008） | 140 |
| 表 5-2 | 《八百词》中五个情态助词的情态意义 | 141 |
| 表 5-3 | 五个情态助词情态义的句法语义特征 | 142 |

表 5-4　三名儿童情态助词第一个情态义的习得时间及用例……144
表 5-5　三名儿童五个情态助词各义项始现时间……159
表 5-6　五个情态助词的义项及情态语义发展特征……160
表 6-1　三名儿童情态量级习得基本数据（词语、时间和数量）……173
表 6-2　两名儿童四个情态词的输入情况……178
表 7-1　三名儿童意义不确定的情态词产出基本数据……186
表 7-2　三名儿童产出的共存情态义分词分类统计……189
表 7-3　儿童各情态义产出总数与情态义不确定产出总数对比……191
表 8-1　马庆株（1981）对动词情状的分类……210
表 8-2　陈平（1988）对情状及其特征的分类……211
表 8-3　戴耀晶（1997）对情状类型的分类……212
表 8-4　三名儿童情态动词习得情况总表……213
表 8-5　情状的分类及其解释……214
表 8-6　与各情态动词共现的动词情状类型产出频次（SYY）……227
表 8-7　与各情态动词共现的动词情状类型产出频次（LXY）……229
表 8-8　与各情态动词共现的动词情状类型产出频次（JBS）……230
表 8-9　与静态动词同现时情态动词为认识情态义的比例（Coates，1983）……231
表 8-10　SYY 情态类型和情状类型的协同习得数据……234
表 8-11　LXY 情态类型和情状类型的协同习得数据……236
表 8-12　JBS 情态类型和情状类型的协同习得数据……239
表 9-1　儿童各情态动词否定的习得时间及频次……258
表 9-2　情态动词否定的情态语义类型习得时间及频次……260
表 9-3　情态动词否定的情态语义量级习得时间及频次……263
表 9-4　儿童情态动补构式习得基本数据……266
表 9-5　儿童两类情态动补构式的功能语境特征……269
表 9-6　LXY 和 JBS 两类情态否定结构的输入数据……274

# 第一章 导 论

## 1.1 概念界定及研究目标

情态（modality）指的是说写者对话语所表达命题的真值或事件现实性状态的可能性及其差异的态度，涉及能力、意愿、许可、禁止、义务、推测、推断等客观世界和可能世界概念，是最为普遍的跨语言语义范畴，并且与动词情状、时体、语气等句法语义范畴密切相关，因此一直受到国内外语言学家的高度关注。

人类语言普遍使用情态动词和情态副词等情态手段表达说话人对命题或事件的态度，汉语也不例外。但现代汉语情态研究仍有令人感到纠结的问题，比如：汉语的一些副词尽管也有情态意义，但这些情态副词的情态特征既不同于汉语的情态动词，也不同于英语的情态副词，以至于在基本的名称上仍然存在很大的分歧，有的学者称为情态副词，有的学者称为语气副词。另外，汉语是有句末语气词的语言，一些句末语气词也包含某些情态语义特征，比如"吧"表示的推测意义符合情态的定义，那么这类句末语气词可否归入情态系统？如果归入情态系统，与典型的情态成分（情态动词）又是什么样的关系？再者，现代汉语也运用一些句法结构来表达情态意义，如"吃得完/吃不完"等，明显具有能性意义，这类意义也符合情态的定义。当然，有一些篇章手段（如插入语"事实上、按理说"等）和认识动词（如"估计、怀疑、猜、看、推断"等）也可用来表达情态意义。

这样看来，现代汉语的情态表达系统既有跨语言的普遍性，也有自己的个性，从这个意义上说，基于英语建立起来的情态表达系统可能并不完全适用于各种不同的语言，因此，建立现代汉语的情态系统并确定各情态表达手段在情态系统中的地位仍然是现代汉语情态研究的一个重要课题,其研究意义在于,可以建立兼具跨语言共性和汉语个性的现代汉语情态表达系统,并增加情态研究的深度和广度。就本书的研究目标而言,现代汉语情态系统的建立可以为汉语儿童情态系统的习得研究建立符合语言实际的理论框架,使儿童情态习得研究的内容及规律更具有价值,既可以借此了解儿童对客观世界和可能世界的认知及推理能力的发展,也可以给情态本体研究提供有力的佐证甚至对其进行修正。

本书试图对汉语儿童早期情态系统的习得进行全面的观察和描写,涉及情态动词、情态副词、情态助词等多种情态表达手段的习得并探讨汉语儿童早期情态系统的发展规律。本书也考察与情态系统发展相关的问题,如情态与否定、情态的多义性或不确定性、情态语义类型与动词情状类型、时体标记与语气类型的协同发展,等等。本书将运用当代语言学理论和儿童语言习得理论对情态习得中呈现的各种特征与规律做出解释,并通过儿童情态系统的习得探讨儿童语言习得的理论问题,对本体情态研究中的一些理论问题和句法理论问题进行论证。

## 1.2 国内外情态研究概览

本节首先介绍以往语言学家对情态(包括汉语情态)做了哪些研究,有哪些引人注目的研究成果和重要观点,为建立现代汉语的情态系统并对情态表达成分的内涵进行描写奠定基础。

哲学、逻辑学和语言学都对情态做了丰富的研究,这里主要介绍语言学家对情态的研究。鉴于情态的系统研究是从国外开始的,我们的综述也是先看国外的研究再看国内的研究。

### 1.2.1 国外情态研究概述

国外从 20 世纪 20 年代起就开始了情态的系统研究,如 Jespersen(1924/1988)在语气范畴内讨论了英语的情态问题。六七十年代以后,Lyons

(1977)、Palmer（1979）、Perkins（1983）、Coates（1983）等很多语言学家对英语的情态和情态动词进行了系统的研究，奠定了英语情态研究甚至世界各种语言情态研究的基础。随着认知语言学的发展，Talmy（1988）、Sweetser（1990）、Langacker（1991）、Dirven & Verspoor（1998）、Papafragou（2000）、Taylor（2002）等从认知或认知关联的角度对情态做了更为深入的研究。也有一些跨语言情态研究成果，如1993年在美国新墨西哥大学召开了情态专题研讨会并出版了论文集，书中讨论了印欧语系、非洲、美洲和东亚一些语言中的情态现象，但总体上来说，情态及其表达手段的探讨基本建立在基于英语提出的情态理论框架上，即情态表达手段以情态动词为主、情态副词为辅，情态具有动力、道义和认识三种语义类型，并且按照说话人对命题或事件所判断的可能性差异大致分为可能性、盖然性和必然性三个情态等级。下面我们分别介绍一些重要语言学家关于情态研究的主要观点。

Lyons（1977）第一次从语义学视角较为系统地研究了英语的情态问题，Lyons情态研究最主要的特征是认为情态与主观性有直接的联系，甚至认为情态就是说话人的主观态度和观点的语法表现，主观性对于情态的认识和理解具有重要作用。Lyons还认为情态的表达手段不仅仅局限于情态动词，一些副词和形容词等也可以表达情态意义。此外他还分析讨论了情态与事实性之间的关系、必然性与可能性的概念、主观情态和客观情态的区分。Lyons将情态分为知识情态（epistemic modality）和义务情态（deontic modality）两类。

Palmer（1979）在Lyons（1977）情态定义和分类的基础上对英语情态动词的语义和形式特征做了系统的分析，认为英语的情态动词有特殊的句法和词法特征。他将情态分为认识情态、道义情态和动力情态三种，并从可能性和必然性上对每种情态展开了讨论。后来Palmer（2001）又从类型学视角观察情态，认为人类语言中的情态可以用情态动词、语气、小品词和附着成分等多种方式来标记。之后，Perkins（1983）更全面地考察了英语情态的各种表达方式，包括情态助动词、形容词、情态名词、情态副词、情态实义动词、时态、if从句和疑问句等。他把情态看作一个事件或命题成立或不成立时所处的概念语境，认为情态与可能世界之间存在某种对应关系，即认识情态、道义情态和动力情态三种情态类型分别对应于可能世界的理性法则、制度法则和自然法则。

  Coates（1983）第一次用语料库的方法研究了英语的情态动词。她把情态分为认识情态和非认识情态（根情态），并且注意到大多数英语的情态动词都存在两种情态之间的不确定性。她认为句法环境中与情态动词同现的许多其他语言成分，如句子中主要动词的自主性、时间的将来性、命题的事实性、否定的类型、重音语调、体标记、语态、主语等，可以消除这种语义的不确定性。

  20世纪90年代，系统功能语法也涉足情态研究，认为情态是人际元功能的主要组成部分，表示语言使用者对事物认识的估量和不确定性。Halliday（1994）把情态和"归一度"联系到一起，认为情态指的是从"yes"到"no"两极间的意义区间。他把情态分为情态（modalization）和意态（modulation）两类，认为情态涉及可能性和经常性，意态包括义务和意向，这些意义可以通过情态算子、情态附加语、谓词的扩展或者相互的组合来实现。此外，Halliday（1994）提出了情态隐喻的概念，并把情态看作人际隐喻的组成部分，在此基础上提出了情态的"主观"和"客观"两种取向，认为情态的隐喻变体是主观的。

  情态作为具有主观性和多义性的语义范畴也不可避免地受到认知语言学家的关注。认知语言学对情态的研究既注重共时的现象也关注历时的演变，尤其强调说话人的认知对情态语义的影响。Talmy（1988）最早从认知的角度研究情态，他借用Johnson（1987）的动力图式理论来解释道义情态和认识情态。动力图式理论包括力的强制作用、阻碍和阻力消除三部分，可以用来解释情态意义，例如情态动词may的"允许"义就可以解释为人们头脑中相对于作用力的障碍或者是一种潜在的而又未出现的障碍的消除。Sweetser（1990）在Talmy（1988）研究的基础上更进了一步，认为语言中的情态是真实世界领域对理性世界领域和语言行为领域的投射，即认识情态是根情态的语义延伸。她认为这种投射建立在作用力图式的基础上，是一个概念隐喻的作用过程，物质世界的力量通过隐喻投射到社会心理世界，并进一步投射到推理世界，如 may 表达的是物质世界与人类社会中一种潜在而又未出现的障碍图式。Langacker（1991）把情态表达式从"涉及物质世界—社会心理世界—认识世界"的演变过程看作一个主观化的过程。在 Talmy 和 Sweetser 研究的基础上，Langacker 构建了情态词语的理想化认知模式，即动态演变模式，用情态的动态演变模式来区分并解释情态动词的意义。Taylor（2002）也认为情态词本身就是场景成分，从可能性出发，可以分为盖然、不可能、期望、必然、可能等情态类型。这些不同的情态可以用力量（force）的概念来解释，情态类型的不同和力量的来源、存在与否、强度大小的差异有关。

Dirven & Verspoor（1998）把情态看作句子的锁定成分（grounding elements），为概念组合提供背景信息。他们认为一个句子就像是一个洋葱，事件图式处于核心部分，锁定成分按照体、时态、情态和语气这样的顺序逐层向外。

### 1.2.2 国内情态研究概述

对现代汉语情态的研究伴随着中国语法学的产生，相关文献包括马建忠（1898/2002）、吕叔湘（1944/1982）、王力（1943）等。当时的研究是非自觉的，主要研究对象是助动词和语气词。

20 世纪 80 年代以来，汉语语法学家真正从情态意义的角度对汉语的情态进行了较为自觉的研究，其中 Tsang（1981）是较早借鉴西方情态理论研究现代汉语情态问题的学者，之后汤廷池（1979）、Tiee & Lance（1986）、范开泰（1988）、贺阳（1992）、齐沪扬（2002a，2002b，2002c）、崔希亮（2003）、鲁川（2003）等都对现代汉语的情态做了一些较为深入的研究。2002 年召开的第十二次现代汉语语法学术讨论会（长沙）专门探讨了现代汉语的情态问题，会后出版的《语法研究和探索（十二）》一书是现代汉语情态问题研究的重要文献之一。近年来，彭利贞（2007b）和徐晶凝（2008）的著作分别系统地研究了现代汉语情态动词和情态助词以及相关问题。郭昭军（2003b）、谢佳玲（2002）、刘云（2010）、崔诚恩（2002）、宋永圭（2004）等的博士论文分别从共时和历时视角探讨了现代汉语情态动词、情态副词的情态意义和情态动词否定问题。还有一些论文研究某些具体的情态成分或情态类型，如王伟（2000）、李明（2003）、朱冠明（2002）、高增霞（2003）、齐春红（2006）、李敏（2010）、张则顺（2012）等。另外，有些学者在进行副词研究时涉及情态问题，如张谊生（2000b）、史金生（2003）等。下面我们对部分成果的主要内容及观点进行介绍。

吕叔湘（1944/1982）在论述汉语的狭义语气时认为，有的语气与认识有关，如直陈（如果强调则表示确认）、疑问（包括肯定性测度、中性询问和否定性反诘），有的语气与行动有关，如商量性的建议和赞同、祈使性的命令和禁止。从上述分类中可以看到吕叔湘先生已经注意到有些语气词与情态意义有关，如直陈中的确认，疑问中的测度、询问和反诘都具有认识情态意义，而建议、赞同、命令、禁止等祈使语气则具有道义情态意义。总的来说，以吕叔湘为代表的早期研究已经注意到了情态问题，对情态语义的观察很细致，但并没有将其作为一个独立的语义范畴进行自觉而系统的论述。

Tsang（1981）借鉴西方情态理论自觉地研究现代汉语的情态，认为情态是语义范畴并较系统地研究了现代汉语的情态动词，细致分析了情态动词的语义特征以及它们与非情态助动词的不同，考察了情态成分与时态意义的关联。汤廷池（1979）认为情态是说话者对句子命题内容的观点或心态，包括对命题的真伪、认知、愿望、盖然性、必然性等的判断。他认为现代汉语情态的表达方式有出现在句尾的情态语气词、出现在句首或主谓之间的情态副词，以及出现在谓语动词组或形容词组之前的情态动词和情态形容词这三大类。

范开泰（1988）在解释语义结构要素时分析了模态语义，将其分为真值模态义、道义模态义和意愿模态义，每种模态语义内部又分不同的小类。由此可见范开泰较早就注意到了各种模态义之间的密切关系，即情态动词的多义现象。

贺阳（1992）、齐沪扬（2002a）、鲁川（2003）、崔希亮（2003）致力于现代汉语情态系统的建构。贺阳和齐沪扬认为情态归属于语气，并在语气框架内探讨现代汉语的情态含义和类型，如贺阳把语气系统分为功能语气、评判语气和情感语气三部分,认为语气就是说话人对命题的主观意识,也可以说是对句中命题的再表述。语气是通过语法形式来表达的,在书面语中,可以通过句末标点符号、句式、助动词、语气副词、叹词等多种形式标志来表达。鲁川不赞同贺阳和齐沪扬的做法,而是将情态和语气区分开来,认为语气是对人的,而情态是对事的。他认为情态范畴是言者由于其固有认识而用标记来附加到语言中的情绪或态度之类的主观信息范畴,总的来说是言者基于其主观的立场、观点而对客观事物的判断和评议。情态标记是一种非常重要的主观标记,可以归于确定、揣测、理应、必须、照常、反常等不同的层次。崔希亮(2003)对现代汉语情态的看法与上述学者有同有异,对情态系统的确认比较宽但成员关系比较清晰。他认为情态涉及说话人的态度和意见,因而把现代汉语的情态范畴分为与说话人的主观态度有关的直陈情态、与事件本身的状态有关的事件情态和与说话人判断有关的能愿情态三个子范畴,并且认为这三个子范畴相对独立,各有不同的表达方式,但是都与情态表达相关。通过上述研究我们可以看到学界对建立现代汉语情态系统所做的努力。

也有一些学者在研究汉语情态时不追求系统问题,只是对某些情态表达手段进行更为细致的分析。郭昭军(2003b)的博士论文运用语义功能语法理论和方法,以专题的形式考察了汉语表达情态的主要方式及相关的句法和语义问题,涉及能愿动词、情态动词和可能补语等。值得注意的是他对能愿动词的专题研究,不仅考察了能愿动词所表达的各种情态意义及其在形式和使用上的差别,探究了影响情态动词意义选择的各个因素,而且比较了情态意义相同或相近的不同能愿动词在句法、语义和使用上的不同。崔诚恩(2002)的博士论文对现代汉语情态副词做了专门而系统的研究,认为情态副词是"说话人在发话时点有效的、不能客体化的说话者内部的主观世界,或者可以说是表示说话人针对命题表明主观判断的,同时对命题附加真值的,表示说话人发话时的主观认识映射到命题的副词"。崔诚恩认为情态副词是命题之外的成分,而且只能表示现在时。她还认为,典型的情态副词一般放在情态动词之前,非典型的情态副词位于谓语之前。在分类方面把情态副词分为表示价值判断的情态副词、表示真伪判断的情态副词和表示发话行为的情态副词三大类，另外还针对这几类情态副词出现的句类和表达的口气做了详细的阐述。

彭利贞（2007b）和徐晶凝（2008）的研究是近年来情态研究中比较出色的。彭利贞运用了语义学、功能语言学特别是认知语言学的基本概念和理论，以情态动词为主要研究对象，系统地考察了现代汉语情态及情态语义系统，细致地探讨了现代汉语多义情态动词与其他语法范畴的互动关系，并考察了动词的情状、体、否定等范畴对多义情态解读的积极影响，分析了情态动词连续同现的语义组配方式、规则及情态动词情态意义解读的机制，建立了一个相对完整的现代汉语情态语义的语法形式解释系统。徐晶凝则从话语情态的角度来研究汉语的情态问题，以情态研究民族模型为理论框架和研究方法，考察了现代汉语话语情态体系的总体面貌，探讨了现代汉语语气助词及相关句类系统的情态意义，也分析了情态动词和情态副词等情态表达手段。她注意到话语情态的表达跟语言的主观性和交互主观性之间有密切的关系，重点从交互主观性的角度对语气助词这种情态表达形式做了详细的分析。

张谊生（2000a，2000b）在对副词分类时列出评注性副词一类，认为这类副词是传信范畴和情态范畴的表达手段。在我们看来，传信范畴更能表达情态意义，如断言（包括"确实、根本"等）、释因（包括"难怪、原来"等）、推测（包括"准保、也许"等）、总结（包括"当然、反正"等）四类，细究起来都具有情态意义，而张谊生所说的情态范畴（如强调、委婉、深究、比附、意外、侥幸、逆转、契合、意愿、将就）既有情态义也有语气义。史金生（2003，2011）在研究现代汉语副词连用顺序和同现的规律及制约条件时对语气副词进行了下位分类，把语气副词分为知识性和义务性两大类，前一小类包括肯定（证实、断定、指明）和推断（或然、必然），后一小类包括意志（指令、意愿）、情感（疑问、感叹）和评价（关系、特点），我们也可以把这个分类看作情态视角的分类，也就是说，传统语法中所说的语气副词具有浓厚的情态意义。

范晓蕾（2020）的研究具有独到的视角和理论意义。该研究指出了以往情态类型体系的弊端，把情态的核心区域重新进行了三分，进而把认识、评判、潜力三个情态类型设立为情态语义地图的功能节点，建构了跨方言材料的能性情态语义地图。作者提出语义地图的构建应是语料主导和意义主导相结合，构建了恒常能力语义地图，并对语义地图理论有所修订。总之，范晓蕾的研究，语言事实非常丰富，运用语义地图理论进行跨方言情态语义研究，对普通话的情态词和一些方言词均进行了科学细致的分析，是近期情态研究中不可多得的成果。

## 1.3 现代汉语情态研究评价

综观现代汉语情态研究，我们可以看到研究内容涉及了情态的属性和特点、情态的类别及意义、情态的各种表现形式、情态词的多义性及多义情态词的语义发展机制、情态词的历时演变及语法化机制、情态语义的跨方言描写、情态与相关语法范畴的关系等，几乎涵盖了情态问题的各个方面。上述问题的研究既体现了跨语言共性的一面也有汉语个性的一面。

### 1.3.1 情态类型、情态量级和多义情态词的历时演变

现代汉语的情态类型研究大体采用了 Palmer（1979，2001）的三分法，即动力情态、道义情态和认识情态。如 Tsang（1981）将情态助动词表达的意义分为道义情态和认识情态，范开泰（1988）将模态语义分为真值模态义、道义模态义和意愿模态义。谢佳玲（2002）从人类语言共有的情态概念出发，结合汉语情态的特点，将情态类型分为动力情态、道义情态、认知情态和评价情态。彭利贞（2007b）和徐晶凝（2008）都综合分析了语法学界出现过的主要情态意义的类型，并肯定了将情态意义分为认识情态、道义情态和动力情态的合理性。Palmer 的三分法有一定的道理，也是值得借鉴的。情态是一种跨语言的语义范畴，Palmer 的研究也是建立在大量不同类型语言材料的基础上的，因此，其对情态意义类型做出的系统详尽的界定具有普遍的类型学意义。一般来说，动力情态涉及意愿或能力这样的概念，这种意愿或能力指向句子的主语，表达说话人对主语是否有能力或意愿使命题为真的态度或

看法(如情态动词中的"能、会、要、可以、肯、想、愿意"等);道义情态涉及许可、义务、指令、承诺等概念,表达说话人对句子主语是否负有道义、责任使命题为真的可能性和必然性的观点和看法(如情态动词中的"能、会、可以、必须、应该"等);认识情态表达说话人对命题为真或一个事件出现的可能性和必然性的观点或判断,涉及推测、推断、假设、确定等概念(如情态动词中的"会、要、可能、一定、准"等)。

在情态量级方面,汉语学者也基本上沿袭了欧美语言学家情态研究的结论,如 Lyons(1977)区分了主观情态和客观情态,认为主观情态的可能性程度可以量化为 1 到 0,1 是认识上的必然,0 就是认识上的不可能。Taylor(2002)基于认知语法视角分析情态,认为不同的情态可用力量(force)的概念来理解,这种力量的强度(strength)就是情态可以出现的强度变化,如 must 是高强度的情态,而 should 则是低强度的情态。再看汉语学者的研究,郭昭军(2003b)列出了情态词之间连续渐变的等级差异,即"也许＜可能＜大概＜很/非常/十分/极可能＜会",彭利贞(2007b)在此基础上修订为"也许＜可能＜大概＜很/非常/十分/极可能＜会＜一定＜肯定/必然",他认为不仅认识逻辑中存在这样的级差,道义逻辑和动力逻辑内部同样存在强弱等级差异,形成一个"不可能—可能—盖然—必然"的连续体。朱冠明(2005)以 Palmer(1979)对英语情态动词的分类为参照,描写了现代汉语情态动词语义分类体系,见表 1-1:

表 1-1 朱冠明(2005)对现代汉语情态动词的分类

| 情态量级 | 情态类型 | | | | |
| --- | --- | --- | --- | --- | --- |
| | 认识情态 | 道义情态 | | 动力情态 | |
| | | 该允 | 估价 | 主语指向 | 中性/条件 |
| 可能性 | 可能 | 可以 | 配<br>值得 | 能<br>愿意 | 能 |
| 盖然性 | 应该 | 应该 | | | |
| 必然性 | 一定 | 必须 | | | 必须 |

目前关于现代汉语情态量级的主流观点基本上是分为可能、盖然和必然三类。

情态词的多义性及其语义发展主要体现在情态动词上，对该问题的探讨需要梳理多义情态词的历时演变及语法化机制，现代汉语情态动词的研究与国外的研究也大体一致。王伟（2000）、李明（2003）、郭昭军（2003b）、刘云（2010）等学者的研究都触及了这些问题。另外，高增霞（2003）等学者对认识动词（如"想、看、怕"等）的意义形成及演化机制进行的研究，情形类似于多义情态动词的研究，此不赘述。

### 1.3.2　情态表现形式及情态系统的构建

我们也看到现代汉语情态研究在情态表达手段及情态系统建立方面有自己的个性。在情态表现形式上，现代汉语是有句末语气词的语言，同时现代汉语的补语中有可能补语，它们都可以表示情态意义，另外现代汉语表情态的副词与英语的情态副词不完全相同，也与现代汉语的情态动词不同，所以，情态表现形式的差异会导致情态系统的构建具有一定的民族个性。

一方面，现代汉语的句末语气词和语气副词具有一定的情态意义，这在吕叔湘（1944/1982）的研究中就注意到了。当代语言学者中有相当一部分人认同句末语气词和语气副词具有情态意义，有的把情态纳入语气系统当中，如贺阳（1992）、齐沪扬（2002b）、齐春红（2006）、史金生（2003，2011）等，有的把语气纳入情态系统当中，如崔希亮（2003）、徐晶凝（2008）等。后一种处理我们以崔希亮（2003）的情态系统为例，见图1-1。崔希亮建立的情态系统包括时体范畴，这一点可能未必得到广泛认同，但是语气范畴中具有情态意义这是现代汉语的实际情况。Palmer（2001）从类型学视角考察情态的表现形式，也认为人类语言中的情态可以用语气成分等多种方式来表达。当然我们并非认为所有的语气成分都表示情态，这一点在第二章中再详细说明。

另一方面，单就词汇手段来说，如果不考虑情态动词这类典型情态表达手段的话，副词、句末语气词、插入语等确实都具有程度不等的语气属性。我们以贺阳的语气系统为例，见图1-2：

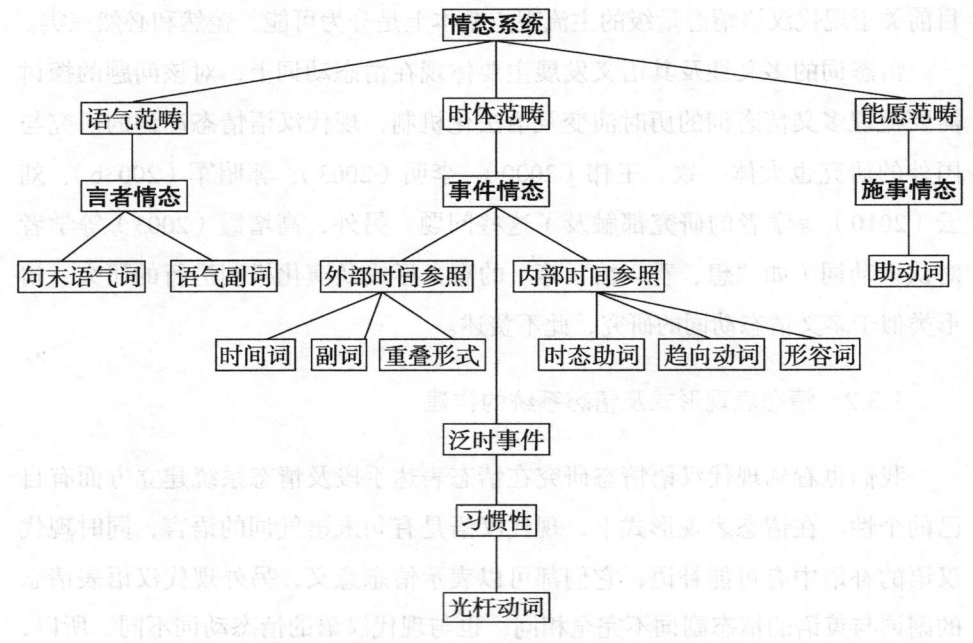

图 1-1 现代汉语情态系统（崔希亮，2003）

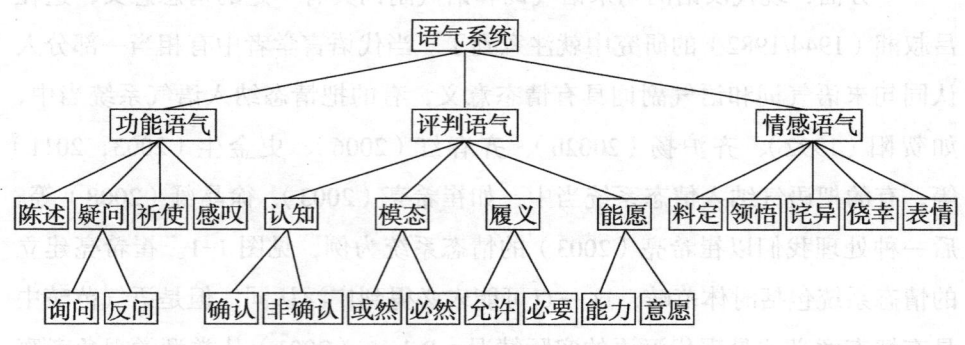

图 1-2 现代汉语语气系统（贺阳，1992）

这个语气系统中的评判语气实际上就是情态范畴，主要由副词表达。但是根据我们的观察，副词即使表达情态，与情态动词也不同，或多或少含有一定的语气，有的情态意义强语气意义弱（如"确实、也许、必须、大概、千万"等），有的情态意义弱语气意义强（如"难道、反正、明明、偏偏、毕竟、果然"等）。英语中也有表情态、凸显（Hoye，1997）的核心情态副词（如

certainly、indeed、perhaps、possibly、really、actually等）和边缘情态副词（如happily、frankly、hardly、quite等）（徐晶凝，2008），只不过英语的边缘情态副词表达的不一定是语气，而可能是礼貌、风格、加强、聚焦等。另外，句末语气词中表测度的"吧"、表反诘的"吗"、表肯定的"嘛"等也表达说话人对命题的真值或事件的现实性状态的主观态度，完全符合情态的内涵，因此也可看作情态表现形式。

我们认为，现代汉语中情态和语气错综复杂的关系与现实和非现实这对概念有关，情态和语气都与语言所表达命题或事件的现实性和非现实性有关，但是情态往往是非现实的（Palmer，1979；Tsang，1981；彭利贞，2007b），语气则可以是非现实的也可以是现实的，如"今天的课王老师上的""今天的课应该是王老师上的"两句中的"的"，前一句对现实性命题进行确定，后一句对非现实性命题进行确定。因为语气也可以是非现实的，所以与情态有交叉，尤其是陈述语气和疑问语气中含有测度等主观态度时，与情态有交叉。但是语气首先表达的是说话人的陈述、祈愿、疑问、虚拟、假设等，其中表疑问、虚拟时与可能性的测度特征有关，表陈述时与必然性的推断特征有关。这说明语气本身并不是情态，但与情态可以形成标记关联。

除此之外，现代汉语句法结构中有动补组合，动词后补语的语义类型多样，其中能性补语表示有能力或有可能，包括肯定和否定，如"看得见、摸得着、看不见、摸不着"等。对这类结构的情态表现形式，在目前现代汉语情态系统的建构中还没有提及，这是很遗憾的。另外，语篇成分插入语（如"毫无疑问、十分明显、看来、据说、我想"等）往往表示确认、推测或估计，与英语中的核心情态副词很像，这类情态表现手段也极少有人提及。

这样看来，明确现代汉语到底有哪些情态表达手段、各情态表达手段在情态系统中的地位及相互关系，进而建立符合实际的现代汉语情态系统，是现代汉语情态研究中非常重要的工作，这项工作目前还远没有达到令人满意的程度。

## 1.4 现代汉语儿童情态习得研究

现代汉语儿童情态习得研究，总的来说还不太丰富，已有的研究涉及情态动词、情态副词、情态助词和情态补语，一些研究结论具有较强的一致性，值得关注。

郭小朝、许政援（1991）较早考察了一名 13—27 个月男童的动词习得情况，发现该儿童 1;07 岁时产出了能愿动词，2;00 岁时能够用"能、要、会、敢"等能愿动词表达意愿。专门从情态习得视角研究汉语儿童情态习得的是 Guo Jiansheng。Guo（1994）对现代汉语儿童情态动词的发展研究显示，儿童语言中先出现表达意愿和能力的情态词，然后是道义类情态词，最后是认识类情态词。Guo（1995）对儿童情态动词"能"的情态意义进行了考察，发现儿童先习得"能力"义，然后是"许可"义，最后是"可能"义。孔令达等（2004）在考察儿童习得动词时关注到了情态动词的习得，发现儿童最早习得的是表可能的"能"和表意愿的"要"，年龄在 1;06 岁，儿童在 5;00 岁之前还没有出现表"估价"的能愿动词，从 2;00 岁到 5;00 岁共出现 31 个评注性副词，但是一般使用都不多。范莉（2007）对一名 0;11—2;09 岁儿童的语料进行了考察，其中出现了"能、会、应该、可能、可以、敢"这些情态动词。儿童最早使用的是表"能力"的"能、会"，然后是道义性的"应该"，最后是认识性的"可能"。同一情态动词，动力情态义早于道义情态义习得，如"能、会"，道义情态义早于认识情态义，如"应该"。范莉（2010）还通过研究三名儿童自然产出的语料勾勒出了普通话早期儿童动词后情态的发展情况，认为早期儿童动词后情态的习得晚于动词前情态，另外，普通话儿童的情态发展与其他语言儿童的情态发展有一定的共性，且儿童情态的习得遵循历史的演变规律。杨贝、董燕萍（2013）对一名 1;04—3;03 岁儿童的情态动词习得进行了个案追踪研究，梳理了个案儿童不同情态类型的习得趋势及各种可能制约因素。

近年来首都师范大学的几位研究生对普通话儿童早期情态动词、情态副词和句末情态助词的自然产出情况进行了研究。如郭婷（2013）通过对两名儿童的情态动词习得的考察来观察儿童情态类型、情态量级的习得特征，发现两名儿童的情态类型都呈现出"动力情态＞道义情态＞认识情态"的习得序列特征，并且习得时间和产出频次呈正相关；情态量级的习得序列从整体上看表现出从可能性到盖然性再到必然性的习得倾向。胡莹（2014）专门探讨了早期儿童认识情态的习得，通过对具有认识情态义的情态动词、情态副词、情态助词和可能补语的考察，发现儿童最早习得的认识情态成分是句末的情态助词，然后是情态补语和可能动词，最后习得情态副词，儿童习得动词后情态成分优先于动词前情态成分。

上述研究对现代汉语儿童不同情态表达手段习得的观察是很细致的，有一些结论也是一致的。不过，从整体上来说现代汉语儿童的情态习得研究仍然不尽如人意：从研究内容上看，都是某一特定情态手段的习得研究，缺乏对儿童的情态习得进行的整体考察，因而很难形成对儿童情态系统习得的全面认识；从研究方法上看，儿童自发语料的运用或者是个案儿童或者是两名儿童，在样本上还是有一些缺陷，而采用语言测试的方法考察儿童情态表达手段的习得又难度较大，因此有必要对儿童语料样本量进行扩大；从理论上看，儿童情态习得研究还多止于事实的描写，较少从语义习得理论或句法习得理论方面对情态习得进行系统的论证。

## 1.5 数据说明

毫无疑问，儿童语言习得研究要依赖翔实可靠的数据，对儿童语言习得特征的解释也需要数据来支撑。这就要求我们必须获取儿童习得语言的数据，并对数据进行可信的量化分析。

获取儿童语言习得数据的方式主要有两种：一是通过实验来获得；二是通过记录儿童学习说话的过程来获得，即自然语料。实验数据既可以是不必说出来的、理解性的，也可以是诱发产出的，前者如真值判断任务实验、图片选择实验等，后者如诱导模仿或者诱导产出实验[①]，自然语料一般为自然生活场景中儿童说出来的话，包括对话和独白。两种语料各有利弊，可以根据研究内容和研究对象进行选择。做实验一般很难针对特别小的儿童，尤其是2;00岁以内的幼童，同时作为群案研究不容易看到个案儿童语言习得时的一些重要细节和发展中的同质性和连续性，但是实验数据可以测试儿童对没有得到输入的语言知识是否能够理解，进而判断语言知识是否具有遗传属性。自然产出语料往往是个案的，数据具有同质性和连续性，因而在考察儿童语言发展时具有不可替代的作用，但是通过自然语料能判断儿童习得了什么却很难判断儿童没有习得什么，因为儿童没有说什么不等于不能说，可能是语言环境没有给儿童说出某些语言现象的机会。当然，无论什么样的数据都有可能具有多功能性，即数据相同但在学术背景不同的学者那里可以用来证明不同的理论假设。

　　本研究关注早期汉语儿童情态表达手段从无到有、从简单到复杂的生长过程，据初步观察，儿童在1;06岁就有情态成分的产出。本研究考察的情态表达成分非常复杂且多样，作为复杂的语义范畴很难在幼小的儿童那里控制变量进行实验以获取他们对情态成分的理解及产出，因此，汉语儿童早期情态系统的习得数据主要依赖于自然产出的数据。但是，为了避免错误判断儿童"没有习得"什么，我们特别注意幼小儿童与成人对话中的答语。在实验语料获取方法中有一种类型是诱导模仿实验，即通过一定的设计和控制让儿童模仿说出一个或一些句子，然后通过分析儿童模仿的准确程度推知儿童的语言知识，因为儿童不可能在没有经过主观分析和重构的情况下去被动地复制一个句子。基于这个理念，观察幼小儿童与成人对话中的答语是有意义的，在排除直接模仿的前提下，如果儿童能够针对成人的问话进行简短的顺应模仿（张云秋、郭婷，2014），说明儿童对成人问话的句子是理解的，否则，很难说儿童理解了成人问话的含义。我们先看儿童产出的一些语例：

---

① 实验原理及设计思路参见McDaniel等（1996：55—232）。

（1）LYR：谁拿？
　　　LXY：宝宝拿。
　　　HXT：拿得到吗？
　　　LXY：<u>拿到</u>。（1;06）
（2）LZR：放得住吗？
　　　LXY：<u>放住</u>。
　　　LZR：放住啦？（1;07）
（3）ZLZ：哦，Linda 拉屄屄。
　　　ZLZ：你看得见 Linda 吗？
　　　JBS：<u>看见 Linda</u>。
　　　ZLZ：看见 Linda，Linda 拉完了吗？
　　　JBS：<u>Linda 拉完</u>。（1;09）
（4）JBS：水。
　　　LXF：那不好吃，能吃吗？
　　　JBS：球球。（1;05）
（5）WSS：脏不脏？
　　　JBS：脏。
　　　ZLZ：要洗吗？
　　　JBS：<u>洗</u>。
　　　WSS：啊，洗。（1;06）
（6）ZLZ：笔怎么打开？
　　　ZLZ：能打开吗？
　　　JBS：<u>打开</u>。
　　　ZLZ：你说，妈妈打开。
　　　JBS：打开。（1;06）
（7）JBS：熊熊
　　　LGT：哦，这儿呢，熊熊，它的衣服是不是可以脱啦？能脱了吗？

```
        JBS：能呀。
        LGT：能呀，噢，能是不是？哎哟，使劲儿。（1;07）
（8）LXY：录音笔。
        HXT：够得着吗？
        LXY：够得着。
        HXT：茶几上有，自己拿一个去。（1;08）
```

例（1）到例（6）儿童对成人的回答显示儿童不能用可能补语的方式表示没有能力或者不善于，也不能针对成人问话的焦点（能不能、要不要）进行回答，这是不能说。例（7）尽管儿童的回答很简短，但她没有用"脱"或者其他词语回答，而是用"能呀"，说明儿童能理解成人的问话，也能就焦点问题（即熊熊的衣服能不能脱这一问题）进行回答。例（8）儿童没有回答"够着"，而是针对成人问话进行句法正确、语境适切的回答，说明儿童已经理解"够得着"的情态意义，这是能说，只不过不是自主产出。如果儿童能够对成人带有情态成分的问话进行正确的回答，即使是顺应模仿，我们仍认为儿童已经理解了成人问话中的情态表达手段，如果正确回答的次数在一个月内达到三次以上就可以认定儿童习得了该情态成分。儿童的自主产出则只要语义明确、语境适切就可认定已经习得，产出数量可以不计。

　　本研究所使用的自然语料来自首都师范大学普通话儿童动态发展语料库（CNU-MCLDDC），该语料库包括至少6名儿童的历时发展语料，这些儿童基本为普通话环境，听力及发育正常，没有认知障碍。语料采集的周期我们设计为每星期1次、每次1小时的不间断录音及录像，这样就保证了语料采样量上尽可能充足、不同时段的样本量尽可能均衡，在此基础上所做的统计数据尽可能真实、准确、可靠。① 语料库的标注应该尽可能表现更多的语言信息，包括语音、词汇、语义、句法、语用及语误等，我们基本上是在

---

① 不过实际采集时因被试儿童节日随父母走亲戚或偶尔因生病而有缺漏，但偶尔的缺漏不影响我们对儿童语言习得规律进行观察并做出结论。

CHILDES 系统下按 CHAT[①] 进行标注的。本研究主要考察 CNU-MCLDDC 中三名儿童的历时发展语料,三名儿童具有统计学意义,加上这三名儿童语料录制的时间较长,能基本满足本研究的需要。被试儿童的信息见表 1-2。

表 1-2 被试儿童信息及语料信息

| 儿童名字 | 录制年龄 | 语料使用年龄 | 语料使用时数 | 生活城市和语言环境 | 父母教育程度 |
|---|---|---|---|---|---|
| SYY | 1;08—4;10 | 1;08—4;06 | 122 小时 | 北京,普通话 | 初中 |
| LXY | 1;02—4;07 | 1;02—4;06 | 138 小时 | 北京,普通话 | 硕士 |
| JBS | 1;00—5;00 | 1;00—4;06 | 150 小时 | 北京,普通话 | 博士 |

按儿童语言习得的研究惯例,SYY、LXY、JBS 分别是三名被试儿童姓名拼音的首字母缩写,1;08 的意思是儿童的年龄为一岁八个月。

---

① CHILDES 及其中 CLAN 程序的详细介绍参见 MacWhinney(2000)。

# 第二章 现代汉语的情态系统

## 2.1 现代汉语情态表现形式

基于国内外汉语情态研究事实,我们认为有必要建立既具有跨语言共性又具有汉语个性特征的现代汉语情态系统。

建立现代汉语的情态系统既要确立有哪些情态表现形式及其语义属性又要梳理各类表现形式在情态系统中的地位,所以情态表现形式的类别涉及典型与非典型、内部与外部(即句子与VP)(Hoye,1997;徐晶凝,2008)、VP前与VP后等一系列因素。

Palmer(1986,2001)指出,人类语言中的情态可以用多种方式来标记,如情态动词、语气(mood)、小品词(particles)和附着成分(clitics)等,有的选用其中一种,有的选用好几种。(转引自朱冠明,2005)王悦婷(2012:14)曾列出现代汉语的情态表达手段,这里稍做修改,缩小了范围,见表2-1:

表 2-1 现代汉语情态表达手段

| 表达手段 | | 举例 |
| --- | --- | --- |
| 词汇手段 | 情态动词 | "可能、应该、一定、能、会、要、得(děi)"等 |
| | 情态副词 | "肯定、当然、也许、大概、竟然、原来、其实"等 |
| | 情态助词[①] | "吧、吗、嘛、的"等 |

---

[①] 情态助词在已有的文献中有多种称谓,如语气词、语气助词、句末语气词、句末助词、情态助词等,本书称为情态助词,指的是用在句末并含有情态意义的助词。下文所有使用情态助词之处,内涵同此。

续表

| 表达手段 | | 举例 |
| --- | --- | --- |
| 词汇手段 | 认识动词 | "相信、认为、估计、猜测、怀疑、推测、怕、看、想"等 |
| 句法手段 | 构式 | 双重否定 |
| | | 情态动补构式 |
| 篇章手段 | 连词 | "如果、要是、即使、即便"等 |
| | 情态插入语 | "事实上、毫无疑问、十分明显、我看"等 |
| 韵律手段 | 语调 重音 | 逻辑重音 |

在上述各种情态表达手段中，有的用在句子的开头或结尾，我们称为外部情态，有的用在句子中间主语后谓语前的位置，我们称为内部情态。借用模态逻辑的说法，外部情态针对的是句子，是从言情态；内部情态针对的是主语，是从物情态（周北海，1996；张家龙，2010）。上述情态表达手段中情态助词是外部情态，认识动词、情态动补构式、情态动词和一部分情态副词倾向于是内部情态，其他则比较灵活，可以从物也可以从言。区分外部情态和内部情态可以从情态的作用范围了解情态的属性，也可以较好解释儿童情态发展的某些特征。

另外，关于 VP 前与 VP 后情态，是从情态成分的位置特征所进行的区分，我们可以看到，除情态动补构式中的补语和情态助词外，大部分情态成分属于 VP 前情态，这与现代汉语修饰语的语序特征是一致的。至于情态动补构式，似乎与情态否定关系更为密切，有研究表明情态动补构式否定式在成人语言和儿童早期习得的语言中比肯定式的使用率高得多（范莉，2010）。"不能 VC"尽管在现代汉语中是可以说的，但是"V 不 C"似乎更符合现代汉语委婉表达的原则，比如：

Q：你能来吗？
A1：不能来。
A2：来不了。

很明显，A2 这种回答方式更委婉，人际功能更强，含有不是主观不愿意而是客观不能的意思，这与"不能 VC"或"不可能 VC"在人际功能上构成互补。

## 2.2　现代汉语情态表现形式的情态地位

即使从以上比较保守的范围看，现代汉语情态表现形式也是非常丰富的，包括从韵律到词汇再到句法和语篇各个层面上的表达手段。但是这些表达手段的情态地位及作用不一定等同，这里我们在原型范畴理论框架内把情态表达手段分为典型情态成分与非典型情态成分。

综观现代汉语的情态表现形式，各类成分界定中最主要的问题在于情态和语气的纠结。事实上我们用原型范畴化理论可以较好地解决这个问题，首先我们把典型的情态表达手段和典型的语气表达手段区分开，前者为情态动词，后者为句末语气助词[①]，然后把其他含有语气的情态成分按语气属性的多少植入两者之间，这样从情态到语气就形成了一个连续统。按 Dirven & Verspoor（1998）的观点，情态和语气都是句子的锁定成分，处于句子的外围，因此两者有一定的相似之处，而现代汉语的语气既可以用语调表达也可以用词汇手段来表达，当使用词汇手段时就容易与情态产生纠结。

人类语言普遍使用情态动词表达情态，因此把情态动词看作情态的典型表达手段也符合类型学的观察结果。如果不考虑韵律手段的话，可以用图 2-1 表达情态与语气之间的关系及其形成的连续统，通过这个情态和语气的连续统，我们可以看到现代汉语情态表达与语气表达的关系。

情态表达手段包括：典型的情态成分，如情态动词、认识动词、情态动补构式，其中情态动词和认识动词是人类语言中普遍使用的情态成分。较典型的情态成分，如"确实、也许、必须、大概、千万"这样的副词、

---

[①] 这里说的句末语气助词是只表达语气的句末助词，不属于情态助词，下同。

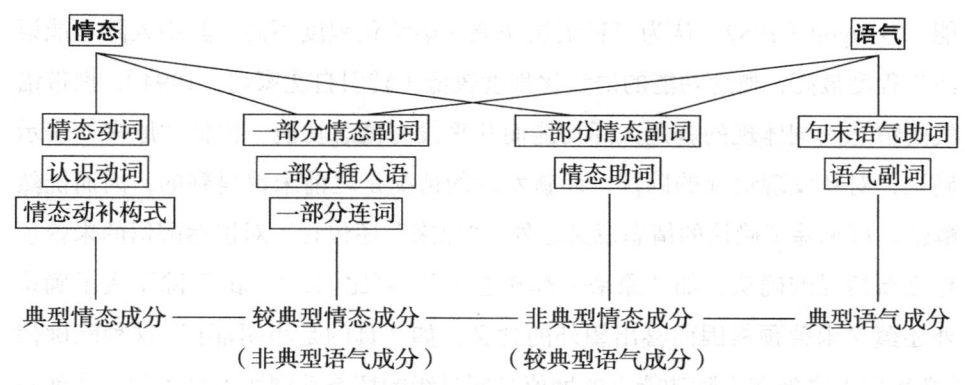

**图 2-1 现代汉语情态范畴与语气范畴的连续统**

独立语中的一部分插入语，以及少部分含有假设义的连词，这些成分既有情态意义也有语气意义，但情态意义强语气意义弱。非典型情态成分，如"难道、反正、明明、偏偏、果然"这样的副词和情态助词（如"吧、吗、嘛"），这些成分同样兼有情态意义和语气意义，但语气意义强情态意义弱。

问题是：已经有典型情态成分表达说写者对命题或事件的态度，为什么还存在一些不那么典型的情态成分呢？尽管情态和语气都是句子的锁定成分，但这只提供了两种成分容易混同使用的条件，最本质的因素可能还是功能上的需求，我们认为这个功能需求就是对情态进行补充和细化，尤其是情态量级的补充和细化。情态的量级就是命题为真的可能性差异，它尽管与物质世界的规律、准则、习惯以及言语社团的约定等有一定的关联，但更主要反映了认识世界对物质世界的常识性认知及推理（Taylor，2002；Sweetser，1990；等等），因此情态量级是主观性的量化，而主观性的量化不可能如模态逻辑那样简单地划出可能性、盖然性和必然性三个等级，其量级可能通过与句类有关的语气性词语的使用进一步细化（张云秋、林秀琴，2017），同时量级之间的界限也未必那么清晰，所以自然语言的情态研究尽管来源于模态逻辑但又常常挑战模态逻辑，自然语言的情态系统更为复杂。

Halliday（1976）区分了三种语法功能，即概念功能、语篇功能和人际功能，Traugott（1982）认为三种语法功能的语法化程度不同，其中人际功能语法化程度最高，概念功能的语法化程度较低（转引自沈家煊，1994），携带语气的情态副词体现的就是人际功能而几乎没有概念功能。比如"原来"表示确认，对新发现情况的确认，而新发现的情况是之前未曾料到的，因而恍然醒悟，可见除了确认的情态意义之外，"原来"还包含了对恍然醒悟的未曾预想之新情况的确认，如"原来你都知道了"。再比如，"真的"除了表示确认外还蕴含未曾预料因而喜出望外的含义，如"真的是小明耶！"这种除确信（必然性）之外在人际功能上的增值是同量级的情态动词所不具备的，这就是情态量级的补充。

## 2.3 现代汉语情态表达手段的情态属性

我们试图一一列出各类情态成分并说明它们的情态属性。已有研究对某些情态成分的情态意义有过细致的描述，如彭利贞（2007b）对情态动词的意义特征做过细致的描写，徐晶凝（2008）对句末语气助词的情态用法做过细致的研究。关于各情态动词的情态属性我们基本同意彭利贞（2007b）的研究，因此本书不再一一做细致分析，只是列出情态动词的范围，并就个别情态动词语义特征的不同看法做出说明。关于情态助词的情态意义我们只做简短介绍。对情态副词的情态语义我们将进行细致的刻画。具有情态意义的插入语也是我们特别关注的情态表达手段，但因为早期儿童几乎没有产出情态插入语，所以我们也只做简单分析。另外，我们也将对情态动补构式的情态地位做出初步的分析。

### 2.3.1 情态动词

情态动词，现代汉语语法研究历史中也将其称为助动词或能愿动词，其范围及情态属性在现代汉语情态研究中最为充分，这里我们先综合各家说法，然后确定本书的范围。

自《马氏文通》以来，助动词（也叫能愿动词，即本研究的情态动词）的范围及作用一直得到众多学者的关注。朱德熙（1982）列出27个，马庆株（1988）列出58个，孙德金（1996）列出43个，王晓凌（2003）在前人的基础上缩小范围列出19个，朱冠明（2005）在朱德熙的基础上列出25个，彭利贞（2007b）基于典型范畴观列出23个。

朱冠明（2005）在朱德熙先生的基础上列出的25个情态动词如下：能、能够、可以、会、可能、得（dé）、敢、肯、愿意、情愿、乐意、想、要、应、应该、应当、该、值得、配、别、甭、好、一定、得（děi）、必须。我们认为朱冠明划出的情态动词范围基本上是比较好的，但是个别词有争议，如"一定、必须"是情态动词还是情态副词有争议，"想"表情态义是认识动词还是情态动词也有争议。针对这种某些词界限不清的情况，彭利贞（2007b）根据原型范畴理论划分了情态动词的下位成员，包括：典型情态动词"能、能够、要、会、应该、应当、可以、可、肯、敢"；较典型情态动词"得（děi）、该、可能、想、一定、准"；非典型情态动词"必须、肯定、得（dé）、乐意、情愿、许、愿意"。我们觉得彭利贞的处理方式还是很可取的，词类范畴边界不清的情况是客观事实，所以柔性处理可以避免无休无止地争论一些表层问题而阻碍对深层问题的研究。

当然，传统语法所说的助动词其主要功能是表达情态意义，但并非所有的助动词都具有情态意义，比如"值得"。这样我们结合朱德熙、朱冠明、彭利贞几位先生的研究，并且根据Lyons（1977）、Palmer（1979）的情态定义，确定以下情态动词的范围，包括"能（能够）、要、会、可能、应该（应当、应、该）、可以、得（děi）、准、该、一定、得（dé）、肯、敢、想、愿意（愿、乐意、情愿）"。上述各情态动词绝大部分具有多种情态意义，我们列表简述它们的语义特征，并分别用"能$_{dy}$""能$_{de}$"和"能$_e$"依次标注"能"的动力意义（dynamics）、道义意义（deontic）和认识意义（epistemic），其他各词的不同义项标注亦如此。各词表示道义情态和认识情态的义项具有语义量级，在此也一并简单展示，见表2-2：

表 2-2　现代汉语情态动词及其情态意义（1）

|  | 可能性 | 盖然性 | 必然性 |
| --- | --- | --- | --- |
| 道义情态 | 能 $_{de}$（情理或环境许可） | 要 $_{de}$（义务–指令） | 得 $_{de}$（děi）（必要–命令） |
|  | 可以 $_{de}$（许可） | 应该 $_{de}$（义务–指令） | 可以 $_{de}$（义务–保证） |
|  | 准 $_{de}$（许可） |  | 一定 $_{de}$（义务–承诺） |
| 认识情态 | 能 $_e$（有可能） | 应该 $_e$（推测） | 要 $_e$（推断–将然、必然） |
|  | 可能 | 会 $_e$（推测） | 得 $_e$（děi）（推断） |
|  |  |  | 准 $_e$（推断） |
|  |  |  | 可以 $_e$（推断） |
|  |  |  | 一定 $_e$（推断） |

表 2-2　现代汉语情态动词及其情态意义（2）

|  | 意愿 | 施事有能力 | 客观具备能力 | 勇气 |
| --- | --- | --- | --- | --- |
| 动力情态 | 肯（被动） | 能 $_{dy1}$（施事有能力或条件） | 能 $_{dy2}$（客观具备能力） | 敢（有勇气） |
|  | 想（主动） | 会 $_{dy}$（施事有能力或条件） |  |  |
|  | 愿意（主动） | 可以 $_{dy1}$（施事有能力或条件） | 可以 $_{dy2}$（客观具备能力） |  |
|  | 要 $_{dy1}$（主动） |  | 要 $_{dy2}$（客观具备能力） |  |

　　情态动词作为最为典型的情态表达手段，其在情态范畴中的核心地位是稳定的，我们现有对情态内涵、情态类型及情态量级的研究及基本界定都是基于情态动词的。鉴于彭利贞（2007b）等对情态动词的语义类型及语义量级曾有过详尽的描述，这里对各情态动词的语义特征不做过多介绍。只介绍一下本书对一些有争议的情态动词的处理意见。

　　第一，基于儿童情态动词及情态语义习得的研究意义，同时也为了叙述的简便，我们把同义情态动词进行了合并，包括把"能够"合并在"能"里，把"情愿、乐意、愿"合并到"愿意"里，把"应当、应、该"合并到"应该"里，把"许"合并到"准 $_{de}$"里，把"得（dé）"合并到"得 $_{de}$（děi）"里。我们选择的几个代表性情态动词，一方面在意义上能够涵盖被合并的词的意义,另一方面也更常见,儿童也较早习得。从儿童语言习得方面看,只要观察"能、愿意、应该、准 de、得 de(děi)"的习得就可以了解这几个被合并情态词所代表的情态语义的儿童习得情况。

第二,"准"没有分出道义情态"必要"义,"会"没有分出道义情态"承诺"义。这两个词是否有道义情态是有争议的,很多文献认为"会"只有两种意义,即动力情态(能力)和认识情态(较大可能)(吕叔湘,1999:278—288;朱德熙,1982:62—63;郭昭军,2003a;徐晶凝,2008:262)。我们认为,即使"会"可以分化出道义情态意义,但这一功能是受限的,使用频率非常低,并且儿童几乎没有习得表示"承诺"的"会",所以我们同意上述学者对"会"的认识。按彭利贞(2007b),"准"的道义情态表示"必要-保证",是一种强义务,并且义务的来源与目标重合,所以句法表现上要求主语是第一人称。但是,正是这种要求使语言中这类用例非常少。我们仔细观察这类例句,其中的"准"与"会"在意义上非常接近,更倾向于对未来必然性的推断,所以我们把"礼拜天我准来"中的"准"归入认识情态,语义量级为"必然",是对说话人未来行为的推断。

第三,关于"能"的认识情态义,一般认为在句法共现条件方面受限,彭利贞(2007b)认为该意义与疑问句和反问句共现。但根据我们的观察,一般疑问句并不能很好地分化"能"的三种意义,并且在一般疑问句中"能"常常出现情态意义的不确定性,如"你能来吗?"既可以表示有条件或具备客观条件(动力情态)也可以表示有可能(认识情态),只有与反问句共现时,"能"的认识情态义才是清晰的,如"你们几个在一起,能有什么好事?"正是因为这一点,儿童尽管"可能"量级习得时间并不晚,但是表"可能"的"能"产出时间却不早,这与表"可能"的"能"在现代汉语中的句法制约条件苛刻因而功能受限有很大的关系。

第四,"要"是内部语义非常复杂的情态词,其中表示"将要、快要"的意义是否属于认识情态也有争议,如"我要睡着了"。朱德熙(1982:64)认为"要"有动力意义和道义意义两类意义,一是表示"意愿",二是表示"事实上需要如此或者情理上应该如此",没有提到"要"有推测意义。吕叔湘(1999:592—593)把"将要"义与"可能"义和"估计"义并列,其实就是没有把"将要"与情态意义联系起来。徐晶凝（2008：264）认为表示"将要、快要"的"要"与表意愿的"要"有直接的隐喻关系，所以可以归入动力情态。我们这里同意彭利贞（2007b）的处理方式，把"将要、快要"义归入认识情态义，不过我们认为这个"要"兼表未来时和认识情态之必然，表现为"将然性"，类似于英语的"will"，而能兼表未来时和认识情态的理据是两者时间特征的一致性：认识情态之必然具有非现实性，推断的是事件发生或命题为真的可能性；"将要、快要"则表示"要"之后的行为、事件在说话时刻之后就会实现，即表达对未来事态的推断，如"天要下雪了"即"下雪"这一事件在说话时刻之后会实现，"他要毕业了"推测的是"毕业"这一事件在说话时刻之后会成为现实。这类"要"构成的句子，如果动词的情状是不可控的、静态的，并且与识解成分（如"了"）共现，一般就是认识情态，如果句中动词情状不是静态的非自主动词，而是活动动词或完结动词就容易出现情态意义含混，即情态意义不确定。

第五，"一定、肯定、必须、必然"是情态动词还是情态副词也有争议，这里我们同意彭利贞（2007b）的处理方式，即基于词类范畴边界不可能完全清晰的事实，把这几个词看作既有情态动词属性也有情态副词属性的成分，是情态动词与情态副词的界限，是连续统的证据。但本研究在情态动词里面只列入"一定"，其他三个词放在情态副词里面。把"一定"放在情态动词里不仅有学理依据，且"一定"的两个义项也能包含"肯定、必须、必然"的语义特征，再者也有技术上的考虑，即在情态动词里需要有一个与"可能、应该"同为双音节又补足"可能性-盖然性-必然性"这一情态量级链的成分，类似于英语的"may—should—must"。

### 2.3.2　情态助词

#### 2.3.2.1　情态助词及其情态意义

怎样从传统意义上的句末语气助词中剥离出情态助词，与对情态这一概念内涵的理解分不开。如果把各种情感、态度都看作情态，即广义上的情态，那么句末语气助词就是情态系统中非常重要而且意义和功能都非常复杂的成员。徐晶凝(2008)结合句类将句末语气助词看作话语情态标记,确定"啊、嘛、吧、呢、着呢、罢了、吗、不成、来着、呗"为典型成员,并对其中的"啊、嘛、吧、呢、着呢、呗"进行了较为细致的情态诠释。王悦婷(2012)认同徐晶凝(2008)的理论框架,并在此基础上对"吧、呢、嘛、吗、呗"五个句末语气助词的儿童语言习得情况进行了详细的考察。

我们还是把语气和情态看作两个不同的范畴,即对情态的理解是狭义的。尽管有一些句末语气助词的语义已经渗透到情态域,但大部分仍以表达各种语气为主,一个句末语气助词的多个意义也是非常复杂的,有的属于语气,有的属于情态。因此,我们需要从句末语气助词中剥离出其中的非情态意义。综合以往对句末语气助词的研究(胡明扬,1981;吕叔湘,1999;徐晶凝,2008;王悦婷,2012;等等),我们选择"吧、呢、嘛、吗、呗"五个典型的单音节句末语气助词来进行考察,而"来着、罢了、着呢"等双音节句末语气助词和过于复杂的句末语气助词暂不分析。

首先我们列表说明"吧、呢、嘛、吗、呗"五个句末语气助词所含有的情态意义,并对它们的语义进行简单的诠释,并把这些具有情态意义的句末语气助词称为情态助词,而不具备情态意义的义项则不予列出。情态助词及其功能意义见表2-3:

表2-3 现代汉语情态助词及其功能意义

| | 意义 | 例句 | 句类或句型分布 | 情态类型 | 情态量级 |
|---|---|---|---|---|---|
| 吧 | 测度求证 | 你们是第一次见面吧? | 疑问句 | 认识情态 | 盖然性 |
| | 宣告意愿 | 好吧,就这样吧。 | 陈述句 | 道义情态 | 盖然性 |
| | 劝解许可 | 来就来吧。 | "X就X"句 | 道义情态 | 盖然性 |
| | 请求建议 | 快点儿走吧。 | 祈使句 | 道义情态 | 盖然性 |
| 呢 | 反问不认可 | 怎么才来呢? | 反问句 | 道义情态 | 盖然性 |
| | 探究猜测 | 他有没有可能不来呢? | 正反疑问句 | 认识情态 | 可能性 |
| | 点明确认(略夸张、意外) | 他还会写小说呢。 | 陈述句 | 认识情态 | 必然性 |

续表

| | 意义 | 例句 | 句类或句型分布 | 情态类型 | 情态量级 |
|---|---|---|---|---|---|
| 吗 | 疑问求证 | 找我有事吗？ | 是非问句 | 认识情态 | 可能性 |
| | 反问确信（不满、责备） | 这不明摆着吗？ | 反问句 | 认识情态 | 必然性 |
| | 追问求证 | 你明天中午来，对吗？ | 追尾疑问句 | 认识情态 | 盖然性 |
| 呗 | 确答、无须论辩 | 不懂怎么办？好好学呗。 | 陈述句 | 道义情态 | 必然性 |
| | 轻量、不在意 | 想走就走呗。 | "X就X"句 | 认识情态 | 必然性 |
| | 请求建议 | 那怎么办？卖了呗。 | 祈使句 | 道义情态 | 必然性 |
| 嘛 | 论理确信 | 本来就是嘛。 | 陈述句 | 认识情态 | 必然性 |
| | 劝求建议 | 吃完饭再走嘛。 | 祈使句 | 道义情态 | 必然性 |

根据表2-3，我们可以看到，"吧、呢、吗、呗、嘛"都隐含一定的情态意义，但是有两种情况需要注意。一是很多情态助词所表达的情态意义都是伴随性的，而不是必须的，即情态义是对句子意义的语境吸纳，如"快点儿走吧"表道义情态，如果不使用"吧"，"快点儿走"也含有催促、警告的含义，"好吧，就这样吧"的使用情况亦如此。鉴于虚词语义解读往往具有语境吸纳性，我们把这类词看作情态助词也不无道理。二是具有认识情态义的"吧、吗、嘛"，其情态意义更显著。总的来说，情态助词若用于表请求、命令、催促、建议等意义的祈使句中一般表达道义情态，反问句中一般也表达道义情态；若用于疑问求证、追问句中一般表达认识情态，在表确认、论理、辩驳等意义的陈述句中一般也表达认识情态。

#### 2.3.2.2 情态助词的功能地位

情态助词，传统语法也叫语气助词、句末语气助词或语气词，首先是表达语气的，但正如前文所说，语气和情态作为句子事件图式的锁定成分，都表达说话人对事件的情感与态度，主观性较强，因此两者常常有交叉。句末语气助词的祈使、疑问、感叹意义是多样的，它们往往向情态域渗透，在祈使中含有许可、禁止、义务这样的道义情态义，在疑问或反问中含有推测、推断这样的认识情态义。

徐晶凝（2008）在研究话语情态的意义和功能时，虽然也分析了情态动词和情态副词，但绝大部分篇幅探讨的是在不同句类中句末语气助词的情态意义，她同时认为句末语气助词的情态意义大多是话语层面的，基于交互主观性句末语气助词的情态表达与交际的礼貌策略有直接或间接的关系，尤其是具有祈使、请求的言语行为需要委婉一些的礼貌表达，这是人类语言的共性，只不过不同语言采用的方式有可能不同。我们同意徐晶凝的分析，实际上，不光具有祈使请求的言语行为需要委婉表达，对言语行为进行推测或推断也有委婉表达问题。上文提到，很多情态助词所表达的情态意义都是伴随性的，而不是必须的，如"快点儿走吧""好吧，就这样吧"中的"吧"表道义情态，但不使用"吧"，"快点儿走""好，就这样"也有催促、宣告意愿的含义，只不过有没有情态助词对受话人的礼貌程度（委婉）稍有区别。再如"你来我这儿吧""快点儿走吧"含道义情态，虽是祈使，但却不是命令，照顾受话人的面子，语气很委婉，如果换成"你来我这儿""快点儿走"，除非受话人是晚辈或者下级人员，否则就会显得态度生硬，让受话人很没有面子。"你们是第一次见面吧？"含认识情态，表示推测，但这个推测却接近推断，隐含着我知道你们是第一次见面，但我怕直接说太冒昧，所以求证一下。这样看来，情态助词的情态意义是话语层面的，有极强的人际功能，具有交互主观性，这里我们把情态助词看作外部情态。

### 2.3.3 情态副词

情态副词是情态系统中较为复杂的一类，功能多样，因而处于情态和语气连续统的中间，以往相关研究非常丰富，不过研究者收入情态副词的数量各有不同，所以，对情态副词我们需要仔细认定收入的标准，界定其范围，进而揭示情态副词在整个情态系统中的功能地位。

#### 2.3.3.1 情态副词的认定

我们详细考察了五位有代表性学者的研究，包括张谊生（2000a，2000b）、崔诚恩（2002）、齐春红（2006）、史金生（2003，2011）、徐晶凝（2008）。他们列举的情态副词（有的学者称之为语气副词或评注性副词）共288[①]个，其中五人都收入的有49个，四人收入的有48个，三人收入的有50个，另有两人收入的50个。各家对情态副词的收入数量不完全相同，这其中可能有不同学者方言语感的影响，也可能有意义相近的多个词是否全部收入等不同处理方式的影响，但最本质的原因恐怕还是不想区分语气和情态，把含有各种语气或情态意义的副词照单全收。

如前所述，情态和语气都是句子的锁定成分，都有一定的主观性和非现实性，并且现代汉语的情态意义和语气意义[②]基本使用词汇手段来表达，这就使得现代汉语中的情态意义和语气意义常常集中于同一个词中。鉴于这种情况，本节划定情态副词的范围就不能完全排除语气。也就是说，不管是否有语气意义，只要含情态意义，都可看作情态副词。

在具体操作时涉及两个问题：一是怎样挑选需要认定的情态副词；二是认为某个副词具有情态意义的依据是什么。首先，考虑到从词典全部词语中挑选情态副词的可操作性不强，我们就以上述提到的288个副词为对象，对它们的意义进行考察，甄别它们是否具有情态意义；其次，某个副词是否有情态意义我们以《现代汉语词典》（第6版）（以下简称《词典》）和《现代汉语八百词》（增订本）（以下简称《八百词》）的意义解释为依据[③]，然后看这个副词是否具有情态意义的主要特征。情态可能有很多特征，但最重要的特征是非现实性[④]（Palmer，2001），如"也许、八成儿""不妨、必须"和"竟然、居然"都具有非现实性，前两组或者直接表达说话人对事件发生可能性的判断，或者直接表达说话人对事件实现的许可或强制性，事件本身是否为

---

[①] 288个词中有一些多义词，它们的各个不同义项，有的表达情态意义有的不表达，为了方便计算我们把有情态意义的和无情态意义的记作两个词。有的多义词，所有义项都没有情态意义，就记作一个词。

[②] 此处的语气包括语法范畴和语义范畴。

[③] 若《词典》没有收录则参考《八百词》。

[④] 非现实性与现实性相对，多表示可能发生或假设发生的事情。情态是非现实性的，但并非所有具有非现实性特征的语言成分都是情态。

真是不确定的，最后一组则表达说话人对已然事件的估价，在这里，事件本身为真，但与说话人的预期不符，即从说话人的预期看是非现实的（彭利贞，2007b），这种非现实性不同于事件本身的非现实性，但也是一种非现实性，所以这样的副词也属于情态副词，只不过与前两组情态副词分属不同的小类。

最后我们在288个副词中认定了159个副词具有情态意义，称为情态副词，另外129个词本节没有收录，原因是：有的只表示语气意义而没有情态意义，如"也、又、并、正、才、都、多么、怪、幸而、幸好、幸亏、多亏、亏得、幸、亏、好在"；有的虽有情态意义但属于其他词类，如情态动词或形容词，如"要、敢、该、可能、想来、是、真是、好似、固然"；有的既没有情态意义也没有语气意义，如"恍、像、可是、委、直、别、恰、恰恰、恰巧、恰好、正好、刚巧、硬、正巧、刚好、老、可巧、偏巧、若、毫、丝毫、不过、实、依稀、连、万一、越发、姑且、碰巧、刚、刚刚、好、可惜、是否、多、未尝、却、究、只有、或、不幸、横、决然、兴、可好、实则、真正、似、甚至、甚而、乃至"；还有的很生僻，过于方言化或文言化，如"明、怪道、管、容、容或、爽性、倒转、幸喜、率性、倒反、敢许、横真、偏生、确然、未使、直反、未始、何曾、何奋、何止、盖、甚或、宛然、务须、莫不、活、活活、端的、赶巧、愣、须要、作兴、可可儿、真格的、准定、左不过、无怪"，其中"倒反、敢许、横真、偏生、确然、未使、直反"《词典》未收；另外，有的词从用法上看感觉有一定的情态意义，但《词典》和《八百词》没有收录，我们找不到最为可靠的意义解释，所以本节暂且不收录，如"当真、顶多、何须、终竟、最多、事实上"；最后，"不得不"尽管具有推断性，但它是短语不是词，《词典》和《八百词》也没有收录。

为避免重复叙述，本节认定的情态副词范围可参见表2-4。这里我们只对收录的情态副词做以下两点说明。（1）"别是、别不是"《词典》未收但《八百词》收了，我们对北京籍在校大学生20人进行语感调查，他们全部认可"别是、别不是"是副词，表示估计、推测，所以本章将其收入为情态副词。(2)现代汉语的情态副词与情态动词、认识动词、认识形容词以及具有语篇成分性质的插入语之间的界限有时并不十分清晰,有的学者也把各类情态词看作一个连续统(彭利贞,2007b),因而我们所认定的个别副词也可能有词性归属争议,不过本节将其归入情态副词也未尝不可,比如"定"(情态动词或情态副词两可)、"管保、保管、看来、没准儿、无疑"(认识动词或情态副词两可)、"必然、难免、起码、显然"(认识形容词或情态副词两可)。"实际(上)"是语篇成分充当插入语,但从词性上归入情态副词也说得过去。

#### 2.3.3.2 情态副词的分类

我们根据非现实性的不同模式(Chung & Timberlake,1985;彭利贞,2007b)对上述情态副词进行分类,共三类。(1)典型情态副词:是非现实性的,直接表达说话人对事件发生可能性的判断,直接表达说话人对事件发生的许可或强制性。(2)较典型情态副词:是非现实性的,表达说话人对已存在事件的推论并且不保证事件为真,以及从否定方面给出的许可或强制性。(3)非典型情态副词:一定条件下是非现实的,往往与感叹、疑问有关。感叹包括出乎意料(如"居然、竟然、竟、竟自、反而、反倒"等),意料之中(如"果然、果真、果不其然"等),惊异、迷惑不解(如"简直、明明、分明、原来、敢情"等),故意(如"偏偏、就$_{⑦h}$①"等)。出乎意料和意料之中都意味着此前对事件有过预测或预期,已存在的事件与预测或预期不相符或者相符,因此隐含情态意义。惊异、迷惑不解、故意说明存在的事件或将要出现的事件与说话人预期的矛盾,隐含一定的主观非现实性和情态意义。

情态副词的分类基于情态和语气的复杂关系以及情态副词语义的复杂性。在我们看来,情态副词与语气副词虽然属于不同的范畴,但作为原型范畴,情态和语气之间是非离散的连续统,非典型情态副词就在于有一定的语气意义,如感叹、疑问等。每类内部再按情态类型和情态量级进行下位分类,

---

① "就"的数字和字母下标表示该词在《词典》中的第几个义项,下文其他数字和字母同此。

不过情态副词在语义类型上绝大部分属于认识情态，较少部分属于道义情态，没有动力情态。情态副词的范围及分类见表2-4：

原则上，对上述分类可以进行形式验证，比如通过句位特征或句类适应特征进行验证。从句位特征方面看，非典型情态副词因为涉及感叹和疑问这类主观性更高的意义，应该只能处在句首或者既可在句首也可在句中，而典型情态副词更多处于句中；再从句类适应特征方面看，非典型情态副词应该更多与疑问句或感叹句共现，而典型情态副词则与陈述句共现。

表2-4 现代汉语情态副词的范围及分类

| 情态类别 | 情态量级 | 情态副词类别 | | |
|---|---|---|---|---|
| | | 典型情态副词（直接判断、许可、强制）64个 | 较典型情态副词（推论、否定）50个 | 非典型情态副词（感叹、疑问、习性）45个 |
| 道义情态 | 盖然性 | | 最好 还是②、③① 不妨 无妨 | 何苦 何妨 何不 |
| | 必然性 | 必须 务必 必得 非非得 只好 只得 倒₄ | 决绝 绝对 断断断 断乎 切切切 千万 万 万万 | 何必 |
| 认识情态 | 可能性 | 或许 或者 兴许 也许大概 许 大约 约 约莫仿佛 好像 俨然 似乎横是 | 难免 保不齐 保不住不定 | 难道 别是 敢是莫非 岂 别不是莫不是 |
| | 盖然性 | 没准儿 多半 大多至多 至少 大半差点儿 八成儿 大抵几乎 差不多 差一点起码 | 想必 看来 怕（是）恐 恐怕 未免 不免不愧 难怪 怪不得怨不得 | |

---

① "还是"副词用法有三个义项，三个都具有情态意义，意义解释见《词典》第504页。

续表

| 情态类别 | 情态量级 | 情态副词类别 | | |
|---|---|---|---|---|
| | | 典型情态副词（直接判断、许可、强制）64个 | 较典型情态副词（推论、否定）50个 | 非典型情态副词（感叹、疑问、习性）45个 |
| 认识情态 | 必然性 | 肯定 必然 必定 必将 必 定 确 诚 准是 真（的） 的确 确实 确乎 无非 准保 保管 管保 委实 诚然 断然 定然 势必 无疑 一准儿 硬是 实在 着实 决计 倒⑤b、c 倒是① | 当然 显然 根本③、④② 本 本来 原本 自然 固 压根儿 总 只管 尽管 毕竟 总归 终究 终归 其实 究竟③ 到底②、③、④ 实际（上） | 居然 竟然 竟 竟自 反倒 反而 反 还⑤④ 果然 果真 果不其然 原来 敢情 简直 明明 分明 就是 就⑦h 偏 偏偏 死活 横竖 高低 宁可 宁肯 宁愿 宁 毋宁 反正 左右 好歹 可② 索性 干脆 |

不过这种形式验证并非绝对，没有对内的一致性和对外的排他性：其一，因为韵律特征单音节词即使是非典型情态副词，也多会处在句中，这时韵律特征高于句位特征；其二，情态类型不同对验证形式的选择可能也不同，道义情态词涉及许可、禁止和义务等祈使特征，基本处在句中，所以道义情态副词若适应于反问句或感叹句，就可以证明其语气属性高，是非典型情态副

---

① 按《词典》的解释，"倒"的副词用法有四种意义，我们认为除了"倒a"之外，其他三个义项都具有情态意义。另外，我们把分属不同情态类型的"倒"算作一个词。"倒是"有七个义项，七个义项都具有情态意义，意义解释见《词典》第266—267页。

② "根本"有五个义项，第三和第四个义项具有情态意义，意义解释见《词典》第443页。

③ "到底"和"究竟"两个词各有不同的义项，其中"到底②、③、④"和"究竟③"具有情态意义，其他义项不是情态用法，意义解释分别见《词典》第266页和第693页。

④ "还"做副词有六个义项，只有第五个义项具有情态意义，意义解释见《词典》第504页。

⑤ "就"做副词有七个义项，只有第七个义项（就h）具有情态意义，意义解释见《词典》第697页。

⑥ "可"的副词用法有三个义项，只有一个义项（可②）具有情态意义，意义解释见《词典》第733页。

词，当然反过来只要适应于一般祈使句就可看作典型或较典型的情态副词，并非一定适应陈述句；其三，很多情态副词具有多义性，并且整体上都比情态动词有较高的主观性，有的副词还具有语篇功能，所以即使是典型情态副词也不是绝对不能处于句首，只不过出现在句中的情况更多一些；其四，较典型情态副词在句位特征和句类适应特征两个方面都表现为可此可彼，这也正是把这些词单独分出来的主要原因。

我们考察了约 200 万字的语料（包括口语语料和书面语语料）[①]，对上述各类情态副词的句位特征及句类适应特征进行逐个统计，整体来看，各类情态副词在口语语料中的使用量更高一些。各类情态副词的句位特征及句类适应特征定量考察结果见表 2-5：

表 2-5　各类情态副词的句位特征及句类适应特征定量统计

| | 总句数 | 句位特征 | | 句类适应特征 | | | |
|---|---|---|---|---|---|---|---|
| | | 句首（全部/双） | 句中（全部/双） | 陈述 | 祈使 | 感叹 | 疑问 |
| 典型情态副词 | 5163 | 1049/993 | 4114/3237 | 4875 | 17 | 226 | 45 |
| 较典型情态副词 | 1753 | 686/565 | 1067/760 | 1455 | 150 | 123 | 25 |
| 非典型情态副词 | 1643 | 649/455 | 994/355 | 1102 | 12 | 311 | 218 |

表 2-5 主要统计各类情态副词的句位特征及句类适应特征。从句位特征方面看，由于韵律上的单双音节特征会影响其句法位置特征（即单音节词更容易出现在句中），所以我们既统计全部情态副词的句位特征也排除单音节词只统计双音节情态副词的句位特征。首先，64 个典型情态副词在 200 万字语料中共出现 5163 例，出现在句首（即主语前和无主句开头）的共 1049 例，

---

① 语料包括王朔、老舍的部分作品，以及 PFR 人民日报标注语料库。

排除单音节副词则为 993 例，而出现在主语后的共 4114 例，排除单音节副词则为 3237 例。通过双音节典型情态副词在两类句法位置上的数量我们看到典型情态副词在句中的位置占极大的优势，而较典型双音节情态副词和非典型双音节情态副词在句首的比例依次变化。再从句类适应特征方面看，从典型情态副词到非典型情态副词，非陈述句在全部句子中的比例大幅增加。我们用图 2-2 和图 2-3 更直观地展示三类情态副词的句位及句类适应情况：

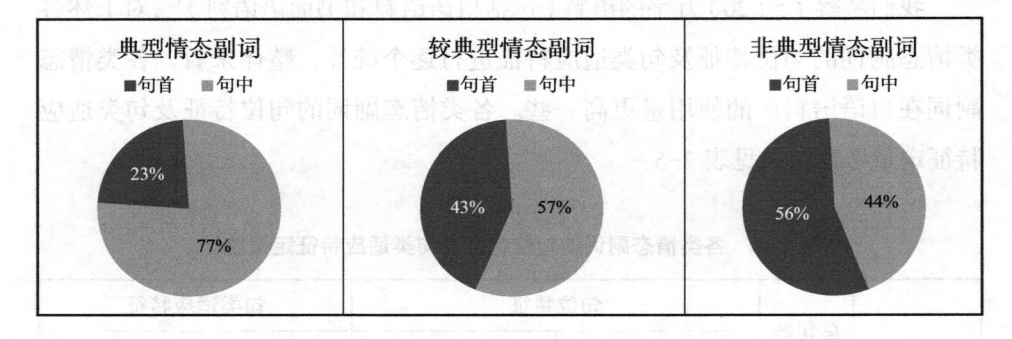

图 2-2　三类双音节情态副词的句位比例变化

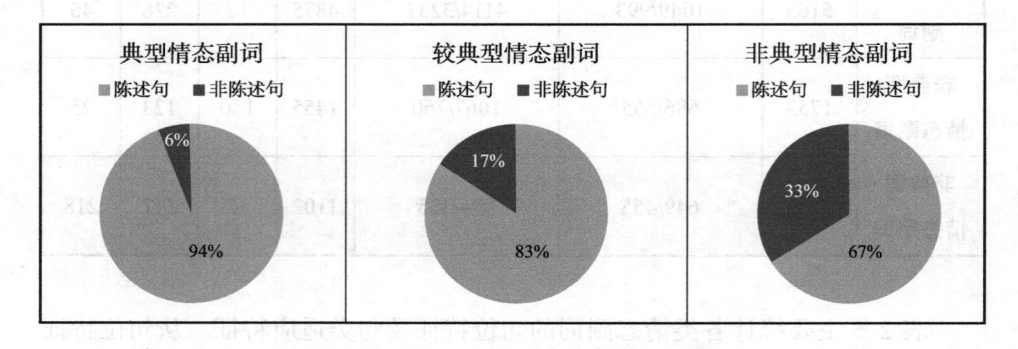

图 2-3　三类情态副词的句类适应比例变化

由于副词的主要句法功能是做状语，那么希望看到某类副词只用在句首而不用在句中是不太可能的，实事求是的做法是看各类副词用在句首和句中的比例。图 2-2 表明从典型情态副词到非典型情态副词用在句首位置的比例逐渐增加，用在句中位置的比例逐渐减少。图 2-3 表明从典型情态副词到非典型情态副词出现在非陈述句中的比例逐渐增加，出现在陈述句中的比例逐渐减少。此数据基本支持我们关于句位和句类适应特征的假设。

2.3.3.3 情态副词的人际功能和主观性

我们同时感兴趣的是：既然人类语言中已经有情态动词表达不同类型的情态意义和情态量级，为什么还有表示情态的副词？如果情态副词不同于情态动词，那么它们的表达功能是什么？这种功能特征是否具有跨语言共性？

2.3.3.3.1 情态副词的人际功能

Halliday（1976）曾区分三种语法功能，即概念功能、语篇功能和人际功能，其中人际功能是语言系统中的非概念要素，用来表达社会和个人的关系，并主要通过语气和情态来实现，由此可见，情态副词无论是典型情态副词还是有语气意义的非典型情态副词，都具备一定的人际功能。杨荣祥（2005）也认为，经过了历时演变的汉语情态副词主要体现为人际功能，有些具有一定的语篇功能，概念功能则几乎丧失。情态副词的人际功能具体表现为传达了说话人对所说话语的态度、评价以及交际角色之间的关系，比如：

最好、还是——道义情态之盖然，并有赞同的态度

万万、绝对——道义情态之必然，并有反对、否定的态度

即使都表示肯定，有一些词包含前境回应，即说话人对说话之前的预想的回应，如：

果然、果真——认识情态之必然，并表示结果在意料之中

竟然、居然——认识情态之必然，并表示情况出乎意料

同时，很多情态副词具有交互主观性，包含人际呼应，即关注交际角色之间的关系，如：

反正——认识情态之必然，说话人关注到听话人可能有与自己相同或者不同的看法，但说话人仍然排除各种情况表达自己的想法或做法，这种任何情况下都不改变结论或结果的态度蕴含说话人坚决肯定的语气。

千万——道义情态之必然，多用于否定句，表达说话者担忧听话人做什么而恳切叮咛，使祈使内容务必实现。

在承认情态副词具有人际功能的前提下我们还认为三类情态副词的人际

功能的复杂度可能有差异。非典型情态副词的人际功能更为复杂，因为这类情态副词不仅表达说话人对话语内容真实性的态度（即情态），还在此基础上关注了前境和人际关系。因此，三类情态副词在人际功能的复杂度上是依次加深的，即"典型情态副词＜较典型情态副词＜非典型情态副词"。当然即使那些典型情态副词也非常明确地突显了说话人的主观态度，如"必须、的确、决、务必、必然、准保、实在、委实"都表示必然性，但这种确信与基于经验、情理或变化趋势（吴芸莉，2014）做出确信态度的情态动词（如"要、得、一定"）不同，更倾向于说话人并非有理据的主观命令、禁止或推断，因而主观性更强。所以可以肯定地说，上述提到的人际功能是情态动词所不具备的。

#### 2.3.3.3.2 情态副词的主观性

Traugott（1982）把 Halliday（1976）的三种语法功能按语法化程度由低到高进行了等级排列，即"概念功能＞语篇功能＞人际功能"。这个等级序列说明人际功能的语法化程度最高，鉴于语法化与主观化的重合程度很大，我们也可以说人际功能的主观性程度最高，也就是说，情态副词具有较高的主观性。Hoye（1997）认为英语里与情态动词连用的副词属于 Dik（1978）所说的卫星成分（satellite），是情态的补充模式（肖唐金，2010）。这些卫星成分辅助情态动词可起情态作用，如 actually、certainly、clearly、definitely、indeed、obviously、really、surely、of course、evidently、maybe、presumably、probably、perhaps、possibly、doubtless、in fact 等，在语篇中可以调节情态值、主观性与客观性，如 hardly、just、almost 等，也可以帮助情态动词更好地传递态度和判断，如 frankly、honestly、fairly 等。

现代汉语的情态副词若与情态动词连用，其作用也可作如是观，不过在我们看来，即使情态副词单用，其上述作用仍然可以体现出来，比较下面两组例句：

（1）a. 你们这么努力，<u>一定</u>考出好成绩。
　　　b. 你们这么努力，<u>准保</u>考出好成绩。
（2）a. 张三<u>一定</u>和李四一起来。
　　　b. 张三<u>当然</u>和李四一起来。

(1a)和（2a）只表示认识情态之必然，确信的理由为情理或经验，而（1b）除了表示认识情态之必然外，主观推断的意味更强，（2b）也表示认识情态之必然，但确信的理由是理当如此，并含有不言自明，没有任何疑问的意思，因此较多地传递了说话人的态度和判断。

情态副词主观性高可通过与情态动词连用时的次序来证明，一般认为主观性高的词语总是居前（徐晶凝，2008；关思怡，2013），而现代汉语的情态副词与情态动词连用时几乎都是居于情态动词之前，如：

(3) 一个伟大的人<u>必然</u>要牺牲小我。
(4) 你<u>可</u>千万不能告诉他。
(5) 马上要考试了，我<u>必须</u>得用功了。
(6) <u>简直</u>要气死我了！

即使情态副词与其他副词连用，也多位于前面（史金生，2003）。徐晶凝（2008）比较了英语的情态副词和汉语的情态副词之后认为：英语的情态副词因有相应的形容词和名词形式而蕴含客观取向，而汉语的情态副词没有相应的形容词和名词形式不蕴含客观取向，反而以主观性为自己鲜明的特征。我们同意这样的分析。总的来说，现代汉语的情态副词承担了复杂的人际功能，既表达主观性情态又表达不同语境中说话人极为细微而多样化的情感、评价和交互关系，因此主观性经过叠加而更高，内部层次更复杂。也可以说，承担更多的人际功能是情态副词主观性高、语义特征复杂的原因。

情态副词所包含的情感、评价及考虑交际角色之间的关系如此细致多样以至于我们要梳理清楚每个情态副词的意义并对其进行下位归类是非常困难的，但总的来说，含有语气意义的非典型情态副词主观性程度可能更高，因为就功能而言，这些副词较多关注了前境回应和人际呼应，如果说典型情态副词有主观性的话，那么非典型情态副词还具有交互主观性。

#### 2.3.3.4　情态量级的细化和补充

前文提到，Hoye（1997）认为情态副词作为情态的补充模式，在语篇中可以调节情态值、主观性与客观性，比如副词 really 与情态动词 can、will 等连在一起可以起到证实事实、强调态度、加强程度等作用。

我们最感兴趣的是情态副词对情态值的调节作用，这一看法与我们对情态副词的分类有暗合之处。现代汉语的情态和语气都可以用情态副词来表达，因此情态副词是处于情态和语气连续统上的成分，其复杂的人际功能确实可以对情态量级起到补充的作用，但确切地说是对情态语义量级的细化和补充。情态副词的情态意义类型中没有动力情态，有极少量的词表示道义情态，绝大部分属于认识情态，其中最可能的原因是动力情态不具备明显的语义量级，并且主观性低，道义情态由于涉及物质世界的规律、准则、习惯以及言语社团的约定等，其主观性比认识情态要低得多。这样看来，情态副词对情态量级的细化和补充实质上是主观性的量化。

#### 2.3.3.4.1 情态量级的细化

情态量级的细化指的是情态值有细微的变化，包括强化或弱化。典型情态副词无论单用还是与别的情态词连用，主要起到细化的作用，如：

（7）你要/务必来。

（8）你应该/最好早点儿来。

（7）（8）两例都是情态副词单用的例子，例（7）是道义情态之必然性，"务必"一般用于第二人称祈使句，命令性很强，与"要"相比，主观意愿更强烈，因而必然性程度更高。例（8）为道义情态之盖然性，即较大的可能性，情态动词"应该"是基于情理，而情态副词"最好"除了具有"应该"的意义之外还有包含说话人的主观愿望，后者虽然也是较大的可能性，但似乎更接近必然性。再如：

（9）绝对会（必然＋盖然）

（10）好像要（可能＋必然）

例（9）因为前有"绝对"这一必然性情态副词而使表盖然的情态动词"会"向必然性靠拢，反过来例（10）的"好像"使"要"的必然性减弱。再看情态副词连用的情况：

（11）我也许确实不如他聪明。
（12）几乎只得把阿姨叫出来再说。
（13）大概多半是又要推开命运的启示，再做一次艰难的逃离吧。
（14）她当然也许就一蹶不振了。

我们发现，两个情态词连用的时候，一般是前一个词的语义量级强化或弱化后一个词的语义量级，如例（11）表可能性的"也许"对表必然性的"确实"弱化的结果是"确实"的确信度降低，而例（14）表必然性的"当然"对表可能的"也许"强化的结果是"也许"的可能性增强，向盖然性靠拢。

#### 2.3.3.4.2 情态量级的补充

情态量级的补充指的是情态值不变，但除了情态外还包含与真值和状态的可能性及差异推断有关的自我情感、前境回应和人际呼应。包含语气意义的非典型情态副词大都对情态量级起到补充的作用。比如"难道、何必、莫非、何妨、何苦、何须、宁可、就、断乎"等除了情态之外具有强烈的肯定或否定取向，说话人的自我情感表现非常明显；"果然、竟然、居然"等除了情态值之外还蕴含说话人之前可能有所预料或期盼，而所说的事件或者出乎意料，或者为意料之中、盼望之中，即前境回应；"敢情、索性、反正、高低、死活"等则预设听话人事先有一种想法，后来发现不是那样，或者放弃了原来的想法，或者不管说话人或听话人原来怎么想，总之，说话人对此进行了人际呼应。我们看到非典型情态副词表达了多样化交际语境下的估测、推测与推断，对情态的主观量级起到补充的作用。请看下列各例句：

（15）何苦把事情做得这么绝呢！（强烈的否定态度，不应该）
（16）果然是你！（意料之中）

(17) 你还真有办法！（表示没想到如此，含赞叹语气）

通过上述分析我们可以看到，不同类型的情态副词对主观性量化的作用也是互补的，典型情态副词更倾向于对情态量级进行细化，而非典型情态动词以及很多较典型情态动词倾向于对情态量级进行补充。

总的来说，从功能地位来看，情态副词是现代汉语情态系统中的重要组成部分，但与情态动词单纯表示情态不同，情态副词游移于情态范畴和语气范畴之间，用以满足细微、多样的交际语境和交际意图。因为情态副词的存在，当说话人对真值和状态的可能性及差异进行估测或推断时所涉及的丰富的主观情感、情境和关系得以体现，并对情态量级起到细化和补充的作用。

前文提到，英语的情态副词大都有相应的形容词和名词形式，但英语情态副词来源的复杂性也使其人际功能的内涵非常庞杂。在 Hoye（1997）的研究中，一些礼貌性副词、风格性副词以及价值评价性副词都被看作情态副词，如礼貌性的 kindly、please、graciously 等，风格性的 generally、personally、strictly 等，评价性的 fortunately、luckily、regrettably 等。这样看来，英语里的情态副词同样成员庞杂，与汉语一样也需要对内部成员情态属性的高低及情态功能进行界定和分类。那么我们关于汉语情态副词的研究或许还可以为情态的跨语言研究提供一种可行的视角。

另外，现代汉语情态副词的功能仍有很大的研究空间。比如现代汉语是有句末语气助词的语言，情态副词的语气意义与陈述、疑问、祈使、感叹等语气意义是什么关系？进而与句末语气助词又有什么样的关联？若从语气表达系统来看这些有情态意义的副词其功能地位又是怎样的？这些问题都值得进一步研究。另外，仔细分析以往学者所收录的语气副词，可以发现这些副词不仅表达说话人的情感态度、前境回应和人际呼应，甚至承载一些时体范畴用法，如"姑且、刚巧、恰恰、终于"等，这些词语的主观性更多地表现为主观视角，这样看来，情态副词处在情态、语气、时体范畴的交会处，尽管数量不多，却是语义内涵最为丰富、人际功能最为复杂的一类词，值得高度关注。这种情况也说明，作为句子的锁定成分，情态、语气、时体范畴都具有主观性，因而不可避免地有一定的交叉，而在现代汉语这种主要使用词汇手段来表达情态、语气和时体范畴的语言中，这种交叉更为明显。

#### 2.3.4 情态插入语

##### 2.3.4.1 辨析原则

首先我们在一个相对封闭的插入语范围内挑选出有情态意义的插入语，这个封闭的插入语范围来自一些研究现代汉语插入语的论著中所附的插入语表，论著包括《现代汉语插入语研究》（邢红兵，1997）、《现代汉语插入语研究》（司红霞，2015）、《现代汉语插入语研究》（邱闯仙，2010）。另外还有一些著作在讨论插入语时使用了插入语例子，如吕叔湘和朱德熙（1952/2005）、黄伯荣和廖序东（2011）等。经统计和整理，我们共得到338个插入语，并在此基础上找出有情态意义的插入语。

鉴定一个插入语是否具有情态意义的方法和步骤与鉴定情态副词相同，包括以下两点。

（1）根据插入语在一些经典的词典中的释义进行初步判断。如果该插入语的词典释义中有情态意义，就纳入情态插入语范围。如"看来"，《词典》的释义为"根据经验或已知情况做出大概的推断"（第725—726页），据此，我们认为"看来"是具有情态意义的插入语。我们参考的词典主要有《词典》、《八百词》、《汉语大词典（第七卷）》（罗竹风主编，1991）。

（2）在语料库中检索插入语，仔细阅读并分析例句，进行语感验证。如"据说"，根据词典释义"根据别人说；根据传说"的意思，很难判断其是否有情态意义，但在语料库的例句中，"据说"的情态意义还是有的，如：任何人进入李敖的大书房，一定会被那种夺人的气势所震慑。据说，这是"世界第一"的私人藏书室。说话人对"李敖的大书房""是'世界第一'的私人藏书室"这一命题的态度是倾向于认同的，所以我们认为"据说"是情态插入语。

情态最为本质的特征是非现实性，当然这里的非现实性指的是说话人对所表达的命题的真值或事件的现实性状态的可能性及其差异的态度，与事件或命题事实上的真假没有必然联系。对情态插入语来说，这种非现实性表现为：说话人有一个预期，并认为客观事件会符合自己的预期，但是否符合（为真的可能性）不一定，比如"没想到"表达的就是说话人的预期与客观事实不符。

#### 2.3.4.2 情态插入语的范围

根据情态的特征及情态插入语的判断标准，我们筛选出 126 个情态插入语，此处略去举例，详见表 2-7。

我们将这些具有情态意义的插入语和情态副词进行比较，可以看到有一部分情态插入语与情态副词是重合的，如"诚然、充其量、果然、果不其然、想必、真的、看来、怕是、说不定、没准儿、保不准、保不齐、难道、别是、别不是、当然"。

从语法单位上看，这些兼属情态插入语和情态副词的成员都是词，而做插入语的成分既可以是词也可以是短语。情态副词中有一部分具有较强的语篇功能和人际功能，它们可以用于句首，而一旦在句首与主语或话题之间出现短暂的停顿，就会脱离句法结构，成为语篇成分。从情态系统来看，从情态动词到情态副词再到情态插入语，它们之间的界限并非截然分明，而是处在一个连续统中。在句子结构内部，副词是用来修饰限定动词或形容词的，情态副词的意义，也主要是作用在句内成分上，但是有一部分情态副词，如"诚然、果然"等，如果将它们的位置从结构上向外移动，移动到整个句子之外，那么它们的情态意义，就是评价整个句子的了，并且对上下文有一定的衔接作用。如：

（18）文章流畅<u>诚然</u>好，但主要的还在于内容。

（19）<u>诚然</u>，繁荣的家具市场上也充满竞争。

例（18）"诚然"前置于谓语中心"好"，表达说话人对"文章流畅"好与不好的主观态度。例（19）"诚然"位于句法结构之外，更多地体现说话人对"繁荣的家具市场上也充满竞争"这一命题的主观态度。两句都有情态意义。

### 2.3.4.3 情态插入语的类型和量级
#### 2.3.4.3.1 情态插入语的意义分类

根据情态插入语在权威词典中的释义以及它们在语料库例句中的意义特征，我们按情态意义研究的经典分类标准对其进行分类，见表2-6：

表2-6　情态插入语的意义

| 插入语的意义 | | 举例 |
| --- | --- | --- |
| 估计或推测 | 一般估计或推测 | 难道说　说不定　没准儿　保不准　保不齐　少说　充其量 |
| | 后接不愿发生的事情 | 别是　别不是　怕是　我怕 |
| | 根据经验或已知 | 看起来　想来　现在看来　想必　那就是说　如此看来　可以说 |
| 预期与现实 | 意料之外 | 不想　不料　谁知　孰料　没成想　哪成想　原来如此　按理说 |
| | 意料之中 | 果然　果不其然 |
| 肯定 | 断言性肯定 | 不言而喻　没说的　不消说　明摆着　众所周知　当然 |
| | 推测性肯定 | 没错　是的　诚然　可不　可不是　可不嘛　真可谓　应该说 |
| | 劝说性肯定 | 说真的　老实说　说老实话　说实在的　说良心话　实质上　事实上 |
| 观点来源 | 说话人的观点 | 我看　依我看　依我之见　要叫我说　在我看来　你看看　你看你 |
| | 转述他人意见 | 按/照他这么说　在……看来 |
| | 来源于道理、规则等 | 常言道　俗话说（得好）　有道是　一般地说　一般而言　一般说来 |
| 消息来源 | 来源不太确切 | 相传　传说　听说　听人说　据说　据悉　据称　据闻 |
| | 来源较为确切 | 据……说　据……报道　据……观察　据……记载 |

#### 2.3.4.3.2 情态插入语的语义类型和量级

我们举例性分析一组插入语的语义类型和量级特征,以展示我们对插入语情态属性归类的思考过程。

估计或推测中的一般性估计或推测,属于认识情态,量级则需要进行比较。"难道说"一般后面接问句或感叹句[①],说话人通过反问的形式来表达自己对某一命题主观上的推测或判断,而这种判断往往得到了说话人主观上较大的认可,因此我们认为这是认识情态之盖然。如:

(20)怎么?难道说,你还想给俺都拿去吗?

"说不定、没准儿、保不准、保不齐"这组插入语的意义基本相似,以"说不定"为原型,"没准儿、保不准、保不齐"在意义上与"说不定"没有明显的差别,只是更具口语或方言色彩,都表示估计,可能性很大(见《词典》第1224页)。这一类情态性插入语都属于认识情态之盖然。如:

(21)庞兵听了,啊?他还要穿鞋子下来!说不定,他的水性也不咋样!

(22)"您回屋歇着去吧,爷爷。我得在这儿瞧着,没准儿,日本人会来查呢!"韵梅好说歹说,把老人劝了回去。

(23)人多的部门,就会要求按人头分;人少的部门,就会要求按销量分。保不准,还会冒出很多种别的分法。

(24)保不齐,父子变仇人的事儿,我见过……

"少说"是"往少里说,至少"的意思(见《词典》第1144页),表示说话人对所述情况的最低限度估计,一般是一个数值。能做出这样的估计,表

---

① 根据北大CCL语料库统计,在共计145条语料中,"难道"后接感叹句的比例为3%,后接问句的比例为97%。

明说话人对这个估计还是比较有信心的，而且往往数值还要更大。因此，"少说"应该属于认识情态之盖然。如：

（25）"听他们吐出最后一口气的人，<u>少说</u>，有100个了。"小白说，神色苍老。

"充其量"表示做最大限度的估计，至多的意思（见《词典》第180页），说明说话人对"充其量"后面出现的命题持的是一种最高级别的判断，请看例句：

（26）<u>充其量</u>，这只是一批地方上的泼皮混混儿。

说话人对"这只是一批地方上的泼皮混混儿"这件事虽然不能确定，但是认为可能性较高。我们认为"充其量"这一类应当属于认识情态之盖然。

我们对126个插入语逐一进行分析，然后总结这126[①]个情态插入语的情态类型和量级，见表2-7：

表2-7 情态插入语的情态类型及量级

| | 认识情态 | 道义情态 |
|---|---|---|
| 可能性 | 别是 别不是 我怕 天知道 说不定 保不准 保不齐 | |
| 盖然性 | 没准儿 少说 充其量 怕是 看来 看起来 看样子 看上去 算来 想来 想必 那么说 那/这就是说 也就是说 如此看来 由此可见 可见 有鉴于此 可谓 可以说 可以这么说 在他/她看来 按/照他这么说 一般 一般地说 一般而言 一般说来 一般来说 相传 传说 听说 听人说 据说 据悉 据称 据闻 | 难道 难道说 按说 照说 照理 照理说 按理 按道理 来说 按理说 |

---

① 我们对"在我看来""在她看来"这类结构相同但观点来源不同的插入语分别计数。

续表

| | 认识情态 | 道义情态 |
|---|---|---|
| 必然性 | 不想　不料　谁知　谁知道　天知道　孰料　谁料　谁想到　没成想　哪成想　原来　原来如此　果然　果不其然　你看　你看看　你瞧　你瞧瞧　你看你　你看我　不言而喻　毋庸置疑　没说的　不用说　不消说　明摆着　众所周知　没错　是的　是啊　真是　真可谓　当然　诚然　可不　可不是　可不嘛　应该说　应当说　说真的　说正经的　老实说　说老实话　说实在的　说实话　说良心话　说心里话　实际上　实质上　事实上　我看　我说　我想　让我看　让我说　依我看　依我之见　要我说　要叫我说　照我说　据……报道　据……观察　据……记载　据……调查 | 常言道　有道是　俗话说（得好）　老话说（得好） |

#### 2.3.4.3.3　情态插入语的功能

情态插入语的语义类型基本属于认识情态，极少部分属于道义情态，没有动力情态，这种情况与情态副词非常接近，甚至属于道义情态的成员更少，这就意味着情态插入语是具有主观性的独立成分。从插入语表达的五类意义看，其功能是表达说话人的主观性和交互主观性，司红霞（2015：206）也谈到插入语是语篇中表示主观性和交互主观性的短语或以上成分，主观性是其本质。我们的观点是：插入语与情态副词一样体现的是语言的人际功能，但与情态副词不同，插入语并非句中成分，而是独立于句法结构的插入性成分，多用在句首，或者在上下文中起承上启下的衔接作用，因此插入语的另一功能是语篇功能。我们对语料库中60442条情态插入语所处位置进行检索，结果是：插入语位于句首的为48436条，占比80.14%；句中的为11460条，占比18.96%；句尾的为546条，占比0.9%。句位特征也说明这些插入语的功能与情态副词不完全相同，情态插入语的语篇功能也正是我们应该关注的。

根据Halliday（1976），语篇功能也叫篇章功能，是指说话人使用多词或多个句子表达一个完整的思想时,如何运用一些功能成分将信息组织成语篇以及具体的功能表现,语篇功能主要研究主位结构、信息结构和衔接系统。具有语篇功能的成分其主要作用是衔接功能,对语篇成分进行分析就是从超越句子结构的角度来分析语言成分的功能。

黄国文(1988)在 Halliday(1976)的基础上提出现代汉语的衔接手段,包括语法手段、词汇手段和逻辑手段,见表 2-8:

表 2-8 黄国文(1988)现代汉语语篇衔接手段

| 衔接手段 | | | | | | | | | | | | | | | | |
|---|---|---|---|---|---|---|---|---|---|---|---|---|---|---|---|---|
| 语法手段 | | | | | | | | | | | | | 词汇手段 | | 逻辑手段 | |
| 时间关联 | 地点关联 | 照应 | | | 替代 | | | 省略 | | | 时和体形式 | 排比结构 | 复现结构 | 同现结构 | 增补 | 转折 | 因果 | 时间 |
| | | 人称照应 | 指示照应 | 比较照应 | 名词性替代 | 动词性替代 | 分句性替代 | 名词性省略 | 动词性省略 | 分句性省略 | | | | | | | | |

我们可以看到情态插入语的语篇功能包括转折、增补、因果等,大多是通过逻辑手段来实现的,也采用了一些语法照应的手段。举例如下:

(一)转折(逻辑手段)

体现逻辑手段的插入语包括"按理、按理说、按说、照说、照理、照理说、常言道、俗话说",等等。

"按理、按说"这组插入语的字面义是按实际情况、常理、情理来推论,但在实际使用中,往往后面接的是与情理推断不符的情况,这种前后的冲突体现出了一种转折。如:

(27)照说,这种光荣的赐予,我应当诚恳地接受。可是我想到物价的数字,我立刻想到不应当因我这百无一用的书生而浪费。

（28）<u>按理说</u>，他的棋艺仍在卫平之上，<u>但</u>每次比赛进行到临近吃饭的时候，他就心神不宁，惦记起那位篮球巨人来了。

## （二）增补（逻辑手段）

如"没错、不错、是的、诚然、当然、可不、可不嘛"，等等。

这类插入语都是说话人在前文观点的基础上，进一步表示认可，通过这种增补强化说话人的主观态度。甚至说话人设置"拟对话"情景，说话人与"虚拟"的"听话人"进行对话，有承接上下文的功能。如：

（29）挨饿，少吃。<u>没错</u>，你会减掉很多热量。

（30）服务员审视了我一番，不解地问："你老家也在常州乡下？"我答："<u>可不</u>，他们都是我的老乡！"

## （三）照应（语法手段）

照应换一种说法就是前境回应，这种前境回应是从人际功能角度进行考察的，实际上，具有前境回应功能的情态插入语也具有语篇衔接功能。既然具有前境回应的功能，那么这些插入语就一定处在"前境"和"现境"之间，意在使其前后的"情境"相互呼应。这类插入语又包括两类。一是插入语前后句语义有转折关系，即后续句的情况出乎意料，与预期不符，包括"不料、孰料、谁料、谁料到、谁想到、谁知、谁知道"等，如例（31）：

（31）沃尔特聘请了两名推销员向全国推销动画片。<u>不料</u>，这两人竟携款而逃，沃尔特陷入困境，公司不得不宣告破产。

二是插入语前后句语义是顺应关系，即后续句的情况与预期相符，包括"果然、果不其然"，如例（32）：

（32）早有报道称，长野冬奥会将是高科技的体坛盛会。<u>果不其然</u>，许多选手一到赛场，便从双画面同帧播放中找到了最好的教练。

## （四）因果（逻辑手段）

这类插入语包括"看起来、看样子、看上去、看来、算来、想来、现在看来、想必、可见、如此看来、由此可见、有鉴于此、可谓、可以说"，等等，表示说话人根据先行句或经历过的一些现象、事实、情况等得出结论，是因果推断，语篇衔接作用非常明显。如：

（33）秀秀有气无力地躺在床上，伸手去拿床头的水杯，一失手，叭，杯子摔碎了。<u>看样子</u>，病得不轻！老憨顾不得过多考虑，翻过院墙，背上秀秀就往卫生所跑。

（34）女儿自从立志成为一名投资银行家以后，她就开始为自己积累资本，重视各科的成绩，自愿放弃参加同学们的晚间聚会，以便使自己有更多的时间学习。<u>由此可见</u>，孩子们如果在少年时代就有了理想，学习就会积极主动，分数自然也就不会低。

另外，使用"原来、原来如此"时，往往在插入语之前出现某种现象或某个疑问，后续句用来解答前面出现的情况，插入语的作用就是释因。如：

（35）主人介绍说："这是赵部长。"怎么又出来个部长？<u>原来</u>，赵国欣曾是二炮工程学院卫生部副部长，人们叫惯了他部长。

（36）我研究《钱江晚报》多年，今日可发现了它受群众欢迎的又一原因，<u>原来</u>，你们有那么多"芝麻官"支持你们办报，当你们的"耳目"，做你们的联络员。

## （五）指示照应（语法手段）

"那么说、那/这就是说、也就是说、这么说、可以这么说、在他/她看来、按/照他这么说"这类插入语具有指示照应功能。

使用这类插入语时，说话人和听话人（或为虚拟的听话人）处于一个话轮中，插入语在其中起到衔接前后两个命题的作用，后一个命题是在前文基础上所做的推断。所谓的指示照应就是，这类照应手段中往往含有指示代词"这、那"，使后句对前句的衔接更明显。如：

（37）既然失落的"精英意识"正在复苏，那就是说，我们正在进入一个健康的社会。

总的来说，语篇功能是情态插入语在功能上的重要作用，这一点与情态副词有一些不同。虽然有一些情态副词位置灵活，在句首时也表现出一定的语篇功能，但不及插入语的语篇功能普遍。另一方面，情态插入语的语篇衔接手段主要表现为逻辑手段和语法手段中的照应，这样的衔接手段与情态意义比较吻合，并非为时空、话题、形式等方面的衔接，而是说话人主观上对前后句之间的逻辑关系进行推测和推断，从这个意义上也可以说，情态插入语表达的是说话人对语篇的主观评价和态度。

### 2.3.5 其他情态表达手段

#### 2.3.5.1 其他一些情态表达手段举例

除上述词汇手段和篇章手段外，现代汉语也通过构式手段表达情态，如用双重否定加强肯定、用情态动补构式表达能与不能，甚至用韵律手段（如语调、重音）表达估测、肯定。

并非任何双重否定形式都表达情态，比如"不是不V""没有不……"。具有情态表达作用的往往是两个否定词中间是情态词的双重否定，如"不+可/会/能/得+不""非（得）……不""没有……能/可以+不""没+能/敢/想+不""不+要/能/会/应该+没"等，表达情态意义的双重否定表示肯定，但比一般肯定的语义更强烈，含有"一定、必须"的意思。

重音也可以表达情态意义，含有"确实"的意思，但并非所有的重音都表达情态，用于动词的重音可以表达"确实"的含义，落在情态词上的重音可以强化情态词的含义。如"我读过那本书"中在动词"读过"上加上重音就含有"确实读过"的意思；"我能来！"中在情态动词"能"上加重音可以进一步强化"能"原有的情态意义（有能力或有条件）。

关于双重否定和韵律重音手段表达的情态意义我们不再展开讨论，下面我们主要分析情态动补构式的情态意义。

2.3.5.2 情态动补构式

2.3.5.2.1 情态动补构式的语义特征

表达情态意义的动补构式可以码化为"V得C"和"V不C"，其中补语（C）可以由动词（含趋向动词）充当也可以由形容词充当，动补构式的情态意义多数学者认为表认识情态之可能或者不可能（朱德熙，1982：132—133；吕叔湘，1999：165；范莉，2010；等等）。如：

看得见—看不见　穿得上—穿不上　写得完—写不完　进得去—进不去
说得清—说不清　做得成—做不成　扯得断—扯不断　说得出—说不出
吃得了—吃不了　睡得着—睡不着　睡得香—睡不香　搬得动—搬不动
回得来—回不来　脱得了—脱不了　听得懂—听不懂　走得出来—走不出来

关于情态动补构式的意义是否为认识情态之可能，我们持不同意见。我们认为无论是肯定式还是否定式都是多义的，既可以解读为可能与不可能，属于认识情态，也可以解读为是否有能力，属于动力情态。"V得C"就是"V并且能C"，"V不C"就是"V但不能C"，解读为"可能"时与"能"解读为"可能"的句法条件相同，如果与反问句共现，就是清晰的认识情态之可能或不可能，如果与一般疑问句共现，则会产生情态意义的不确定性。见例句：

（38）你怎么搬得动呢？
（39）这么吵，睡得着吗？
（40）这些事你说得清吗？

（41）他没有票，进得去吗？
（42）没关系，我听得懂。
（43）我的苦不是你拿钱算得清的。

以上这组肯定式情态动补构式，例（38）到（40）为反问句，不需要回答，一般解读为"可能"，是认识情态。例（41）是一般疑问句，可以回答也可以不回答，解读为"可能"与"有能力或有条件"都可以，情态意义不确定。例（42）（43）是陈述句，倾向于解读为"有能力或有条件（包括施事有能力和客观具备条件）"，是动力情态。

否定式情态动补构式多为针对问话的答语或者陈述句，如：

（44）你吃得了吗？——这么多，我吃不了。
（45）拴得住他的身子，拴不住他的心。
（46）你这一套骗不了我。
（47）大家再也忍不住，哄堂大笑起来。

例（44）的"吃不了"既可以解读为"不可能"，也可以解读为"没有能力"，例（45）至（47）倾向于解读为动力情态，表示"有能力或有条件（包括主观有条件和客观具备条件）"。

在情态动补构式中有另外一种类型，即"V得"，否定式为"V不得"，据朱德熙（1982：133），"V得"的"得"与"V得C"中的"得"一样，"V得"就是"V得得"，第二个"得"是动词，做补语，因与前面的情态标记"得"同音同形而省略了，"V得得"与"V不得"为肯定式和否定式。如：

用得—用不得　吃得—吃不得　买得—买不得
说得—说不得　看得—看不得

吕叔湘（1999：165）认为这类情态动补构式表示可能、可以、允许。这样看

来,"V得"与"V不得"也是多义的。但是我们认为"V得"与"V不得"可以表达"可以、允许",但一般不表达"可能"。如:

(48)这话你也说得?
(49)这东西晒得晒不得?
(50)这样的话他说得,我就不能说,角色不一样啊。
(51)人家动得,但你动不得。

例(48)是反问句,不必回答,意思是"这话你说不得","说得"倾向于解读为"允许、许可",是道义情态。例(49)是正反疑问句,需要回答,不管肯定式还是否定式都解读为"允许、许可",即道义情态。例(50)和(51)则解读为"可以",即"客观具备条件或能力",属于动力情态。

以往关于上述动补构式的研究有两个结论:一是这类补语的功能是表可能,称为可能补语;二是这类补语的使用具有不对称性,否定式的使用频率更高。我们同意第二个结论,儿童对该类补语的习得也呈现出否定式占绝对优势的特征。但是第一个结论我们不能认同,因为"可能"属于认识情态,是情态量级概念,但是这类补语无论是肯定式还是否定式在情态类型上都是多义的,既可以在一定句法条件下解读为认识情态之可能,也可以解读为动力情态和道义情态,所以,已有研究把这类补语称为可能补语是不合适的,称为情态动补构式则更合适。

#### 2.3.5.2.2 情态动补构式的功能

情态动补构式表达情态意义,与动前情态动词表达情态意义的整体功能是一致的,但是既然已经有情态动词,为何还要使用动补构式表达情态意义,这是一个有意义的问题。合理的解释应该是情态动补构式具有情态动词所不具备的功能特征。吴福祥(2002a)在探讨能性述补结构的语法化动因时也提到,该构式语法化的内在要求是能性述补结构具有情态动词代替不了的语义功能。情态动补构式的补语往往表示动作的实现或完成,因此情态动补构式一般表达这样的构式义,即"是否有能力/条件或被允许实现某种动作结果或状态、是否具有实现某种动作结果或状态的可能",而这是情态动词所不具备的功能。也就是说,情态动补构式的表达焦点是结果或状态实现的能力、条件和可能,而不是动作及动作的结果或状态。如:

(52)你<u>看得清</u>吗?我给你拿个手电筒吧。——<u>看得清</u>,不用。
(53)血缘关系你<u>扯得断</u>吗?根本<u>扯不断</u>!
(54)从这面<u>出不去</u>,到那面看看<u>出得去</u>不?

但是,这并非情态动补构式存在的唯一原因,因为我们也可以用"能VC"表示"V"有能力、条件、可能或者被允许、被许可所能达到的结果或者趋向,如"能看清、能扯断、能出去"。上文我们提到"V得C"就是"V并且能C","V不C"就是"V但不能C",意思是这类动补构式主要表达说话人对补语部分的态度和评价,无论肯定式还是否定式,"C"才是说话人关注的焦点。

考虑到情态动补构式的否定式比肯定式更高频使用,我们推测:情态动补构式中的肯定式,一方面可以用"能VC"来代替,另一方面又有某些"能VC"所不具备的功能特征,因此只有在表达"能VC"所不具备的功能特征时才使用"V得C",而情态动补构式中的否定式则不能用"能不VC"来代替,即"V不C"在表达上具有不可替代的功能。

根据刘月华(1980),"V得C"在表达不太有把握的肯定、反驳某种否定或者委婉表达否定时更有表现力,而"能VC"没有上述表达功能。我们赞同这一描述。比如例(53)"血缘关系你扯得断吗?"意思是"血缘关系是扯不断的",这种否定意义的表述比"血缘关系你能扯断吗?"要委婉一些,含有"血缘关系是客观事实,因此无法扯断"的含义,因为是客观事实,给听读者的感受就不是主观推断,语气上也不那么激烈。杉村博文(1982)也认为"V得C"体现的是说话人对事实的陈述,与"能VC"相比具有客观性。

对"能VC"进行否定不能变成"能不VC",也就是说,表达"V"有能力、有条件或者被允许、被许可所能达到的结果或者趋向时,如果只对其中的结果或趋向部分进行否定,一般用情态动补构式否定式最自然,"能不VC"

式不被接受，而"不能VC"即使可以说也属于动词外否定。比如：

（55）*我能不看清。——?我不能看清。——我看不清。
（56）*血缘关系你能不扯断。——血缘关系你不能扯断。——血缘关系你扯不断。

两句中的"不能看清""不能扯断"否定的可以是"能"也可以是"能看清""能扯断"，但"看不清""扯不断"没有否定"看"和"扯"，只否定了"清"和"断"。

## 2.4 儿童情态表达手段考察对象

情态研究中关于情态类型的研究有一些新的研究成果，也有一些争议。本研究若在此参与，可能要花费极多的篇幅，这样就脱离了本研究的整体目标，因而我们对儿童情态习得的研究在情态体系上仍然遵循比较经典的分类。

从情态表达手段方面看，有的情态表达手段儿童没有习得，如情态插入语和双重否定；有的情态表达手段早期儿童只是零星产出，如认识动词和假设连词。鉴于此，本书无法考察上述没有产出或者只有零星产出的情态表达手段的习得，而只聚焦于有系统产出的情态动词、情态副词、情态助词和情态动补构式。恰好前三类是现代汉语中非常重要的情态表达手段，我们将系统全面地观察、描写这三类情态表达手段的儿童语言习得数据，并对内探究不同情态语义维度的发展，对外探讨与情态习得相关的情态否定、情态与情状、情态与时体、情态与语气等问题，在此基础上进一步探讨情态系统的儿童语言习得研究对情、态本体研究及儿童语言习得理论的论证意义。另外，在探讨情态否定习得时我们还将考察情态动补构式的早期习得，探讨否定式习得优先于肯定式习得的制约因素，探讨情态动补构式否定式与情态动词否定在习得上的异同及相关问题。

# 第三章 早期儿童情态动词的习得

## 3.1 研究背景与研究目标

情态动词是语言中最重要的情态表达手段，情态研究的基本内容都可以通过情态动词的研究体现出来，如情态的语义分析、情态的历时演变、情态的跨语言研究、情态范畴与其他范畴的关联研究，等等。从这个意义上说，观察描写早期儿童情态动词的习得样态和习得特征就可以了解儿童对情态语义的认知程度，了解儿童情态范畴与时体、语气等相关范畴的协同习得特征，因此，考察儿童早期情态动词的习得是情态习得研究中最重要的内容。

关于现代汉语儿童早期情态习得的研究多关注情态动词的习得，如 Guo（1994）在考察汉语儿童情态动词习得时发现儿童先习得动力类情态词，用以表达意愿和能力，然后习得道义类情态词，最后习得认识类情态词。Guo（1995）又对情态动词"能"的习得进行了考察，发现儿童按从"能力"到"许可"再到"可能"的顺序习得"能"的情态义，也就是从动力情态到道义情态再到认识情态。范莉（2007）对一名儿童 2;09 岁前出现的"能、会、应该、可能、可以、敢"等情态动词进行考察，发现儿童最早使用的是表"能力"的"能、会"，然后是道义性的"应该"，最后是认识性的"可能"。同一情态动词，动力情态义早于道义情态义习得（如"能、会"），道义情态义早于认识情态义习得（如"应该"）。杨贝、董燕萍（2013）对一名 1;04—3;03 岁儿童的情态动词习得进行了个案追踪研究，梳理了个案儿童不同情态类型的习得趋势及各种可能的制约因素。郭婷（2013）通过两名儿童的情态动词习得分析儿童情态类型和情态量级的习得特征，发现：两名儿童的情态类型都呈现出"动力情态＞道义情态＞认识情态"的习得序列特征，并且习得时间和产出频次呈正相关；情态量级的习得序列从整体上看表现出从可能性到盖然性再到必然性的习得倾向。

上述关于情态动词的儿童语言习得研究为我们提供了较好的研究基础。不过，关于情态动词的习得研究仍有很大的研究空间：一是样本量可以更具有统计学意义，不再是个案语料；二是习得过程的精细化描述可以加强，包括每个情态动词的习得过程；三是对情态语义习得的解释也有待加强。

关于情态意义和情态量级的习得特征及相关理论探讨，不仅涉及情态动词，也涉及情态副词和情态助词，但根据我们的观察，情态副词的习得主要在于对情态量级进行细化和补充，情态助词也倾向于此，而本章考察的是情态动词的习得，因此，只细致描述情态动词的习得过程并基于多义情态动词的习得数据探讨情态语义类型的习得及相关理论问题，至于情态量级的习得特征及相关讨论，我们将在情态副词和情态动词的习得之后再进行全面的探讨。

## 3.2 研究对象与数据说明

在第二章，我们结合朱德熙、朱冠明、彭利贞等几位先生对情态动词的看法并且严格按照 Lyons（1977）、Palmer（1979）的情态定义确定了情态动词的范围，包括"能（能够）、要、会、可能、应该（应当、应、该）、可以、得（děi）、准、该、一定、肯、敢、想、愿意（愿、乐意、情愿）"，其中对与各家不同的处理之处我们也做了说明。第二章表 2-2 所确定的情态动词的范围正是我们要考察的儿童情态动词的习得对象，我们将会据此考察儿童习得了哪些情态动词，没有习得哪些情态动词，每个情态动词的语义习得是怎样的。

关于情态动词习得标准的确定，我们按第一章提到的标准来确定，首先排除儿歌、故事和歌词以及连续重复的语例，在模仿性产出方面只排除直接模仿但不排除顺应模仿。儿童如果能自主或顺应模仿产出并且语境适切就可以认定为习得。对不同情态意义的确定是人工进行的。第四章和第五章的情态副词和情态助词的习得标准亦按此处理。

另外，对各词中属于同一语义类型的义项的习得，不再细分，如"能"的动力情态义可细分为"能$_{dy}$（施事有能力或条件）"和"能$_{dy}$（客观具备能力）"两个，但不记作"能$_{dy1}$"和"能$_{dy2}$"，而是统一记作"能$_{dy}$"，其他多义情态词的标记亦如此。

对表 2–2 各情态动词习得的精细描写分两个部分，即多义情态动词的习得和单义情态动词的习得。

### 3.3　早期儿童多义情态动词的习得

多义情态动词表达了说话人对所说命题或事件的不同态度。其中，动力情态涉及句子主语的能力或意愿；道义情态表达说话人对命题或事件施加一定的影响，这种影响来自常理、社会规约或者伦理道德等；认识情态则表达说话人对命题或事件现实性的可能性推测或推断。下面我们从习得数量和频率两个方面来考察各多义情态动词的习得。

#### 3.3.1　"能"的习得

情态动词"能"的语义涉及动力情态、道义情态、认识情态三种情态类型，这是学界已达成的共识。《八百词》中"能"的义项包括"有能力做某事、有条件做某事、善于做某事、有某种用途、情理上的许可、环境上的许可、有可能"（吕叔湘，1999：414）。我们将"有能力做某事、有条件做某事、善于做某事、有某种用途"归为动力情态，记为"能$_{dy}$"；"情理上的许可、环境上的许可"归为道义情态，记为"能$_{de}$"；"有可能"归为认识情态，记为"能$_e$"。

（一）"能$_{dy}$"的习得

情态动词"能$_{dy}$"包含"有能力做某事、有条件做某事、善于做某事、有某种用途"四个义项，通过观察我们发现儿童首先习得的是"能"的"能力"义，其他义项较少。下面我们分别介绍三名被试儿童的习得情况：

（1）LZR：还来几次，这功夫，这样叉腿能行吗？
　　　LXY：<u>能</u>行。（有能力 1;10）
（2）LZR：<u>能</u>穿上吗？
　　　LXY：<u>能</u>穿上。
　　　LZR：<u>能</u>穿上啊，你穿上试试。（有能力 1;10）
（3）GCY：牙不<u>能</u>使香皂牙使牙膏。
　　　SYY：眼<u>能</u>眨巴眼睛香皂洗脸洗手抹眼睛。（有能力 1;10）
（4）%act①：孩子给小熊脱衣服。
　　　LGT：熊熊，它的衣服是不是可以脱啦，<u>能</u>脱了吗？
　　　JBS：<u>能</u>呀。
　　　LGT：<u>能</u>呀，<u>能</u>是不是？<u>能</u>脱。（有能力 1;07）

　　LXY 4;06 岁前共产出"能<sub>dy</sub>"94 例，1;10 岁第一次产出，见例（1），成人询问儿童是否能够叉腿时，得到儿童的肯定回答，儿童对自己具有叉腿的能力这一事件给予肯定性答复，这说明儿童的"能<sub>dy</sub>"中"有能力做……"这一义项已经敏感，并能运用这一义项来表达自己的态度。第二例产出与第一例产出的时间相同，如例（2）所示，结合当时语境，儿童表示的是自己有穿衣服的能力，亦属于动力情态，表示有能力，语义清晰。此两句虽为模仿性产出，但产出时间接近，我们认为儿童在 1;10 岁已经习得了"能<sub>dy</sub>"。

　　SYY "能<sub>dy</sub>"第一次产出情况如例（3）所示，语境意义为眼睛具有"眨巴"的能力，"能<sub>dy</sub>"带主语和宾语，始现的句法表现也比较成熟，所以 SYY "能<sub>dy</sub>"的习得时间为 1;10 岁。此后产出频率一直较高且产出量稳定，4;06 岁前共产出 129 例。

　　JBS 在 1;07 岁首次产出"能<sub>dy</sub>"，见例（4）。根据成人在 JBS 给小熊脱衣过程中的鼓励可以看出成人是在询问儿童是否具有把小熊的衣服脱下来的能力，儿童的肯定性回答表明其理解"能<sub>dy</sub>"的能力义。该例句中儿童对

---

① %act 是补充信息的意思，主要指会话背景中的动作行为。下文同此，不再注释。

"能$_{dy}$"的使用非常合宜，可以看出儿童对"能$_{dy}$"的语义和使用语境是理解的。三名儿童中 JBS "能$_{dy}$"的产出总量最高，为 226 例。

（二）"能$_{de}$"的习得

"能$_{de}$"表道义情态之许可，这种许可通常来源于个人的权威或者社会的规范，分为情理上的许可和环境上的许可。三名儿童的习得情况如下：

（5）HXT：面包车，能吃吗？
　　　LXY：能吃。（1;07）
（6）HXT：好了，五次坐完了。
　　　LXY：五次坐完了，不能再坐了，球坐。（1;10）
（7）GCY：你听妈说那小孩儿不能拿。
　　　SYY：洋洋不能拿。（1;10）
（8）LGT：维尼，是不是，小熊。
　　　JBS：嗯。
　　　%act：典典用手指着屏幕。
　　　LGT：那个也是小熊，什么欢迎，什么，它怎么说的那个熊熊。
　　　JBS：哼哼，又不能让抱呢，哈哈哈。（1;08）

LXY 1;07 岁第一次产出带"能$_{de}$"的句子，如例（5）所示，儿童对成人"能吃吗"这一问题做出回答，是顺应模仿。不过，之后的三个月里 LXY 没有"能$_{de}$"的产出，所以该句的产出时间还不能看作习得时间。例（6）为被试儿童 LXY 首次自主产出"能$_{de}$"的例句，在该例句中儿童陈述自己坐的次数已经达到事先规定的上限，不应该继续坐了，可以看出儿童认知世界里有上述规约关系，这说明儿童已经理解"能$_{de}$"的道义情态义。LXY "能$_{de}$"的习得时间应为 1;10 岁，共产出 81 例。

剔除 1;08 岁的 1 例引导性产出，SYY 首次产出"能$_{de}$"的年龄为 1;10 岁，例（7）中，GCY 告诉 SYY 某物小孩子不能拿时，SYY 明白了 GCY 的意思是不允许自己拿，说明儿童理解"能$_{de}$"的"许可"义，SYY "能$_{de}$"的习得年龄也为 1;10 岁，共产出 100 例。

JBS 第一次自主产出"能$_{de}$"是在 1;08 岁，例（8）中 JBS 觉得隔着电视屏幕没法抱里面的熊，即环境上不允许，是道义情态用法，且语境适切。"能$_{de}$"在首次产出之后使用频率一直很高，产出的句法形式也非常丰富。JBS 一共产出 361 个"能$_{de}$"，习得年龄为 1;08 岁。

（三）"能$_e$"的习得

"能$_e$"表示认识情态之可能，即说话人对命题为真或事件成真的可能性的推测。值得注意的是，"能"表"可能"时句法条件独特，即"能$_e$"一般出现在反问句或疑问句中。我们看儿童的习得情况：

（9）LZR：这是什么？

　　　LXY：不能说话，你怎么<u>能</u>说话呢？

　　　LZR：那你说话吧。（3;01）

（10）LXY：我还<u>能</u>出去吗？

　　　ZFA：你看今天外边，是不是要下雨了？（4;03）

（11）GCY：跟小叔叔闻闻吧，小叔叔闻闻吧。

　　　SYY：你闻闻，那么臭呢，<u>能</u>那么臭吗？

　　　ZXB：那儿也有一长颈鹿。（2;10）

（12）ZXF：一会儿等药凉了以后，喝药就该好了。

　　　JBS：喝完了还没好呢，喝完药好几天才<u>能</u>好呢！（3;06）

LXY 共产出"能$_e$"2 次，首次自主产出年龄为 3;01 岁。例（9）中儿童用反问句表示自己对成人说话的可能性的推测，表达的是一种认识情态的可能，语义明确，语境适切。例（10）根据语境可以看出 LXY 是在问成人自己有没有去室外玩耍的可能，属于认识情态，语境也很适切。LXY "能$_e$"的习得年龄为 3;01 岁。

SYY 4;06 岁前共产出"能$_e$"7 次，例（11）为首次产出，SYY 询问大人长颈鹿是否真的有"那么臭"，即"那么臭"这个命题为真的可能性，使用语境得当，因此可以认为SYY 2;10岁就已经习得了"能$_e$"，之后SYY又产出了6例"能$_e$"。

JBS首次产出"能$_e$"的年龄为3;06岁，见例（12），JBS认为喝完药之后病不会立马好，要过几天才可能好，为认识情态之可能，可以认为JBS 3;06岁已经习得了"能$_e$"。JBS 4;06岁前总共产出"能$_e$"8次，在三名儿童中产出数量最高。

### 3.3.2 "会"的习得

"会"是否有道义情态是有争议的。很多文献认为"会"只有两种意义，即动力情态（能力）和认识情态（较大可能）（吕叔湘，1999：278—288；朱德熙，1982：62—63；郭昭军，2003a；徐晶凝，2008：262）。但黄郁纯（1999：53）提出"会"还有"个人道义上的承诺义"，例如"你等着看吧，我会考第一名的"，谢佳玲（2002：89）把这种"会"的承诺意义称为"保证用法"。我们认为，即使"会"可以分化出道义情态义，这一功能也是受限的，使用频率非常低，儿童也没有习得表示"承诺"的"会"，下面我们讨论儿童"会$_{dy}$"和"会$_e$"的习得。

（一）"会$_{dy}$"的习得

"会$_{dy}$"表示动力情态之能力，可以表达主语具有技能、体能等各方面的能力。三名儿童的习得情况如下：

（13）HXT：天线宝宝，是吧？
LXY：天线宝宝会唱歌，第七个。（1;07）
（14）ZXB：自己还戴在刚才那只手上，你会戴吗？
SYY：不会。（1;08）
（15）%act：JBS在地上爬。
WSS：典典快起来，别爬了。
JBS：我会爬。
WSS：你是小青蛙吗，典典是只小青蛙。（1;09）

LXY 4;06 岁前共产出"会$_{dy}$"320 个，首次产出年龄为 1;07 岁，首次产出即为自主产出，如例（13），"会唱歌"就是有唱歌的技能，是动力情态，此处儿童对"会$_{dy}$"的使用语义明确，语境适切。此后 LXY 每月的产出频率都很高，使用"会$_{dy}$"的句法环境也更加复杂，说明儿童对"会$_{dy}$"的使用更加成熟。

SYY 4;06 前共产出"会$_{dy}$"502 个，第一次产出"会$_{dy}$"的年龄是 1;08 岁，如例（14），大人询问儿童是否懂得戴手表的方法，儿童回答"不会"，表示自己不具有戴手表的技能，使用非常恰当。

被试儿童 JBS 4;06 前共产出 447 个"会$_{dy}$"。从例（15）的语境可以看出当时 JBS 在地上爬，JBS 表达的是自己具有做出这个动作的能力，语义明确，语境适切。JBS"会$_{dy}$"的习得时间是 1;09 岁，此后一直保持着高频产出，产出的语例有后接动宾、介宾等形式。

（二）"会$_e$"的习得

"会$_e$"表示认识情态之盖然，即对于事件发生的可能性的判断，通常表示将来可能性，是一种介于可能和必然之间的认识情态。

　　（16）GFI：怕啊，老虎会咬你吗？
　　　　　LXY：会咬我。（1;08）
　　（17）SYY：它会憋坏你，小老鼠。（2;02）
　　（18）%act：典典骑着小车。
　　　　　LYJ：哎哟，怎么搞的呀？
　　　　　JBS：坏了，妈妈会回来修修，妈妈回来会给我打气。（2;01）

LXY 产出"会$_e$"的总量为 154 个，首次产出见例（16），"会咬我"表明儿童推测老虎有咬她的可能性，为认识情态之盖然。"会$_e$"的习得时间为 1;08 岁，在首次产出之后平均每月均有产出，其中 2;00 岁至 4;00 岁年龄段产出频率最高。

SYY 产出"会$_e$"21 次，首次产出年龄为 2;02 岁。根据例（17）的语境，儿童预测小老鼠有憋坏的可能性，儿童用"会₁"表达了这种盖然意义，语境非常适切，说明儿童已经理解了"会₁"并能正确使用。

JBS"会₁"的产出总量为86个，首次产出时间是2;01岁，这一时间也是习得时间。例（18）中大人责问JBS是怎么弄坏玩具的，JBS表示妈妈回来后有可能修好，有可能给小车打气。儿童没有从正面回答问题，一方面避免了大人的进一步责怪，另一方面表达了对事情的弥补，是一种认识情态之盖然。

### 3.3.3 "要"的习得

据表2-2，"要"包括三种含义：其中动力情态的"要"可以表示"意愿"，我们记为"要$_{dy}$"；道义情态的"要"表示"义务"或"规约"，含有指令性，我们记为"要$_{de}$"；而认识情态的"要"既可以表示"将要、快要"也可以表示"推测或推断"，我们都记为"要$_{e}$"。

如前文所述，"要"是内部语义非常复杂的情态词，尤其是"要$_{e}$"。表示"将要、快要"的意义是否属于认识情态，学界是有争议的。朱德熙（1982：64）认为"要"有动力意义和道义意义两类意义，一是表示"意愿"，二是表示"事实上需要如此或者情理上应该如此"，没有提到"要"有推测意义。吕叔湘（1999：592—593）把"将要"义与"可能"义和"估计"义并列，其实就是没有把"将要"与情态意义联系起来。徐晶凝（2008：264）认为表示"将要、快要"的"要"与表意愿的"要"有直接的隐喻关系，所以可以归入动力情态。彭利贞（2007b）把"将要、快要"义归入认识情态义，我们也做同样的处理，不过我们认为这个"要"兼表未来时和认识情态之必然，表现为"将然性"，类似于英语的"will"，而能兼表未来时和认识情态的理据是两者时间特征的一致性：认识情态之必然具有非现实性，推断即将发生事件的命题有可能为真；"将要、快要"则表示"要"之后的行为、事件在说话时刻之后就会实现，即表达对未来事态的推断，如"天要下雪了"即"下雪"这一事件在说话时刻之后会实现，"他要毕业了"推断"毕业"这一事件在说话时刻之后会成为现实。

这类"要"构成的句子，如果动词的情状是不可控的、静态的，并且与识解成分（如"了"）共现，一般就是认识情态，如果句中动词情状不是静态的非自主动词而是活动动词或完结动词，就容易出现情态意义含混，即情态意义不确定。我们这里考察儿童情态动词的习得情况，只考察情态意义明确的"要"。

（一）"要$_{dy}$"的习得

"要$_{dy}$"表示动力情态之意愿，即说话人或句子主语有意愿做某事。三名儿童习得"要$_{dy}$"的时间都非常早。具体情况如下：

（19）HXT：怎么趴地上去了？
　　　LXY：要睡觉。（1;06）
（20）SYY：喝奶，我要喝水。
　　　GCY：喝水。（1;08）
（21）LXF：什么东西？呦，好漂亮，真好看，是吧？典典跳。
　　　JBS：我要跳踢踏。
　　　LXF：踢踏舞，快跳，踢踏舞。
　　　ZLZ：呵呵。（1;08）

LXY"要$_{dy}$"共产出 666 例，首次产出见例（19），产出时间可看作习得时间。这是一个游戏场景，LXY 假意向大人表达了趴在地上的原因是想要睡觉，语义明确，语境适切。在首次产出后每月均有产出，语例均为后接动词或者动宾结构的形式。

SYY 产出的"要$_{dy}$"共 268 例，首次自主产出并习得的时间是 1;08 岁，见例（20）。SYY 先直接用动词表达自己想喝奶，然后又说要喝水，表达自己想喝水的意愿，这说明 SYY 已经理解情态动词"要$_{dy}$"表达意愿的用法。在首次产出后，使用频率逐渐增加，语例均为后接动词或者动宾结构的形式。

JBS 产出的"要$_{dy}$"共 705 例，JBS 1;03 岁开始就产出"要"，但大多是带否定词的"不要"，连续重复使用的用例非常多，我们认为这些"不要"并非习得，不管大人说什么，儿童都说"不要"，语境不适切，所以最初的"不要"只是一种拒绝，相当于"不"。直到 1;08 岁 JBS 产出了类似于例（21）这样的句子。例（21）中儿童向采样人表达想跳舞的意愿，语义清晰，语境适切，因此 JBS 1;08 岁真正习得了"要$_{dy}$"。JBS"要$_{dy}$"的产出频率非常高，而且运用灵活，句式多样。

（二）"要$_{de}$"的习得

"要$_{de}$"表示道义情态之义务，出现语境往往是句子主语被命令做什么，并且做什么是一种义务或规约，这时"要$_{de}$"可以解释为"需要、应该"。

（22）ZYY：那你吃什么，洗洗手去好不好？
LXY：好，要洗手。（1;09）
（23）SYH：送礼怎么着，送礼要送什么？
SYY：要送脑白金。（2;03）
（24）SYY：你要帮我推东西。
GCY：你推得动它们俩吗？（2;03）
（25）ZLZ：你丢在哪儿去啦，你把丢在哪儿，呀，达达又吃喽。
JBS：啊啊啊，不要吃。（1;08）

LXY 共产出 113 例"要$_{de}$"，例（22）是首次产出，也标志着儿童习得了"要$_{de}$"。LXY 强调在吃饭之前"要洗手"，表达道义情态之规约，语义清晰，语境适切。

SYY 首次产出带"要$_{de}$"的句子是广告语，见例（23），我们不能确定其是否真正习得，但在 2;03 岁的 20 天后，SYY 便首次自主产出了"要$_{de}$"，如例（24），在例（24）中 SYY 认为 GCY 应该帮她推东西，儿童用"要$_{de}$"给出指令让 GCY 帮她推东西，使用很恰当，可以确定 SYY 2;03 岁习得了"要$_{de}$"。SYY"要$_{de}$"的产出总量为 51 次。

JBS 产出的"要$_{de}$"共 124 例，习得时间是 1;08 岁。例（25）中儿童不让小狗达达吃自己的爆米花，在语用上为禁止、指令，语境适切，运用得当，是很典型的道义情态用法。

(三)"要₂"的习得

"要₂"表示认识情态之将然或必然，与未来时关联，表达说话人基于某种证据而对事件的事实性或命题的真值做出的将然性或必然性推断。"要₂"的内部语义是比较复杂的，"将然"既与"意愿"有隐喻关系，又与认识情态的未来时间吻合，我们可以把"将然"看作从动力情态到认识情态的渐变状态，并倾向于"必然"。儿童对"要₂"语义的习得往往也是"将然性"在先，"必然性"在后，并且"将然性"使用频率更高。儿童习得情况如下：

（26）LYR：闭眼。
　　　LXY：要爆炸。
　　　ZYY：爆炸了吗，气球爆炸了吗？（1;10）
（27）SYY：天线宝宝要压死了。
　　　GCY：天线宝宝要压死了？
　　　SYY：嗯。（2;10）
（28）LGT：快穿拖鞋，这地上太冰了。
　　　JBS：穿上鞋，骑车要掉的。（2;05）

LXY共产出"要₂"91例，1;10岁时首次产出带"要₂"的句子，见例（26），LXY根据气球的状态推测气球快要爆炸了，表达认识情态之将然，语义明确，使用得当。

SYY"要₂"的产出总量为18例，习得时间也是2;10岁，见例（27），该句中SYY推断天线宝宝将要被压死了，也属于认识情态之将然。

JBS共产出69例"要₂"，习得时间为2;05岁。不过JBS的"要₂"一习得就属于认识情态之必然，如例（28），语境是成人要求儿童穿上拖鞋，但儿童推断如果穿上鞋，自己骑车时鞋子就会掉下来。在同一份语料中，JBS产出同类句子，如"ZLZ：哦，好多好多水。JBS：xxx袖子要掉的"，儿童对"要₂"的理解和使用是非常适切的。

### 3.3.4 "得"的习得

情态动词"得（děi）"有两种意义，第一种为"情理上或事实上的需要"，意思是"应该、必须"，表示道义情态之必要，我们记为"得$_{de}$"，第二种为"估计必然如此"，表示认识情态之必然，我们记为"得$_e$"。

（一）"得$_{de}$"的习得

"得$_{de}$"表示道义情态之必要，有时是一种强义务，说话人发出命令，必须如此。儿童习得的语例如下：

（29）HXT：起床穿衣服还得穿什么呀？
　　　LXY：还得穿裤子。
　　　HXT：哦，穿上裤子还得穿什么呀？（2;00）
（30）SYY：我要那个。
　　　SYY：别那个给我了，我得拿这个。（2;02）
（31）LYI：这是花大姐。
　　　JBS：得擦擦，桌子脏。（2;00）

LXY 共产出 73 例"得$_{de}$"，例（29）是首次产出，首次产出的时间也是习得时间。成人问 LXY 起床之后的穿衣顺序，LXY 回答穿完衣服应该或必须穿裤子，语义正确，语境适切。"得$_{de}$"首次产出后各个年龄段产出量都比较稳定。

SYY "得$_{de}$"产出总量为 144 例，首次产出年龄为 2;02 岁，例（30）中 SYY 表示自己要拿的不是那个而是这个，是道义情态之必要，使用语境很适切，可看作习得时间。SYY "得$_{de}$"的产出量在各年龄段都很稳定且使用频次高。

JBS "得$_{de}$"产出总数为 108 例，例（31）中 JBS 的意思是桌子脏了所以必须"擦擦"，属于道义情态用法。JBS "得$_{de}$"的习得时间也是 2;00 岁，此后"得$_{de}$"在各个年龄段的产出数量呈上升趋势。

(二)"得₂"的习得

"得₂"表示认识情态之必然,是说话人根据上下文或惯例推断某种情况的必然性。这个义项儿童习得时间整体较晚。

（32）LXY：你几点回来,<u>得</u>晚上吧?（3;00）

（33）LXY：来打那个恐龙了,这时候来救米老鼠了。

LXY：吃掉米老鼠了,<u>得</u>没救了,快把坏人打死。（3;06）

（34）LYI：它得几天才能好呀?

JBS：它<u>得</u>六天。

LYI：六天。（3;03）

（35）BCO：好喝吗?

JBS：好,喝东西不能说话要不然<u>得</u>呛到了。（3;11）

LXY共产出"得₂"2例,第一例产出年龄为3;00岁,见例（32）,LXY与妈妈HXT通电话时询问妈妈回家的时间,但又根据以往的经验推测妈妈应该晚上才能回家,是认识情态之必然,语境适切。第二例产出年龄为3;06岁,见例（33）,LXY判断恐龙马上要把米老鼠吃掉了,鲶鱼的救援不及时,救出米老鼠无望,这是必然性推断。

JBS"得₂"只产出1例,例（34）中的"得"是动词"需要"的意思,不属于情态用法。例（35）中的才是情态用法,JBS向成人陈述喝东西的时候不能说话,要不然会呛到,说明儿童明白喝东西的时候说话可能造成不良后果,语义明确,为认识情态之必然。

SYY没有产出"得₂"。

3.3.5 "准"的习得

情态动词"准"可以表达两种情态：一种是道义情态之许可,用于否定（即"不许可"）的情况比较多,多为指令或命令;一种是认识情态之必然,表示推断。我们来看儿童的习得情况。

## （一）"准 de"的习得

"准 de"表示道义情态之许可，这一用法在句法上有特别的限制，多为否定，前加"不"，有时前加限定范围的副词"只"，表唯一的许可。

（36）LYA：给我的礼物吧。
　　　LXY：不是，这个是恐龙的礼物，不准拿。（2;11）
（37）LXY：我喜欢它。
　　　LXY：我也喜欢它，你不准喜欢它。（3;05）
（38）LZR：来，我走了，送我出去。
　　　LXY：哎呦，不行。
　　　LZR：为什么不行啊，不送我呀？
　　　LXY：只准在家里。（3;11）
（39）GCY：你轻点儿弄啊，你别让它进来。
　　　SYY：我不准它进。（2;04）
（40）SYH：口香糖，够不着。
　　　SYY：够不着，不准抢我的，够不着那个。（3;05）
（41）SYH：没出去？
　　　SYY：看电视，不准说我在家。（4;04）
（42）JBS：不准说话拍桌子什么的，待会就发玩具。（3;11）

LXY共产出3例"准 de"，如例（36）—（38）所示。首次产出年龄为2;11岁，例（36）中儿童用"准 de"的否定形式命令爸爸不能拿走恐龙的礼物，语义明确，语境适切。后面产出的两例，运用也非常恰当。

SYY共产出4例含"准 de"的句子，且都为否定形式，首次产出年龄为2;04岁，如例（39）所示。该句中SYY用"不准"表达不允许动物进入房间的意愿，是一种禁止、命令，语义清晰。之后产出的语例也用否定形式表达禁止的意思，运用很恰当。

JBS产出了3例"准 de"，自主产出是在3;11岁，见例（42）。该句中儿童在游戏场景中对一些参与游戏的小动物发号施令,尽管一些参与游戏的动物,说话、拍桌子的动作可能都是虚拟出来的,但儿童对"准$_{de}$"在虚拟场景中的使用仍然是非常准确的,且语境适切。

(二)"准$_e$"的习得

"准$_e$"表示认识情态之必然,是说话人对事件的必然性推断。三名儿童只有 SYY 习得了"准$_e$",并且后面都加"是"。这里的"准是"既可以看作"准"的习得,也可以看作情态副词"准是"的习得,我们姑且列在这里,因为我们也可以把"准"后面的"是"看作动词。事实上,另外两名儿童都没有产出"准$_e$",因此可以说早期儿童还没有习得"准$_e$"。SYY 产出的语例如下:

(43)SYH:拍的那球儿,也不谁给弄瘪了。
　　　SYY:你吧?
　　　GCY:准是苏洋洋,没别人儿。
　　　SYY:<u>准是</u>苏万鏊的。(2;11)
(44)SYY:这边,小鱼有吗?
　　　SYY:刚才我翻到了。
　　　SYH:刚才翻的就是这个。
　　　SYY:<u>准是</u>这个。(4;02)

SYY 共产出 2 例"准$_e$",并且后面都跟着动词"是",第一次产出时间为 2;11 岁,如例(43),成人推断是苏洋洋把球给弄瘪的,SYY 为了摆脱嫌疑,用"准$_e$"推断是苏万成把球弄瘪的,语义明确。4;02 岁之后又产出了 1 例,运用也非常得当。

3.3.6 "可以"的习得

据表 2-2,"可以"包括三种意义,即"有能力或有条件""有某种用途"和"许可"。前两者是从有无障碍的角度说明有做某事的能力,可归入动力情态之能力，记为"可以$_{dy}$"；"许可"则归属道义情态之许可，记为"可以$_{de}$"。下面来看三名儿童的习得情况。

（一）"可以$_{dy}$"的习得

"可以$_{dy}$"表示动力情态之能力，表示施事主语有能力做某事，或者具备做某事的条件，也表示主语具有某种用途。儿童习得情况如下：

（45）LXY：气球不沉，<u>可以飞</u>。（1;10）

（46）SYY：咱们上这张炕。

GCY：昨天怎么上去的啊？

SYY：就这么着，把这放倒了，我就<u>可以</u>上，站着去。（2;09）

（47）ZLZ：拧得动吗？

JBS：拧得动，哎呀，典典修好了，<u>可以</u>滑板车啦。

ZLZ：可以滑板车啦，哈哈，那脚。（1;10）

LXY 共产出 46 例"可以$_{dy}$"，首次产出是在 1;10 岁，如例（45）所示。LXY 表达的是气球很轻，飞起来无障碍，语义清晰，语境适切。

SYY 在例（46）中说"把这放倒了"，自己就具备上炕的条件，运用非常准确，说明该儿童习得了"可以$_{dy}$"，不过该儿童产出的语例不多，共 4 例，习得时间是 2;09 岁。

JBS "可以$_{dy}$"的产出总量为 55 例，例（47）为首次产出，首次产出的时间也是习得时间。该句中 JBS 表示修好后就能够玩滑板车了，也就是没有障碍了，尽管情急之下后面缺少动词，但语境适切，可以认定他已经习得。JBS "可以$_{dy}$"各个年龄段的产出量基本呈平稳递增趋势。

（二）"可以$_{de}$"的习得

"可以$_{de}$"表示道义情态之许可，即说话人直接或间接许可主语做什么。儿童习得情况如下：

（48）LXY：五次坐完了，不能再坐了，球坐。

LYR：你不是坐过五次了吗？气球五次。

LXY：宝宝<u>可以</u>坐。（1;10）

（49）SYY：我上大街去玩玩。

GCY：冷，多冷啊这样，是不是？冻掉了把手指头。

SYY：戴只手套，<u>可以</u>戴手套了。

GCY：忘了，没戴手套呢。（1;11）

（50）ZLZ：阿姨的香香（护肤乳液），我<u>可以</u>抹吗？

JBS：不<u>可以</u>。

ZLZ：不可以呀，那你可以抹吗？

JBS：我<u>可以</u>抹。（1;11）

LXY"可以$_{de}$"产出总量为 114 例，首次产出语例为例（48）。按照事先约定好的条件准许儿童坐五次气球，儿童坐完五次之后意识到自己不能坐了，此时成人提醒儿童之前的约定，不过儿童开始耍赖以便继续坐气球，语境使用很适切。例（48）的产出时间可以看作习得时间。

SYY"可以$_{de}$"产出总量仅为 13 例，首次产出语例为例（49）。SYY 想出去玩，妈妈提醒天冷，SYY 认为戴上手套就不冷了，并根据上文提出这样冷的天气可以戴手套，语境很适切。SYY"可以$_{de}$"的习得时间是 1;11 岁。

JBS 共产出"可以$_{de}$"185 例，在三名儿童中产出量最高。例（50）为首次产出，首次产出的时间也是习得时间。JBS 不允许妈妈抹阿姨的香香，但是允许自己抹，表达的是许可义，语境适切。

3.3.7 "应该"的习得

情态动词"应该"有两种意义："情理上必须如此"和"估计情况必然如此"。"情理上必须如此"表示道义情态之义务，记为"应该$_{de}$"；"估计情况必然如此"表示认识情态之盖然，记为"应该$_{e}$"。接下来我们描述三名儿童"应该"的习得情况。

（一）"应该$_{de}$"的习得

"应该$_{de}$"表示道义情态之义务，说话人要求或希望听话人（包括自己）按共享的情理做某事。儿童产出的语例如下：

（51）ZYY：还是讲小鸭子的故事。
　　　LXY：<u>应该</u>这样。
　　　ZYY：啊，应该这样。（2;02）
（52）GCY：应该怎么问呢？
　　　SYY：<u>应该</u>这么问，妈妈行吗？
　　　GCY：这你也明白着呢？（2;04）
（53）ZLZ：典典拿了一大堆饭来，到处放。
　　　JBS：这个放这儿，放这个，然后推桌子，推茶几，我<u>应该</u>，<u>应该</u>坐。（2;07）

LXY共产出"应该$_{de}$"37例，例（51）是LXY要求ZYY讲故事的时候应该怎么做，从该句的语法搭配和下文成人的呼应可知该句是合乎语境的，可以认为儿童此时已经习得了"应该$_{de}$"。随后LXY"应该$_{de}$"的使用量持续上升，3;01至3;06岁阶段达14例，之后使用频次下降。

SYY"应该$_{de}$"产出总量为17例，首次产出年龄为2;04岁，例（52）中SYY在说明向妈妈提出某种要求时按道理应该说"妈妈行吗"，是一种道义情态的用法，语义明确，表达得当，SYY"应该$_{de}$"的习得年龄可以定为2;04岁。SYY"应该$_{de}$"的各个年龄段产出量很稳定。

JBS"应该$_{de}$"共产出18例，首次自主产出"应该$_{de}$"的年龄为2;07岁，如例（53）所示。JBS把饭端到桌子上并摆好桌椅后说自己应该坐下，表明孩子理解吃饭之前的准备流程，认为准备完毕之后坐下来吃饭是情理之中的事。

（二）"应该$_{e}$"的习得

"应该$_{e}$"表示认识情态之盖然，即说话人对句子表达的事件的事实性或命题真值有较高的确定性，但还没有达到必然性的程度。儿童习得的语例如下：

（54）SSY：是八个吗？你再数数。
　　　LXY：是五个，五个啊，<u>应该</u>是五个。（2;09）
（55）SYH：妈妈上班儿了，上哪儿上班儿去了？
　　　SYY：今天到时咱们<u>应该</u>喂喂，给我妈妈打一电话。（3;11）
（56）WSS：去公园，今天外边儿可冷了我告诉你，有太阳也很冷。
　　　WSS：你没觉得冷吗在这里，可冷可冷了？
　　　JBS：<u>应该</u>有，不冷。（3;03）

LXY 在 4;06 岁之前一共产出 12 例"应该。"，首次产出年龄为 2;09 岁，见例（54）。LXY 在数东西的数量，先说是 8 个，但 SSY 提醒她不正确，她又认为是 5 个，但是不一定是 5 个，只是 LXY 认为是 5 个。这里"应该。"的语义特征是认识情态之盖然。

SYY 在 4;06 岁之前共产出 5 例"应该。"，例（55）是第一次自主产出，产出的时间也是习得时间。SYY 设想给妈妈打电话时会说"喂喂"，是认识情态之盖然。

JBS 在 4;06 岁之前一共产出 2 例"应该。"，首次产出为例（56），产出的时间也是习得时间。成人向孩子陈述了"有太阳也很冷"的情况之后，孩子跟着成人推测应该有太阳，但又反驳成人说"有（太阳），不冷"。这里的"应该"意思是"估计情况如此"，是认识情态之盖然。

### 3.3.8 "一定"的习得

情态动词"一定"有两种意义。第一种指意志的坚决，这种所谓的意志与动力情态的意愿是不一样的，用于第一人称时说话人用"一定"来表达自己让某一事件成真的保证，因为保证本来就是说话人提出的，是一种对自己提出的义务。用于第二、三人称时，往往表示要求别人坚决做到，也就是要求别人承担义务。因此，第一种意义为道义情态之义务，我们记作"一定$_{de}$"；第二种指必然，确实无疑，表示认识情态之必然，我们记作"一定$_e$"。我们来看儿童"一定"的习得情况。

（一）"一定$_{de}$"的习得

"一定$_{de}$"表示道义情态之义务。主语是第一人称时，说明说话人对自己强加义务，要求自己去实现句子表达的事件；用于第二、三人称时，往往要求别人坚决做到。下面看儿童的产出情况：

（57）LZR：逛公园吧。

LXY：逛公园你一定要下去。（3;02）

（58）LYA：来，吃这儿，来吃。

LXY：待会儿，我们一定要做体操了。

LZR：对，你教它们做操吧。（3;04）

（59）SYY：大白鸡，我一定要摸大白鸡。

SYH：不摸了。（2;05）

（60）XWE：拿来。

JBS：嗯，收起来，嗯，上车一定要收起来。

JBS：上车啦，把这蛇收起来。（3;02）

LXY 在 4;06 岁之前共产出 2 例"一定$_{de}$"，首次产出为例（57），3;02 岁也是习得时间。例（57）中儿童告诉成人逛公园必须要从车上下去，这里的"一定$_{de}$"表示儿童要求听话人务必如此做，是道义情态之义务。两个月后，LXY 又产出 1 例"一定$_{de}$"，该例中儿童对"一定$_{de}$"的使用也非常合宜，表达说话人意志坚决，即保证某事或某命题一定实现。

SYY 在 4;06 岁前只产出 1 例"一定$_{de}$"，是 2;05 岁产出的，见例（59）。该例中儿童用"一定$_{de}$"来表达自己要摸大白鸡的态度是坚决的，尽管产出量低，但为自主产出，所以可以认为儿童对"一定$_{de}$"的句法语义特征是敏感的。

JBS 在 4;06 岁前也产出了 1 例 "一定$_{de}$"，见例（60），此例用在陈述句中表示对 "收起来" 这个命题的肯定态度，意思明确。虽然产出量小，但 JBS 使用该词的语境是正确的，我们认为 JBS 已经习得了 "一定$_{de}$"。

（二）"一定$_e$" 的习得

"一定$_e$" 表示认识情态之必然，表达对命题为真或事件现实性的必然性推断。儿童习得的语例如下：

（61）LXY：这怎么还不开始呀？

　　　　LXY：咱们走吧，这坏了<u>一定</u>是，<u>一定</u>是坏了，走吧。（3;08）

（62）LYR：洗好了吗？

　　　　LXY：他们洗到一块儿去了，<u>一定</u>是猴子。（3;09）

（63）SYY：我<u>一定</u>会叠一个飞机。

　　　　SYH：拿什么呢？

　　　　SYY：是拿剪子呢。（3;03）

（64）SYY：要是夏天过年<u>一定</u>很好玩。（4;05）

（65）JBS：你刚才说的什么克隆机器<u>一定</u>是在吹牛。（4;06）

LXY 4;06 岁前 "一定$_e$" 产出了 4 例，首次自主产出时间是 3;08 岁，见例（61）。该句中儿童根据某物没有开始运行推断它必然是坏了，并且重复了自己的推断，说明儿童已经能理解并使用 "一定$_e$" 的必然性含义。两个月之后 LXY 又产出了 3 例 "一定$_e$"，都表达必然性推断，语境都非常合宜。

SYY 在 4;06 岁前只产出 1 例 "一定$_e$"，3;03 岁产出 1 例后面跟着 "会" 的 "一定"，看起来这里的 "一定" 很像认识情态义，见例（63），该句中儿童表示自己一定会 "叠一个飞机"，但根据语境儿童似乎误用了 "一定" 后面的 "会"，这里应该用 "要"。大人担心儿童受伤，不让她拿剪子，但 SYY 坚持叠飞机，这里 "一定" 应该属于道义情态，但因为后面误用，我们暂不归入任何类型。一直到 4;05 岁儿童产出了 1 例无争议的 "一定$_e$"，见例（64）。

通过该例句可以看出儿童对夏天过年很好玩这一命题给出必然性推断，语义明确，属于认识情态之必然。

JBS 4;06 岁也只产出 1 例"一定。"，见例（65），其中儿童推断灰太狼是在吹牛。

## 3.4　早期儿童单义情态动词的习得

本节主要考察三名儿童五个单义情态动词的习得状况，五个单义情态动词是"想、敢、肯、可能、愿意"。

### 3.4.1 "想"的习得

"想"既是实义的心理动词也是情态动词，做情态动词时，"想"是单义的，表达动力情态之意愿。儿童对意愿类情态意义的习得时间早而且产出量大，"想"的情态意义习得也是如此，习得的语例如下：

（66）HXT：喔喔，这个跟宝宝上边的差不多，是吧？
　　　 LXY：是，想尿。
　　　 HXT：你尿啊，等一下，妈妈拿尿盆来。（1;07）
（67）SYY：这十这九。
　　　 SYY：我想玩儿那个。（1;10）
（68）WSS：给姐姐球球，姐姐给你个好的，哎，真乖。
　　　 JBS：想骑车。（1;10）

LXY 共产出 178 例"想"，首次产出年龄为 1;07 岁，见例（66）。SYY 共产出 253 例"想"，首次自主产出年龄是 1;10 岁，见例（67）。JBS"想"产出总量为 327 例，首次产出年龄为 1;10 岁，见例（68）。三名儿童首次产出年龄即习得年龄，语义明确，语境适切，各个时期的产出频率都很高，对"想"的运用都非常成熟。

### 3.4.2 "敢"的习得

情态动词"敢"表示有勇气做某事,为动力情态。三名儿童产出的例句如下:

（69）ZYY：宝宝,你的冰糖葫芦要不要,你敢吃吗?
　　　LXY：敢吃。
　　　ZYY：你吃饱饭了,怎么什么都吃。（1;07）
（70）SYH：你抱那个小白兔,炕上呢。
　　　SYY：我也上炕上拿,给我抱上去,我不敢拿。（2;05）
（71）ZLZ：吓我一跳,那小白兔吃大灰狼吗?
　　　JBS：嗯,小白兔它敢吃大灰狼,它也啊呜（啊呜:张大嘴吃东西的意思）。（2;05）

LXY 首次产出"敢"是在 1;07 岁,如例（69）所示,表达自己有勇气吃冰糖葫芦,语义清楚。LXY 共产出 23 例"敢",集中在 2;00 岁前和 3;01 岁至 3;06 岁两个年龄段之间。

SYY 首次产出"敢"是在 2;05 岁,见例（70）,表达自己没有勇气拿什么东西,语义明确且运用成熟。SYY 共产出 48 例"敢",各个年龄段产出量相对稳定,其中 2;07 岁至 3;00 岁和 3;01 岁至 3;06 岁两个时期产出频次最高。

JBS 首次产出"敢"的年龄也为 2;05 岁,见例（71）,儿童认为小白兔有勇气吃大灰狼,运用得当。JBS 共产出 42 例"敢",各个时期产出频次稳定。

### 3.4.3 "肯"的习得

情态动词"肯"是单义的,《八百词》中对"肯"的解释为"表示愿意、乐意",表达动力情态之意愿。通过语料检索,三名儿童中,只有 JBS 产出了 1 例"肯",如下:

（72）JBS：奶奶、奶奶不肯来。（2;05）

### 3.4.4 "可能"的习得

情态动词"可能"是单义的，表示认识情态之可能。三名儿童产出的语例如下：

（73）HXT：谁跟你一只脚走路。

LXY：一只脚走路，想象一只脚。

HXT：一会儿看看《动物世界》，看看谁会一只脚走路好不好？

LXY：可能这不是，不会一个脚走路的，可能就是一个脚走路的。（2;08）

（74）SSY：三角龙哪去了？

LXY：三角龙应该去那边了，想一想，可能在那儿，可能在这屋里。（2;09）

（75）SYY：这大风呢，都是大风，这得好好玩，这里边真凉快。

SYH：这小猴子举伞干吗呢？

SYY：举伞呢，可能疯了。（3;08）

（76）SYH：你这样一弄，墙崩了。

SYY：不可能。

SYH：怎么不崩，你从这儿蹭的。

SYY：不是给蹭的。

SYH：不是给蹭的，谁弄的呀？

SYY：我踩的，后来。（4;06）

（77）JBS：这笔可能坏了，画不出来。

LYI：啊，这笔可能坏了。

JBS：啊，画不出来。（2;04）

（78）ZLZ：喔，真的亮了。
　　　JBS：还有阳台的灯不亮，<u>可能</u>没修，爸爸，灯，阳台的灯。
　　　ZLZ：哎，阳台的灯是坏了。
　　　LGT：可能，可能没修。（2;05）

LXY 一共产出 31 例"可能"。首次产出时间为 2;08 岁，见例（73）。成人不同意儿童 LXY 单脚可以走路的看法，儿童狡辩可以想象是一只脚走路，成人要求儿童看看《动物世界》，儿童只好先否定了有一只脚走路的动物，但又肯定一只脚走路的情况是可能的。"可能"的使用需要儿童具备较高的认知能力，需要衡量多种情况的存在。从例（73）中可以看到 LXY 使用"可能"时语义清楚、语境适切，虽为首现但运用得当。一周后 LXY 再次自主产出"可能"并连用两次来推测三角龙的位置，见例（74），可见，该儿童对"可能"的理解与运用已经成熟。

SYY 共产出"可能"4 例，首次自主产出时间为 3;08 岁，见例（75）。例句中儿童估计猴子举伞是因为疯了，表达认识情态之可能，语义明确。4;06 岁 SYY 产出 1 例"可能"，见例（76），此句产出较晚，用在否定句中表达对"墙崩了"这个命题可能性的否定，含义明确。虽然产出量较小，但 SYY 使用该词的语境是正确的。

JBS 4;06 岁前共产出 13 例"可能"，首现时间是 2;04 岁，如例（77）所示。儿童根据笔画不出来这一现象推测笔坏了，语义明确，语境适切。一个月后自主产出第二例，见例（78），儿童根据灯不亮的事实推断成人没有修灯，语境也非常适切。此后的语例中，JBS 对"可能"的使用也都很成熟。

### 3.4.5 "愿意"的习得

情态动词"愿意"指做某事或发生某种情况符合说话人或句子施事主语的心意，为动力情态之意愿。以下是儿童产出的语例：

（79）SSY：行你唱点儿什么你再唱一个生日快乐。
　　　LXY：长颈鹿长颈鹿不愿意唱。（3;03）
（80）LXY：我不愿意当小鲤鱼。（3;06）
（81）SYH：那搁鸡蛋啊。
　　　SYY：我愿意吃鸡蛋。（4;03）
（82）SYH：不要错。
　　　SYY：我就不愿意数。（4;05）
（83）SYY：不愿意这么唱。（4;06）
（84）ZLZ：二〇〇七年一月二十，一月十九号敬不疏。
　　　JBS：敬不疏不愿意。（2;04）
（85）JBS：他，他老是不愿意走。（3;03）
（86）LYJ：要不给大家唱个歌吧？
　　　JBS：它那个，它不愿意呢。（3;07）

在4;06岁前，LXY共产出了13例"愿意"。例（79）是第一次产出的例句，在该例句中成人要求儿童唱歌，儿童推托说"长颈鹿不愿意唱"，语义明确。3;00岁至4;00岁之间LXY又产出12例"愿意"，使用都很得当。

SYY共产出4例"愿意"，举例见例（81）—（83），产出年龄都在4;03岁及以后，习得时间晚，但运用都非常适切。

JBS"愿意"的产出总量为8例，习得时间是2;04岁，在三名儿童中最早，例（84）中儿童直接表示自己不愿意配合采样人来录音录像。与LXY相同，JBS之后产出的7例都在4;00岁之前，语境也非常适切。

## 3.5　情态动词习得数据的量化

对三名儿童情态动词的习得，我们从习得时间和数量上做了初步统计，见表3-1：

表 3-1　三名儿童情态动词习得基本数据

| 情态动词 | | | LXY | | SYY | | JBS | |
|---|---|---|---|---|---|---|---|---|
| | | | 习得时间 | 数量 | 习得时间 | 数量 | 习得时间 | 数量 |
| 多义词 | 能 | 能$_{dy}$ | 1;10 | 94 | 1;10 | 129 | 1;07 | 226 |
| | | 能$_{de}$ | 1;10 | 81 | 1;10 | 100 | 1;08 | 361 |
| | | 能$_e$ | 3;01 | 2 | 2;10 | 7 | 3;06 | 8 |
| | 会 | 会$_{dy}$ | 1;07 | 320 | 1;08 | 502 | 1;09 | 447 |
| | | 会$_e$ | 1;08 | 154 | 2;02 | 21 | 2;01 | 86 |
| | 要 | 要$_{dy}$ | 1;06 | 666 | 1;08 | 268 | 1;08 | 705 |
| | | 要$_{de}$ | 1;09 | 113 | 2;03 | 51 | 1;08 | 124 |
| | | 要$_e$ | 1;10 | 91 | 2;10 | 18 | 2;05 | 69 |
| | 得 | 得$_{de}$ | 2;00 | 73 | 2;02 | 144 | 2;00 | 108 |
| | | 得$_e$ | 3;00 | 2 | — | 0 | 3;11 | 1 |
| | 准 | 准$_{de}$ | 2;11 | 3 | 2;04 | 4 | 3;11 | 3 |
| | | 准$_e$ | — | 0 | 2;11 | 2 | — | 0 |
| | 可以 | 可以$_{dy}$ | 1;10 | 46 | 2;09 | 4 | 1;10 | 55 |
| | | 可以$_{de}$ | 1;10 | 114 | 1;11 | 13 | 1;11 | 185 |
| | 应该 | 应该$_{de}$ | 2;02 | 37 | 2;04 | 17 | 2;07 | 18 |
| | | 应该$_e$ | 2;09 | 12 | 3;11 | 5 | 3;03 | 2 |
| | 一定 | 一定$_{de}$ | 3;02 | 2 | 2;05 | 1 | 3;02 | 1 |
| | | 一定$_e$ | 3;08 | 4 | 4;05 | 1 | 4;06 | 1 |
| 单义词 | | 想$_{dy}$ | 1;07 | 178 | 1;10 | 253 | 1;10 | 327 |
| | | 敢$_{dy}$ | 1;07 | 23 | 2;05 | 48 | 2;05 | 42 |
| | | 肯$_{dy}$ | — | 0 | — | 0 | 2;05 | 1 |
| | | 可能$_e$ | 2;08 | 31 | 3;08 | 4 | 2;04 | 13 |
| | | 愿意$_{dy}$ | 3;03 | 13 | 4;03 | 4 | 2;04 | 8 |

注：表中"—"表示没有产出，下文各表同此。

对比表 2-2 和表 3-1 的习得数据，我们可以看到儿童对情态动词的习得还是比较完整的，虽然情态动词全部义项的习得过程很漫长，但到 4;06 岁表 2-2 中大部分情态动词已经习得。就已经习得的情态动词来看，单音节情态动词的习得时间比双音节的要更早一些，但并非全部如此，只有在单双音节情态动词语义特征基本相同的情况下才会如此，如"想"和"愿意"都表示动力情态之意愿，但前者比后者的习得要早得多。另外，三名儿童习得情态动词的情况并非完全一致，如"肯$_{dy}$"和"准$_{e}$"各只有一名儿童产出，"得$_{e}$"有一名儿童没有产出。

以上数据说明情态动词的习得是一个过程，如果 4;06 岁儿童已经习得了大部分情态动词，那么儿童对情态动词所蕴含的情态语义类型和量级特征已经敏感，对情态语义的习得已经比较完善，并且表现出显著的习得规律：从语义类型上看，儿童表现出强烈的从动力情态经道义情态最后到认识情态的时序特征；从量级类型上看，儿童表现出强烈的从可能性到必然性的习得特征。

在第二章中我们谈到了情态各表达手段的功能地位和属性。人类语言普遍使用情态动词表达情态，因此情态动词是典型情态表达成分，并且关于情态语义研究的主要维度都在情态动词中体现出来，情态副词和情态助词则多为较典型或非典型情态成分，就功能属性来看主要不在于表达语义类型，而在于调节情态表达的确信与不确信程度、表达说话人的主观性或交互主观性。这样看来，考察儿童情态量级的习得问题还需要综合考察情态副词和情态助词的习得，因此，我们在详尽考察情态副词和情态助词的习得情况之后，在第六章专门讨论儿童情态量级的习得问题。本章则专注通过情态动词的习得特征探讨早期儿童情态语义的习得及其论证意义。

## 3.6 从情态动词的习得看早期语言中的情态类型

### 3.6.1 已有研究

国内外对情态语义的研究主要涉及情态语义的表达手段、情态语义之间的关系、各类型意义的认知解释、情态成分的多义性和解读条件、情态语义的形式分析和制图理论框架内的情态词句法层级等问题（Lyons，1977；Palmer，1979，1986，2001；Perkins，1983；Coates，1983；Talmy，1988；Sweetser，1990；Langacker，1991；Halliday，1994；Dirven & Verspoor，1998；Papafragou，1998；Taylor，2002；Tsang，1981；Tiee & Lance，1986；Kratzer，1991；Portner，2009；Cinque，1999；汤廷池，1979；蔡维天，2010；鲁川，2003；彭利贞，2007b；徐晶凝，2008；郭昭军，2003b；谢佳玲，2002；刘云，2010；朱冠明，2005）。情态语义的研究热度不可能不影响到情态语义的儿童习得。国内外关于儿童情态语义习得的研究也主要集中在类型意义方面：有的研究通过实验测试来考察儿童对不同类型语义差异的理解，认为三岁儿童还不能区分情态类型语义的差异，五岁儿童基本能够区分，到了七八岁，儿童情态类型意义的相关知识已经比较成熟（Moore et al.，1990；Noveck et al.，1996；范莉，2007）；各类情态习得文献都探讨儿童怎样习得一些情态表达成分以及各情态成分所表达的情态意义，并从儿童的认知发展、心智假说、输入以及合并控制模型等方面做了初步的解释（Perkins，1983；Stephany，1986；Coates，1988；Byrnes & Duff，1989；Shatz & Wilcox，1991；Choi，1991，1995；Guo，1994；O'Neill & Atance，2000；Papafragou，1998；郭小朝、许政援，1991；王悦婷，2012；郭婷，2013；赵岳，2014；胡莹，2014；杨贝，2014）。已有研究对情态语义的早期习得做了充分的观察，发现了一些共性规律，并做了一些可信的解释，为我们的研究提供了参考。

对儿童情态语义类型习得情况进行考察是儿童情态系统习得研究的重要内容之一。其一，从情态语义的习得可以观察到儿童对所说话语的主观态度是突变的还是渐变的，这种变化与变化方式是有意义的，可以揭示早期儿童与客观世界及其知识对应的心智发展和表达能力的发展。其二，既然情态也属于句法研究中的功能范畴，也就是句法的重要组成部分，那么情态语义的早期发展特征是否与句法理论和句法分析有关系？句法理论中关于情态的句法地位及其分析是否可以预测早期情态语义的发展历程，或者儿童情态语义的发展特征是否可以验证语义和句法之间具有映射性？这种映射是语义向句法的映射还是句法向语义的映射？其三，人类个体语言的发展受遗传、经验及认知①的影响（Chomsky，2005），那么在情态语义的发展过程中，怎样梳理并看待经验（主要表现为输入）的影响？这些关乎语言习得理论的问题是我们所关心的。

### 3.6.2 情态类型的儿童习得

前文我们提到，情态动词是情态表达手段中最典型最核心的成员，我们现有对情态内涵、情态类型及情态量级的研究及基本界定都是基于情态动词的研究，同时，情态动词也是人类语言中最为普遍的情态表现手段。

从儿童语言习得实际情况看，情态动词也是儿童习得最充分的情态表达手段，尽管早期儿童对情态助词、情态副词都有习得，并且二者也存在情态类型问题，但我们发现儿童在习得情态副词时对语义类型并不敏感，而是把情态副词作为情态的补充模式来习得，使用情态副词的目的在于细化情态值，调节语句的主观性。情态助词也是以认识情态和道义情态为主，极少有动力情态，儿童的习得也是以认识情态为主。所以，我们主要通过情态动词的习得看儿童对情态类型的习得。但是单义情态词的习得有几个问题让我们不能仅仅依据产出时间来看情态类型的习得特征：一是单义动力情态内部的情态词的选择问题；二是认识情态词"可能"的量级问题；三是不同情态词的音节问题；四是有的情态词基本上以否定形式出现。由于音节特征、情态否定和情态量级都可能影响情态词的习得，因此我们还不能简单根据单义情态词的习得特征确定情态类型的习得。不过，即使如此，如果排除单义动力情态词"愿意"，整体上说，根情态的习得早于认识情态的习得。

### 3.6.3 情态类型习得特征及初步解释

#### 3.6.3.1 习得特征

多义情态动词各类型语义的习得有很强的规律。表现在两个方面：

---

① 乔姆斯基在生物语言学思想框架内提出语言设计的三要素，即遗传、经验与认知，并且认为语言是独立的认知系统。其中的认知指的是非语言认知机制。本书不强调认知是否为非语言认知机制。

（1）三名儿童整体上按照以下顺序依次习得各类型意义，即按"根情态（动力情态→道义情态）→认识情态"的顺序产出，三名儿童个体平均习得认识情态的时间都晚于根情态。以下我们通过多义情态动词语义发展的数据来看这种习得特征，见表 3-2 和图 3-1：

表 3-2 三名儿童习得情态类型的顺序特征

| 情态动词 | 习得顺序 | | |
|---|---|---|---|
| | LXY | SYY | JBS |
| 能 | 能$_{dy}$ = 能$_{de}$ → 能$_e$ | 能$_{dy}$ = 能$_{de}$ → 能$_e$ | 能$_{dy}$ → 能$_{de}$ → 能$_e$ |
| 会 | 会$_{dy}$ → 会$_e$ | 会$_{dy}$ → 会$_e$ | 会$_{dy}$ → 会$_e$ |
| 要 | 要$_{dy}$ → 要$_{de}$ → 要$_e$ | 要$_{dy}$ → 要$_{de}$ → 要$_e$ | 要$_{dy}$ = 要$_{de}$ → 要$_e$ |
| 得 | 得$_{de}$ → 得$_e$ | 得$_{de}$ →（得$_e$） | 得$_{de}$ → 得$_e$ |
| 准 | 准$_{de}$ →（准$_e$） | 准$_{de}$ → 准$_e$ | 准$_{de}$ →（准$_e$） |
| 可以 | 可以$_{dy}$ = 可以$_{de}$ | 可以$_{dy}$ ← 可以$_{de}$ | 可以$_{dy}$ → 可以$_{de}$ |
| 应该 | 应该$_{de}$ → 应该$_e$ | 应该$_{de}$ → 应该$_e$ | 应该$_{de}$ → 应该$_e$ |
| 一定 | 一定$_{de}$ → 一定$_e$ | 一定$_{de}$ → 一定$_e$ | 一定$_{de}$ → 一定$_e$ |

注：加"（ ）"表示儿童未来可能习得的认识情态义。

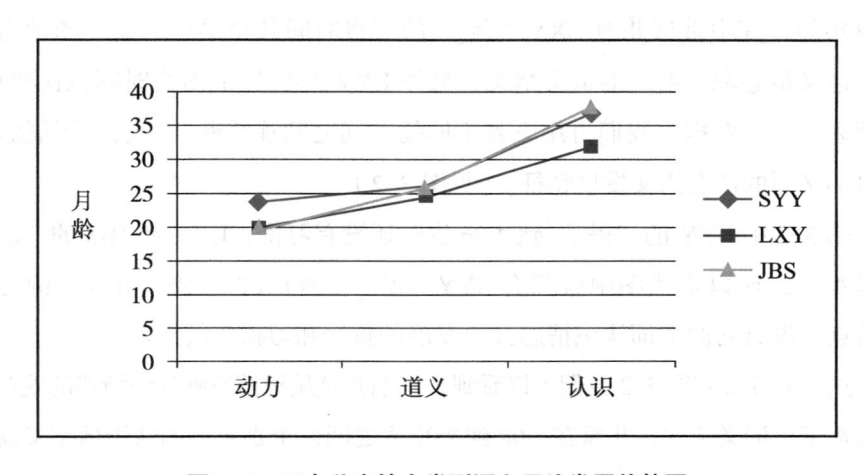

图 3-1 三名儿童情态类型语义平均发展趋势图

表 3-2 中，例外表现在 SYY "可以" 的道义情态义早于动力情态义，不过只有一名儿童一个词的产出如此，并且都属于根情态，所以总体上不影响习得规律的建立。LXY 和 SYY 两名儿童的 "能$_{dy}$" 和 "能$_{de}$" 同时习得，JBS "要$_{dy}$" 和 "要$_{de}$" 同时习得，LXY 的 "可以" 两个义项同时产出，上述几个词的不同义项儿童虽然没有习得的先后次序，但也不是反例，因此不影响根情态习得在前认识情态习得在后的习得规律。

至于 "准" 和 "得" 的语义习得，三名儿童不完全相同，但我们可以看到儿童仍然是优先习得根情态（道义），如 LXY 和 JBS 习得了 "准$_{de}$"，到 4;06 岁还没有产出 "准$_e$"，SYY 则习得了 "得$_{de}$"，但没有产出 "得$_e$"。这种不完全习得也证明儿童在情态语义发展上的方向性。

上述汉语儿童情态语义发展特征与已有汉语儿童、英语儿童和韩语儿童甚至安提瓜克里奥尔语儿童的研究结论基本一致（Shepherd，1981；Guo，1995；Perkins，1983；Shatz & Wilcox，1991；O'Neill & Atance，2000；Choi，1991，1995；Byrnes & Duff，1989；郭婷，2013；杨贝，2014）。

（2）尽管从整体上看，认识情态义的习得平均时间晚于根情态，但每名儿童并非先习得了全部情态动词的根情态后再产出认识情态，从根情态到认识情态这一发展过程是基于单词义项发展的，比如三名儿童 "会$_e$" 的习得时间都比较早，在 1;08 到 2;02 岁之间，早于某些双音节多义情态动词的根情态习得年龄，其中被试儿童 LXY "会$_e$" 的习得时间甚至早于 "能" 的动力情态、道义情态和 "要" 的道义情态，另外 LXY "要$_e$" 的习得时间也比较早。根据表 3-1 的数据，我们再用下列不同情态词之间连线断开的折线图展示基于单词义项的情态语义发展特征。（见图 3-2）

图 3-2 中 SYY 的 "得$_e$" 到 4;06 岁时还没有习得，LXY 和 JBS 的 "准$_e$" 也是如此，所以折线图中就只有 SYY "得$_{de}$" 和 LXY、JBS "准$_{de}$" 的习得年龄点而没有向两个词认识情态义项发展的折线和习得年龄点。

通过表 3-2 和图 3-2 我们可以看到，早期儿童从根情态到认识情态的发展路径是基于单词义项的，儿童在 1;08 到 2;02 岁之间，个别单词的认识情态义就露出萌芽，儿童初步具备了主观性，能够运用锁定成分进行情境植入（grounding）。

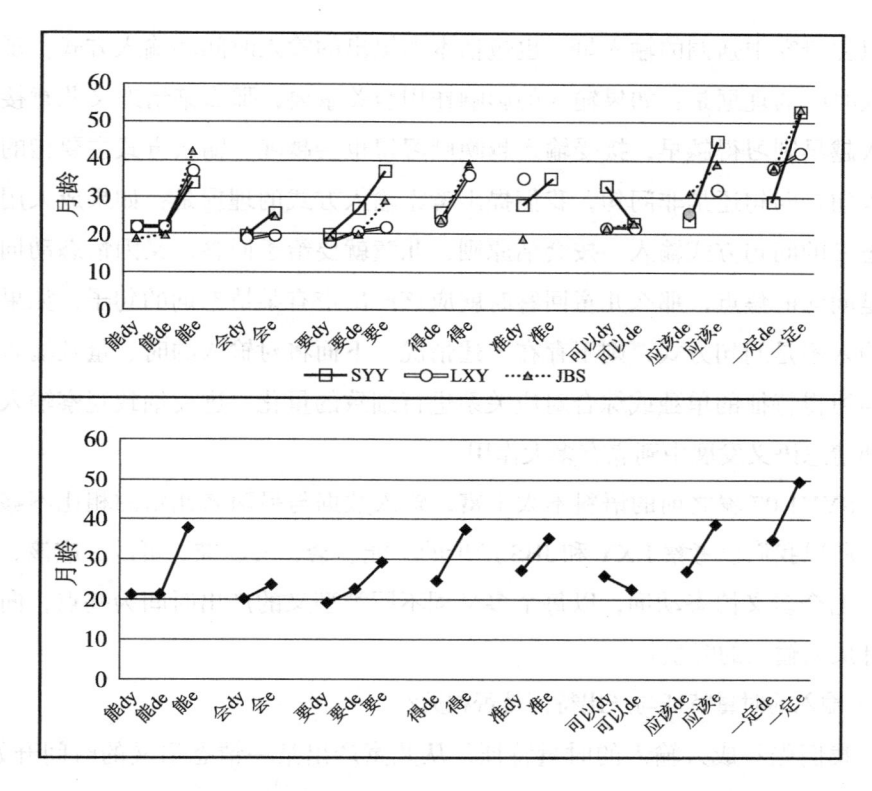

图 3-2　三名儿童基于单词义项的情态语义发展特征（上分别，下平均）

### 3.6.3.2　相关讨论

#### 3.6.3.2.1　经验可否解释儿童情态语义的发展特征？

我们主张先从经验这一最容易把控的方面探讨儿童情态语义发展的影响因素，这种思路实际上是排除法，即如果经验的影响并不显著，那就应该是别的因素制约情态语义的发展，当然，如果经验与习得特征的相关度特别高，两者就可以形成因果关系。

对儿童语言习得来说，可量化的经验就是输入，基于使用的语言习得观（Tomasello，2000b，2003；Ambridge et al.，2014；等等）认为在儿童语言习得中输入的作用至关重要，Lieven & Tomasello（2008：168—196）认为"在其他条件等同的情况下，儿童听到一个具体的语素、词语或构式越频繁，他们的习得就越早"。我们试图更为全面地考察情态语义习得中的输入问题，包括以往研究中强调的输入量，也包括本书提出的输入时间和输入方式。观察输入时间的理据是：如果输入的影响作用至关重要，那么某情态义儿童接受输入越早则习得越早，接受输入越晚则习得也会越晚。输入方式主要指的是输入句是问句还是非问句，我们提出考察输入方式的理据是：如果成人用含情态义的问句方式输入，按会话原则，儿童就要给予回答，又因情态动词往往是问句的焦点，那么儿童回答时就应该产出带有某情态词的句子，如果成人输入不是问句方式，则不存在上述情况。下面将对输入的时、量及输入方式与习得特征的单独或综合对应关系进行细致的量化，进而细致观察输入在早期情态语义发展中到底有多大作用。

SYY1;07 岁之前的语料不太丰富，输入数据与另两名儿童的相比不够均衡，所以我们仅考察 LXY 和 JBS 产出的"能、会、要、准、可以、应该、一定"七个多义情态动词，以每个多义词不同类型义的产出时间为基点，向前统计成人输入的时量。

（一）输入的时量特征与产出特征是否相关？

我们先看成人输入的时量特征，从儿童产出某一情态语义的时间开始，向前统计产出前的输入在时量方面的数据，见表 3-3：

表 3-3　两名儿童情态语义类型输入基本数据

| 情态动词 | | LXY | | JBS | |
|---|---|---|---|---|---|
| | | 习得时间 | 输入时点/量/首次输入时间 | 习得时间 | 输入时点/量/首次输入时间 |
| 能 | 动力 | 1;10 | 1;10 前 /57/1;03.05① | 1;07 | 1;07 前 /27/1;02.22 |
| | 道义 | 1;10 | 1;10 前 /52/1;02.00 | 1;08 | 1;08 前 /35/1;02.28 |
| | 认识 | 3;01 | 3;01 前 /7/2;06.02 | 3;06 | 3;06 前 /6/2;04.22 |
| 会 | 动力 | 1;07 | 1;07 前 /141/1;02.00 | 1;09 | 1;09 前 /115/1;02.22 |
| | 认识 | 1;08 | 1;08 前 /16/1;04.03 | 2;01 | 2;01 前 /13/1;06.14 |

① 我们把输入时间精确到天数，1;03.05 的意思是 1 岁 3 个月零 5 天，下同。

续表

| 情态动词 | | LXY | | JBS | |
|---|---|---|---|---|---|
| | | 习得时间 | 输入时点/量/首次输入时间 | 习得时间 | 输入时点/量/首次输入时间 |
| 要 | 动力 | 1;06 | 1;06 前 /102/1;02.00 | 1;08 | 1;08 前 /98/1;02.22 |
| | 道义 | 1;09 | 1;09 前 /31/1;02.00 | 1;08 | 1;08 前 /93/1;02.28 |
| | 认识 | 1;10 | 1;10 前 /12/1;04.10 | 2;05 | 2;05 前 /17/1;02.28 |
| 准 | 道义 | 2;11 | 2;11 前 /1/1;10.08 | 3;11 | 3;11 前 /36/1;06.00 |
| | 认识 | — | 4;06 前 /2/2;02.00 | — | 4;06 前 /1/3;08.06 |
| 可以 | 动力 | 1;10 | 1;10 前 /20/1;05.07 | 1;10 | 1;10 前 /27/1;02.22 |
| | 道义 | 1;10 | 1;10 前 /3/1;06.24 | 1;11 | 1;11 前 /6/1;02.22 |
| 应该 | 道义 | 2;02 | 2;02 前 /13/1;05.07 | 2;07 | 2;07 前 /9/1;05.07 |
| | 认识 | 2;09 | 2;09 前 /11/1;04.03 | 3;03 | 3;03 前 /8/1;06.14 |
| 一定 | 道义 | 3;02 | 3;02 前 /2/1;03.05 | 3;02 | 3;02 前 /5/1;03.26 |
| | 认识 | 3;08 | 3;08 前 /5/1;07.15 | 4;06 | 4;06 前 /8/1;06.20 |

接下来我们根据表3-3的数据用柱形图更直观地展现输入的时量特征与产出时序的相关性，见图3-3。

根据图3-3，两名儿童情态类型的习得时间与习得之前成人的输入时间和输入频率关系复杂，包括以下几种情况：

（1）单纯从产出与输入的对应关系看，凡是儿童产出的语义类型均有成人的输入，不论输入时间和输入量是否有差异。但从输入角度看，不是凡有输入就有产出，绝大部分输入都有产出，但也有成人输入了儿童却没有产出的情况，如"准$_e$"，两名儿童均有输入但没有产出。也许我们可以说"准$_e$"的输入量太少不足以说明问题，但LXY "准$_{de}$"的输入同样非常少，只有1次，但儿童在2;11岁就有产出。

（2）从输入时间与产出时间上看，凡是成人输入时间较晚的儿童产出

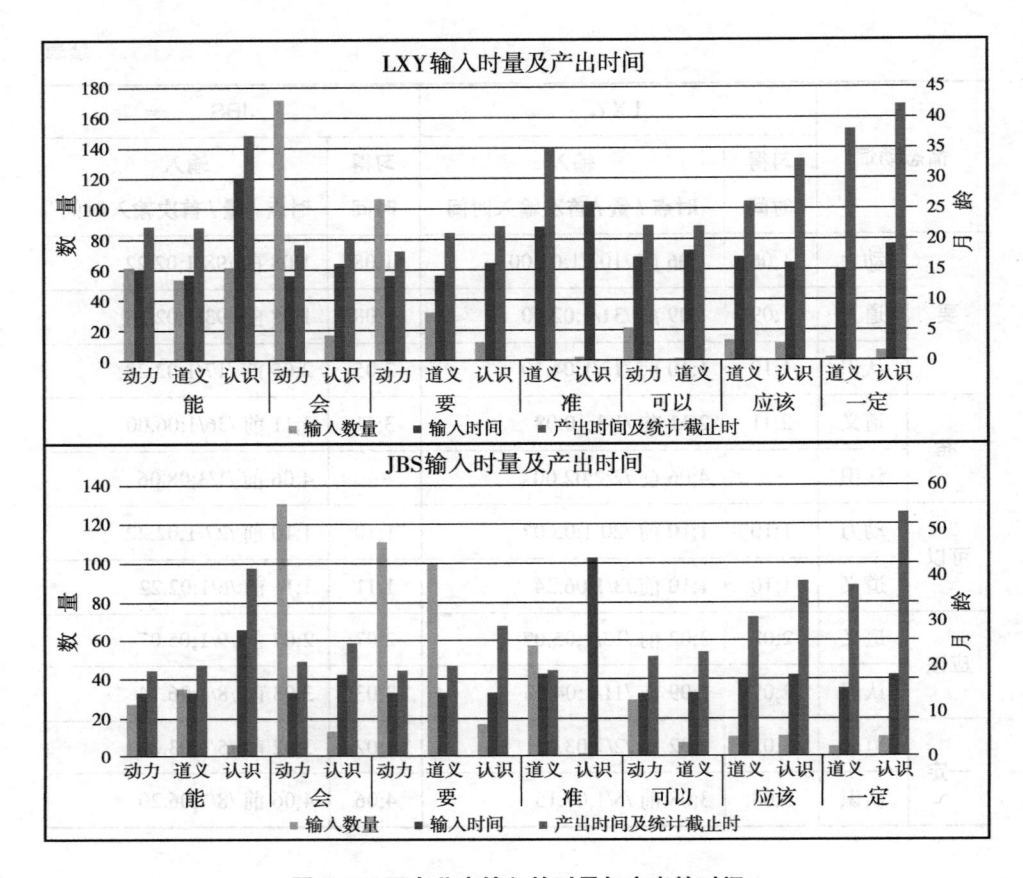

图 3-3 两名儿童输入的时量与产出的时间

时间也较晚，如"能。"在成人语言中的功能也是受限的，输入时间较晚。但输入时间早的未必产出时间很早，如两名儿童接受"应该。"的输入时间与"应该 $_{de}$"相差无几，但是两名儿童"应该。"的产出时间都大大晚于"应该 $_{de}$"。

（3）从输入量与产出时间上看，凡是输入频率较高的，产出时间一般很早，并且产出量也比较大。但输入频率低的却未必产出时间晚，比如"可以 $_{de}$"，LXY 和 JBS 接受的输入量都大大低于"可以 $_{dy}$"，LXY 仅 3 例，JBS 仅 7 例，但是产出时间与"可以 $_{dy}$"基本相同，LXY 两个"可以"同时产出，JBS 产出"可以 $_{de}$"仅比"可以 $_{dy}$"晚一个月。

综合上述数据可以看出，输入的时间特征和频率特征在情态语义习得上还是起到了非常重要的作用，但输入的时量特征与产出特征不是简单的对应关系，儿童在得到输入的前提下按什么规律习得情态语义可能另有原因。

（二）输入方式与产出特征是否相关？

如前文所说，成人的输入方式理论上对儿童的产出时序特征可能会产生影响，实际情况如何呢？从儿童与输入方式相关的产出方式来看，可以分为自主产出和非自主应答产出。怎样判断产出方式的不同呢？如果儿童在回答成人提问的语境中使用情态动词，属于非自主应答产出；排除简单模仿后，如果儿童在自己提问以及非问答语境中使用情态动词，属于自主产出。我们要考察的是成人不同输入方式与儿童不同产出方式之间有没有相关性。具体来说包括：（1）成人是否更多选择问句的输入方式？如果使用问句，其输入的时间和频率是否影响应答产出的时序特征？（2）儿童不同产出方式的时序特征与成人的不同输入方式有没有对应关系？

我们还是先看成人输入方式和儿童产出方式的时量数据，见表3-4：

表3-4　两名儿童输入方式的时量数据与儿童两类产出方式的时间

| 情态动词 | | LXY | | | | | JBS | | | | |
|---|---|---|---|---|---|---|---|---|---|---|---|
| | | 输入问句 | | 输入非问句 | | 应答产出时间 | 自主产出时间 | 输入问句 | | 输入非问句 | | 应答产出时间 | 自主产出时间 |
| | | 时间 | 数量 | 时间 | 数量 | | | 时间 | 数量 | 时间 | 数量 | | |
| 能 | 动力 | 1;05 | 24 | 1;03 | 33 | 1;10 | 1;10 | 1;03 | 10 | 1;02 | 17 | 1;07 | 1;10 |
| | 道义 | 1;05 | 1 | 1;02 | 51 | 1;11 | 1;10 | 1;05 | 3 | 1;02 | 32 | 2;00 | 1;08 |
| | 认识 | 2;06 | 7 | — | 0 | — | 3;01 | 2;04 | 6 | — | 0 | 3;10 | 3;06 |
| 会 | 动力 | 1;02 | 91 | 1;02 | 50 | 1;07 | 1;07 | 1;02 | 53 | 1;02 | 62 | 1;10 | 1;09 |
| | 认识 | 1;04 | 3 | 1;04 | 13 | 1;08 | 1;10 | 2;00 | 1 | 1;06 | 12 | 2;03 | 2;01 |
| 要 | 动力 | 1;02 | 64 | 1;02 | 38 | 1;06 | 1;06 | 1;02 | 55 | 1;02 | 43 | 1;08 | 1;08 |
| | 道义 | 1;02 | 3 | 1;02 | 28 | 1;09 | 1;09 | 1;02 | 8 | 1;02 | 85 | 1;10 | 1;08 |
| | 认识 | — | 0 | 1;04 | 12 | 3;06 | 1;10 | 1;06 | 1 | 1;02 | 16 | 3;00 | 2;05 |

续表

| 情态动词 | | LXY 输入问句 | | LXY 输入非问句 | | LXY 应答产出时间 | LXY 自主产出时间 | JBS 输入问句 | | JBS 输入非问句 | | JBS 应答产出时间 | JBS 自主产出时间 |
|---|---|---|---|---|---|---|---|---|---|---|---|---|---|
| | | 时间 | 数量 | 时间 | 数量 | | | 时间 | 数量 | 时间 | 数量 | | |
| 准 | 道义 | — | 0 | 1;10 | 1 | — | 2;11 | 2;05 | 1 | 1;06 | 35 | 4;03 | 3;11 |
| | 认识 | — | 0 | 2;02 | 2 | — | — | — | 0 | 3;08 | 1 | — | — |
| 可以 | 动力 | 1;07 | 5 | 1;05 | 15 | 3;02 | 1;10 | 1;02 | 12 | 1;02 | 15 | 3;07 | 1;10 |
| | 道义 | 1;06 | 1 | 1;06 | 2 | 3;03 | 1;10 | 1;02 | 5 | 1;06 | 1 | 2;06 | 1;11 |
| 应该 | 道义 | 1;07 | 5 | 1;05 | 8 | 2;07 | 2;02 | 1;08 | 4 | 1;07 | 5 | 4;04 | 2;07 |
| | 认识 | 1;08 | 5 | 1;04 | 6 | 3;09 | 2;09 | 3;02 | 2 | 1;08 | 6 | — | 3;03 |
| 一定 | 道义 | 2;09 | 1 | 1;03 | 1 | — | 3;02 | — | 0 | 1;03 | 5 | — | 3;02 |
| | 认识 | 2;08 | 1 | 1;07 | 4 | — | 3;08 | 4;04 | 1 | 1;09 | 7 | — | 4;06 |

根据表 3-4 所给出的数据，我们可以回答上述两个问题：

第一，成人最初的输入方式并非倾向于问句，所以不存在儿童不得不对问句做出应答因而某些情态义产出较早的情况。我们发现每个情态词的输入方式并不一样，比如：基于较小儿童的生活状况（如没有危险意识或者做事随意），成人常常从实际出发用祈使句告诫儿童"能"或"不能"做什么、"不准"做什么，因此"能"和"准"的输入方式非问句比例稍微高一些；成人在输入"要"的时候既关注儿童的意愿也会指示儿童怎样做事，所以动力情态和道义情态的输入几乎是同时的，但是表意愿时用问句的比例高一些，表指令时用非问句的比例高一些；而在输入"会"的时候，成人更关注儿童的能力，所以"会$_{dy}$"最初的输入频次更多，但两位母亲的输入方式有所不同，LXY 的母亲输入问句比例更高一些，JBS 的母亲则输入非问句比例稍高。

第二，儿童应答产出的时间和自主产出的时间与问句和非问句没有严格的对应关系。比如"能$_e$"，LXY 得到的输入方式为问句，却没有应答性产出,非问句方式没有任何输入,但儿童却自主产出,而且产出的时间也比问句输入方式的输入时间晚 7 个月,JBS"能$_e$"的输入方式也是问句,但自主产出的时间比应答产出早 4 个月。再比如"可以$_{dy}$",两名儿童各自得到两种输入方式的时间差不多,LXY 为 1;07 岁(问句)和 1;05 岁(非问句),JBS 则都为 1;02 岁,但两名儿童的自主产出时间都大大早于应答产出,LXY 为 1;10 岁(自主)和 3;02 岁(应答),JBS 为 1;10 岁(自主)和 3;07 岁(应答)。至于"会$_{dy}$",两位母亲的输入方式有所不同,LXY 的母亲输入问句比例更高一些,JBS 的母亲则输入非问句比例稍高,但 LXY 的自主产出和应答产出时间是一样的,JBS 的应答产出时间比自主产出时间只晚了一个月。至于"应该$_{dy}$",两名儿童得到的非问句输入更早,数量也比问句稍多,但儿童的自主产出时间都早于应答产出时间。

总之,从上述数据我们看不出成人输入方式特征与儿童产出方式的时序特征有较大相关性,即输入方式对儿童习得特征的影响甚微。

但是,我们也不能据上述数据得出经验输入对情态语义习得没有作用的结论。总的来说,输入的时间和频率在儿童情态语义习得上是有作用的,但有输入没有产出、输入早未必产出早以及输入频率低未必产出晚这些情况说明输入的作用是复杂的:就单个情态义来说,输入是必要的,有输入才有产出;但就各情态义的发展特征来说,在有输入的前提下儿童什么年龄段习得哪些情态义却不是由输入决定的。这样看来,输入之于情态语义发展规律来说是必要不充分条件,即儿童在得到输入的前提下怎样按一定的规则习得情态语义可能遵循其他机制(如认知机制)而具有内在的顺序性。

### 3.6.3.2.2 怎样理解认知的作用?

前文提到儿童从根情态到认识情态的发展是基于单个动词的义项,而不是全部情态动词的不同类型意义,这是一个需要解释的规则。如果从认知视角来看,这恰恰是儿童的认知能力在情态语义习得中的体现,可称为"语义计算能力"。

不同情态动词之间就算情态类型意义相同,具体语义特征仍有不同,包括具体词义的不同和量级意义的不同。如动力情态虽然没有量级的不同,但仍有有能力（如"能 $_{dy}$"）、善于（如"会 $_{dy}$"）或者主观意愿（如"要 $_{dy}$"）这样不同的内涵。再如"能、要、应该、一定"都有道义情态和认识情态两种语义，但是它们各自的量级不同："能"表示可能，"应该"表示盖然，"要"和"一定"表示必然。量级不同，语义解读也不同，根据张云秋、李若凡（2017），认识情态必然意义习得时间大多比较晚，在 3;00 至 4;00 岁之间。

　　基于认知能力对不同类型情态意义特征进行语义计算，首先应该在同一个基准上，基准相同才有计算的可能性，语义内涵不同的情态词及其不同义项之间因基准不同不具备计算的可能性。基于单个动词义项的计算是在单一基准上的计算，每个单词的不同情态意义在区分复杂度时的基准是单一的、清晰的，比如"能 $_{dy}$"的情态意义是"有能力"，以这个语义特征为基准就可以对与"能 $_{dy}$"有关的"能 $_{de}$"（有能力做的事情是否得到情理或环境上的许可）和"能 $_{e}$"（有能力做的事情是否为真的可能性推测）进行认知解读，即依次计算从基准意义动力情态到认识情态之间需要增加哪些解读条件才能符合它们的语义内涵。根情态与认识情态的解读区别主要表现在后者主观性的增加：认识情态推测可能性或推断必然性时在话语中必然附加了言者的主观性，是言者导向的，词的主观义很虚，不容易解读，甚至成人母语使用者也常常只可意会不可言传，而动力情态则表达的是说话人自己是否有能力、有条件，或者主体是否有意愿或善于做什么，是事件导向的（Narrog，2012：59），主观性低，意义倾向于客观，这样的义项更容易解读。儿童随着世界知识的不断丰富有能力对不同类型情态语义的难易度进行语义计算。

　　儿童能够对语义做出计算是儿童语义习得的保障，不过就多义情态动词习得的语义计算来说，其是否还依赖于内在的认知机制呢？我们的回答是肯定的。人类语言多义词义项引申是极为普遍的语义扩展，而包括引申的内在机制就是人类具有隐喻和转喻的认知机制。就多义词义项引申来说，隐喻和转喻毫无疑问是基于单个词进行内部义项引申的，正因为如此，基于单个动词义项的多义情态动词的语义习得路径与多义情态词的引申路径基本上是吻合的，这一点似乎也支持不同流派语法学家对情态意义来源及句法分布特征的研究（Johnson，1987；Sweetser，1990；Taylor，2002；Roberts &

Roussou,1999;蔡维天,2010)。上文提到儿童可以对"能"的三个情态意义依次进行认知解读,而这三个义项之间就是基于转喻机制从"有能力"到"有可能"的语义扩展(彭利贞,2007b)。再如"会",从"施事有能力或善于做某事"到"施事有能力或善于做某事是否为真的较大可能性推测",其引申路径和认知机制与"能"是一致的(郭昭军,2003a;彭利贞,2007b),儿童对其内部情态语义的习得特征也是一致的。

# 第四章　早期儿童情态副词的习得

## 4.1　研究背景与研究目标

情态副词是情态系统的重要组成部分，关于情态副词的本体研究也是比较丰富的，这些研究对情态副词的类别、特征及功能都有非常精到的分析。不过，情态副词的儿童语言习得研究非常少。在现代汉语情态副词的习得方面，傅满义（2002）和孔令达等（2004）对儿童副词习得的研究中均涉及了情态副词问题，但只做了粗略的描述。傅满义（2002）、孔令达等（2004）将副词分为描摹性副词、评注性副词和限制性副词，并考察儿童对这三类副词的语义习得情况，认为：(1) 儿童更易习得同义、近义和反义副词中语义相对简单的；(2) 概念意义先于推理意义习得，限制性副词先于评注性副词习得；(3) 积极意义先于消极意义习得。另外，傅满义（2002）还注意到，儿童语言中的评注性副词在儿童 2;00 到 5;00 岁时出现了 32 个，而且使用不多，一般多义的副词，如"都、也、又、才"等使用次数多，而且评注性副词用于感叹句，不大用于疑问句。傅满义（2002）和孔令达等（2004）的研究涉及本书关注的情态副词，但是具体的分类和本研究有所区别，且没有从情态的视角全面地将儿童情态副词的发展情况做完整且具体的描写。因此，情态副词习得研究仍然有较大的空间。

需要注意的是，前人及本书第三章的研究表明儿童从 1;06 和 1;07 岁开始就自主产出语境适切的情态动词，并在 2;06 岁左右就习得了情态的不同语义类型，包括动力情态、道义情态和认识情态，到 3;00 岁左右已经基本习得所有典型的情态动词。据张云秋、李若凡（2017）的研究，儿童 3;00 岁左右在情态量级（即可能性、盖然性和必然性）上的习得也较为成熟。既然儿童已经习得了可以表达情态类型和情态量级的情态动词，为什么还要习得同样可以用于动词前的情态副词呢？根据我们在第二章中的研究，情态副词不同于情态动词，它不专职标记情态类型和情态量级，而是作为情态的一种补充成分而存在，它能进一步细化并调节情态值及互动中的人际功能，我们将情态副词的这种功能称为补充功能，这种补充功能是情态动词独立使用时不具备的，因此儿童早期情态副词习得的研究是有意义的。本章的目的之一就是寻找现代汉语情态副词的习得特征，探讨情态副词的补充功能如何在儿童习得中体现出来。与情态副词习得研究一样，目前聚焦于补充功能的习得研究成果也很罕见。

本章详细考察三名被试儿童习得了哪些情态副词，并进一步探讨汉语儿童情态习得的规律，探求儿童情态副词习得的意义及其与情态理论的相关问题。

## 4.2 情态副词类别及考察对象

前文我们基于原型范畴化理论对现代汉语情态副词的范围进行了重新确定，以五位学者（张谊生，2000a，2000b；史金生，2003；徐晶凝，2008；齐春红，2006；崔诚恩，2002）的研究作为基础确定了159个情态副词，依据情态副词和语气词的连续统以及情态副词的语义特征把它们分成三类，详见表2-4。我们对汉语早期儿童情态副词习得的考察就以此为参照，看儿童都习得了哪些情态副词，产出情态副词的具体语境是怎样的，并通过已经习得的情态副词观察那些有意义的规律。

根据我们对三名儿童产出语料中情态副词的穷尽性检索，发现三名儿童所习得的情态副词数量不多，共19个，包括15个双音节的（带儿化尾的"没准儿、差点儿"归入双音节）、1个三音节的和3个单音节的。我们从情态类型和情态量级两个方面把这19个情态副词罗列出来，见表4-1：

表 4–1　三名儿童习得的情态副词总表

| 情态类型 | 情态量级 | 情态词 | |
|---|---|---|---|
| | | 单音节 | 双音节和三音节 |
| 道义情态 | 可能性 | — | — |
| | 盖然性 | — | 还是③ |
| | 必然性 | 倒① | 非得，只好，必须 |
| 认识情态 | 可能性 | — | 好像 |
| | 盖然性 | — | 没准儿，差不多，差点儿 |
| | 必然性 | 真，可 | 准是，倒是，当然，反正，其实，原来，真的，肯定 |

## 4.3　儿童情态副词习得概况

对儿童情态副词的习得情况进行考察，主要从习得时间、习得频率上做相应的统计，再从习得数据中寻找儿童情态副词的习得特征。我们仍然以儿童自主产出并且语境适切为标准确定其习得时间，排除儿歌、故事和歌词以及连续重复的例子；对情态副词的习得频率，我们也用统一的标准来确定。双音节情态副词是典型的情态副词，单音节情态副词表达情态的典型性不如双音节情态副词（崔诚恩，2002），因此在分析儿童情态副词习得时间、频率等具体情况时我们将单音节、双音节和三音节情态副词分开考察。

以下我们根据表 4-1 详细描述 LXY、SYY 和 JBS 三名儿童各情态副词的习得情况。

### 4.3.1　双音节和三音节情态副词的习得

表 4-1 中，双音节和三音节情态副词②共 16 个，分别是"原来、当然、

---

① "倒"有多个义项，只有副词义项具有情态意义。《词典》在副词义项中列有四种解释，其中 b、c、d 三个解释都具有情态义，见第 267 页。当然，儿童习得的"倒"不一定四个义项俱全，本文被试儿童习得的是道义情态义。

② 儿童只习得了一个三音节副词"差不多"，由于数量少，我们暂且与双音节副词一并讨论。

反正、好像、其实、真的、肯定、必须、差不多、非得、只好、还是③、没准儿、倒是、差点儿、准是",其中"原来、当然、反正、好像、其实、真的、肯定、没准儿、差点儿、差不多、倒是、准是"表示认识情态,"必须、非得、只好、还是"表示道义情态。我们先说明每个情态副词的情态特征,然后详细描述三名儿童的习得情况。

(一)原来

"原来"表认识情态之确信,但与一般的确信不同,还含有醒悟的意义,表示说话人预料的事件状态与现实情况不符,说话人对出乎意料的现实情况进行确认。先看 LXY 的产出情况。

(1) SSY:干吗呀给他?
　　　LXY:挖土呗,给小恐龙挖土,小恐龙在之前死掉了。
　　　LXY:小恐龙哥哥好,小恐龙好。
　　　LXY:这个,<u>原来</u>是这个啊,这个是两个,一个爸爸,一个妈妈。(2;07)

(2) LXY:猪八戒年轻了,快拔出来。
　　　LYA:拔出来。
　　　LXY:拔不出来,<u>原来</u>在这里呀。
　　　LYA:你在骗人呢。
　　　LXY:哭不出来了。(3;04)

LXY"原来"一共产出 4 例,第一次自主产出为例(1)。例(1)中儿童玩游戏时发现了两只恐龙,仔细观察之后认出其中一只是恐龙爸爸,另一只是恐龙妈妈。这里的"原来"带有明显的主观确定意义,本来儿童不认为发现的恐龙是爸爸和妈妈,因此确定性事件出乎自己的预料。这说明儿童已经能够较成熟地理解并运用"原来"表达自己对确定性事件的主观态度。到 2;08 和 2;10 岁儿童又产出了 2 例,运用也很成熟。3;01 到 3;06 岁儿童只产出了例(2)一例,该例句中儿童对"原来"的使用也非常合宜。LXY 使用该词时,往往隐含对事件的预设，即儿童认为某事件或命题可能处于与现实状态不同的情况中。我们认为 LXY 2;07 岁就已经习得了"原来"，只是使用频率不高。

被试儿童 SYY 的产出情况如下：

（3）GCY：啊，妈妈揍三巴掌。

SYY：<u>原来是</u>，小鸭子。

SYY：妈妈瞪我一眼，爸爸揍我三巴掌。（1;10）

（4）SYY：分儿老师揍它两巴掌。

SYH：嗯。

SYY：<u>原来我是一个小鸭子儿</u>。（3;11）

（5）SYY：啊，你<u>原来</u>吃那花儿呢，吃得多快。

SYH：揍它！（3;11）

SYY 首次产出的带"原来"的句子是儿歌性质的句子，虽经过了改动但我们仍不能确定其是否真正习得，因为在这之后很长的时间里没有后续产出。SYY"原来"的首次自主产出年龄为 3;11 岁，语境非常适切，儿童发现虫子吃花后表达了对该事件的主观态度，此时儿童对虫子的行为有自己的推测，但是后来发现虫子做的事情与自己的推测不符，就用"原来"表达了这种意料之外的意义，并对虫子"吃那花儿"进行确认。可惜的是该儿童只产出 1 例，不过，就已经产出例句的语义语境看，儿童对"原来"的语义和使用语境是理解的。另外，3;11 岁儿童在自主产出之前还在 1 例儿歌类句子中使用了"原来"，鉴于两者在同一月份产出，我们把 SYY 的产出数量计为 2。

最后再来看 JBS 的习得情况。

（6）JBS：我的妈呀，桃子，我以为桃子在哪儿呢，<u>原来在这儿啊</u>。

DYI：桃子摆在这儿是吧？你还以为丢了。（4;03）

JBS"原来"一共产出 3 例，第一次自主产出如例句（6）所示，产出较晚，但第一次产出便极为成熟。例（6）是儿童在发现自己一直想要寻找而未曾找到的桃子时发出的感叹。儿童没有想到桃子会出现在这个地方，"原来"的使用正是表达了儿童在预期与现实不相匹配时的认识情态，有一种恍然大悟的感觉，是一种必然性认识情态。接下来在 4;04 和 4;06 岁，儿童又产出了 2 例，运用也很成熟。

（二）当然

表认知情态之确信，并具有交互主观性。说话人关注到听话人对所述事件的真实性可能不确定，所以用"当然"表达确信并蕴含"合于情理，不必怀疑"的意思。

先看 LXY"当然"的习得情况。

（7）HXT：累吗？
　　　LXY：<u>当然</u>会累，穿小鞋呀。（2;08）
（8）LZR：你为什么要欺负它？你喜欢是不？
　　　LXY：嗯，<u>当然</u>啦。
　　　LXY：它老嘎嘎嘎地说话。（3;05）
（9）ZFA：哎，你觉不觉得它像圣诞老人？
　　　LXY：<u>当然</u>像了。（3;07）

在 4;06 岁前，LXY 自主产出了 14 次"当然"。例（7）为第一次自主产出的例句，在该句中成人问儿童累不累，儿童回答时表达了对未来发生情况的一种必然性推测，即一定会累，并给这种推测附加上"穿小鞋"这一原因，这说明在儿童的意识中已经形成了这样的关系链条：穿小鞋必然会累。可见儿童已经能理解并使用"当然"强化情态量级的必然性倾向，因此可以认定 LXY 2;08 岁已经习得了"当然"。从 3;01 到 3;06 岁 LXY 的产出比较稳定，除了用在情态动词前表达必然性之外，儿童在这段时间内还产出了省略中心语的"当然"，如例（8）所示，这表明儿童对"当然"使用的成熟度进一步提高。在接下来的一年里，儿童的产出基本上稳定，主要形式是"当然"用于一般动词前、情态动词前及单独出现,表达肯定的情态义,如例(9)所示。下面是 SYY"当然"的习得情况。

(10) SYH: 下课了老师夸奖齐齐上课专心听讲,你知道吗?
SYY: 不知道。
SYH: 嗯?
SYY: <u>当然</u>知道了。(3;10)

(11) SYH: 你跟我说刚才你干吗去了啊?
SYY: <u>当然</u>是跟我老姑去那个访谈。(4;06)

SYY"当然"首次自主产出年龄为 3;10 岁,即例(10),到 4;06 岁时共产出 2 例。例(10)中成人询问儿童是否知道自己的老师夸奖了班上的同学,儿童先表示不知道,但成人对此表示质疑后,儿童又表示自己事实上知道,此处的"当然"表示知道老师表扬齐齐的事情毫无疑问,没有必要问,语境非常适切。第二例,即例(11),产出的时间和第一例相隔很长,但是我们发现该例句中儿童对"当然"的使用也非常恰当,表示自己确信的态度,虽然只有两例,但可以认为 SYY 已经习得了该词,只是产出频率不高。

被试儿童 JBS 的习得语例举例如下:

(12) JBS: 我吃了。
ZLZ: 好。
JBS: 我<u>当然</u>吃了,我<u>当然</u>吃了,<u>当然</u>。(2;05)

(13) ZXI: 这,这颜色对吗?
JBS: 对呀,<u>当然</u>对。(2;11)

(14) WSS: 你不和我说话啦,嗯?
JBS: 对,<u>当然</u>。(3;01)

在 4;06 岁前,JBS 自主产出了 16 次"当然"。例(12)为第一次自主产出的例句，在该例句中成人对儿童"吃"这一行为表示允准，但儿童认为根本不必允准，"吃"本就是合乎情理的，所以使用了"当然"，表示对事件可行性的进一步确认。例（13）中"当然"后接形容词"对"（即正确），表示对"对"这一判断的确信性。例（14）中则出现了"当然"独立使用的情况，表明"当然"的使用已经非常成熟。

（三）反正

表示认识情态之确信，具有交互主观性，说话人关注到听话人可能有相同或不同的看法，但说话人认为不管情况如何结果没有区别。蕴含任何情况下都不改变结论或结果，进而表示肯定。下面我们依次考察三名儿童"反正"的习得情况。

LXY 产出的语例如下：

（15）GRM：你那老师，教英语的老师叫什么名字？

LXY：英语老师叫……，不知道。

LZR：不知道呀？

LXY：<u>反正</u>我就不知道。（3;08）

（16）LZR：掉下去就怎样啊？

LXY：就。

LZR：淹啊，淹到水里头了就。

LXY：<u>反正</u>我们会游泳。（4;05）

LXY"反正"产出总量为 3 个，产出时间间隔较大。首次自主产出见例（15），该句产出时间较晚，儿童的运用也非常成熟：当成人询问儿童问题后得到了否定的答案，于是大人再次询问，儿童为了强调自己确实不知道就使用了"反正"一词，这句话语境非常适切，能表达出"不管对方怎么问都不知道"的这种绝对的态度。LXY 在首次自主产出后的一周又产出 1 例，句式和例（15）相同，说明儿童已能熟练使用该词。之后直到 4;05 岁才产出了我们考察儿童年龄范围内最后的 1 例，见例（16），此句同样表达儿童对"淹到水里头"的认识，表达"不管如何，会游泳就没事"这一绝对的态度。上述两例中儿童产出的都是"反正"加情态词的形式，都起到了细化情态量级的作用。

SYY 产出的语例如下：

（17）SYY：叫什么名字？
GCY：嗯？
SYY：我也不知道了。我叫，<u>反正</u>我 xx 一个大猫。(2;04)
（18）SYY：他倒了半篮儿，我倒整篮儿。
SYH：你倒整篮儿？那好。
SYY：啊，<u>反正</u>我不（不倒半篮）。(3;00)

SYY"反正"首次自主产出年龄为 2;04 岁，但因该句内容有听不清的情况造成语义不太明确，无法得知其是否为误用，因此该例不计入习得用例。例（18）为其第二次自主产出的语例，儿童在该句中表达其不管怎样都不倒半篮东西的肯定态度，此时儿童也有对话语情景的预设，即大人不管怎么问都会这么说，因此可以视该例的产出时间为习得时间。SYY"反正"的产出总数为 2 例。

JBS"反正"的习得时间也较晚，见下例：

（19）BCO：它爸爸，它爸爸叫什么名字啊？
JBS：嗯，<u>反正</u>跟我爸爸一模一样的名字。
JBS：它爸爸也叫共东。
BCO：它大名也叫共东啊！(3;11)
（20）LQI：嗯，你看我的都站起来了。
JBS：哎呀，<u>反正</u>它这么倒着没关系。(4;02)

JBS"反正"产出总量为 7 个。首次自主产出见例（19），陪护人询问爸爸的名字,儿童用"反正"指出和自己爸爸的名字一模一样,有一种对占有这一名字的自豪感,是一种必然性认识情态。例(20)在陪护人指出自己某个玩具站起来时,儿童看到自己的仍然倒着,为了加强肯定倒着的状态无关大碍,就使用了"反正"一词,挽回了自己的面子。

(四)好像

表示认识情态之可能性,估测的含义较强,表示不太肯定的推测或态度。

请看 LXY 产出的语例,如下:

(21) LZR:喝吧。

LXY:喝水了,维尼吃掉了吧?<u>好像</u>维尼吃掉了吧?(2;06)

(22) HXT:快来快来数一数。

LXY:不想数一数,二八九十一。

LXY:<u>好像</u>,<u>好像</u>少了一个十八十九二十。(2;10)

(23) LXY:小斑马丢了。

LYA:哪去了?

LXY:嗯,<u>好像</u>。

LYA:哪去了?

LXY:妈妈,妈妈,小斑马丢了。(2;10)

LXY"好像"共产出 7 例,都是表达对事件可能性的估测。首次自主产出见例(21),儿童在玩耍时自言自语,推测玩具熊被吃掉了,"好像"的使用意义较明确,语境也适切。在相隔三个月后儿童又产出了语境较完整的例(22),儿童在数数的过程中发现自己少数了某些数,所以对其加以补充,此句中"好像"的使用很恰当地表达了儿童对刚刚所数的数字缺少某些数的可能性判断。例(23)中的"好像"应该表示儿童对"小斑马"所在位置的推测,但是由于其无法获知这一信息,因此"好像"使用之后并没有儿童的推测,这也恰恰说明儿童说话时所考虑的是不能确定的情况,儿童对这一情境的理解和产出还是恰当的。从 3;00 到 4;00 岁，LXY 产出 3 个带"好像"的句子，4;00 岁后没有产出，总体使用频率较低。

再看 SYY 产出的语例，如下：

（24）SYY：让我奶奶给我打去。
　　　GCY：你奶奶也不能打。
　　　SYY：<u>好像</u>我奶奶来了。（2;09）
（25）%act：SYY 在用水彩笔画画。
　　　SYY：这没水了，<u>好像</u>有水儿。（4;01）

SYY 共产出 3 例"好像"，首次自主产出为例（24），表达"奶奶来了"的可能性，产出语例语境适切且意义明确。但跟 LXY 一样，儿童使用频率不高，相隔一年多才分别在 3;08 岁和 4;01 岁又产出了 2 例，都表达对事件的估测。例（25）的产出语境是儿童用水彩笔画画，出现了画不上的情况，儿童据此认为水彩笔没有水儿了，但又觉得它有水儿，可见儿童是理解"好像"的含义的。整体看来，SYY 对"好像"的习得是成熟的，只是使用频率不高。

最后看 JBS"好像"产出的语例，如下：

（26）JBS：啊，这个是黄不？
　　　DYI：这个是黄的，这是一个小狗，你的吗？
　　　JBS：<u>好像</u>是豆豆娃娃。（3;03）
（27）JBS：这个能咽<u>好像</u>。（3;07）
（28）JBS：你<u>好像</u>没有。（3;10）

JBS 产出的"好像"共 8 例，都是表达对事件可能性的估测。首次自主产出见例（26），在陪护人认为手中的玩具是"小狗"时，儿童对此表示怀疑，并依据自己的知识指出这是豆豆娃娃，但又不太确定，因而用了"好像"，语境适切。"好像"的句法位置也比较灵活，除了有出现在句首的用例，还有出现在句中和句尾的用例，如例（27）（28）。

（五）其实

表示认识情态之确信，并具有交互主观性。说话人关注到听话人对所表达的事件可能有不同的看法，所以用"其实"肯定并蕴含"更正或修正听话人观点"的意义，但语气较弱。

首先看 LXY 产出的语例，如下：

（29）HXT：大象是怪物吗？
　　　LXY：不是。
　　　HXT：不是吧。
　　　LXY：这是，其实就是大象。
　　　HXT：嗯，其实就是大象，大象不是怪物。（2;08）

首次自主产出的例（29）中，LXY 对"大象是怪物"这个说法进行修正，先否定了"大象是怪物"，之后又使用"其实"委婉地修正对话者的说法，进一步表达了大象不是怪物，大象就是大象的观点，语境适切而且表意明确。LXY 的"其实"除了在 2;08 岁首次产出外其余全都集中于 3;01 到 4;00 岁，共产出 5 例，虽数量较少但使用语境都很适切，表意清晰。

下面两例是 JBS 产出的语例：

（30）JBS：这个是刀，刀子是大人拿的知道吗？
　　　LGT：哦，刀子是大人拿的，典典就拿这个当刀子，是吧？
　　　JBS：对。
　　　LGT：这个不割手。
　　　JBS：你其实，这是小孩儿。
　　　LGT：这是小孩儿用的，啊。
　　　JBS：这不是小孩儿用的，这是大人用的。（2;11）

（31）JBS：大地瓜。

ZLZ：啊，阿姨认出来啦，赶紧处理，我打死你，呵呵。
JBS：不是，其实不是大地瓜干的。
ZLZ：哦。
JBS：是，米老鼠。
ZLZ：哦，其实不是大地瓜干的，是米老鼠啊。（3;04）

JBS 共产出"其实"4 例。例（30）为首次产出，但通过上下文可以看到表达并不成功，陪护人一开始没能明白儿童的意思。例（31）为第二次产出，儿童认为陪护人可能认为是大地瓜干的，这种观点在儿童看来是不正确的，所以儿童使用"其实"提出一个可能与陪护人看法不同的观点。"其实"的运用考虑到了对方的知识状态，具有交互主观性。例（31）的使用说明儿童已经可以正确使用"其实"了。

被试儿童 SYY 没有产出"其实"。

（六）真的

表示认识情态之确信，有"确实""的确"的意思，表示进一步的肯定。我们看三名儿童的习得情况。

先看 LXY 的习得情况。

（32）LXY：斑马。
HXT：斑马，哪儿呢？
LXY：那小斑马怎么不见了？
LXY：真的不见啦。（2;06）
（33）LZR：欸？
LXY：真的是火车耶。
LZR：咱们把它摆起来好不好？（3;06）

LXY 共产出 6 例"真的"，产出时间间隔较大，首次自主产出后相隔一年才产出第二例，从 3;07 到 4;00 岁之间产出了 4 例，之后便没有产出。第一次自主产出为例（32），这一例句产出的语境是儿童找不到玩具，先用疑问句进行询问，但还不能确定玩具是否不见了，然后在没有回应的情况下确认"真的不见啦"，表明儿童对"玩具不见"的确定性的追加。例（33）为第二例产出，与第一例相隔时间很长，表达了强烈的肯定态度。

再看 SYY 的习得情况。

（34）SYY：你牙疼吗，你真的牙疼吗？
　　　　GCY：我不牙疼。（3;05）
（35）SYY：奶奶 xxx 有水。
　　　　ZSF：嗯。
　　　　SYY：奶奶真的有水。（3;07）

SYY"真的"共产出 5 例，其中 3;05 到 3;07 岁产出 2 例，4;01 到 4;04 岁产出 3 例。首次自主产出出现在疑问句中，即例（34），儿童先用不带"真的"的疑问句询问（你牙疼吗），接下来在疑问句中加入"真的"，表示希望所得到的回答是确信的。接下来产出的 4 例都集中于加强对事件的确信度，如例（35）的陈述句。

JBS 产出的例句如下：

（36）ZLZ：尿尿，真的尿尿吗？
　　　　JBS：真的尿尿。（1;09）
（37）JBS：打开，打开，打开，哎呀，典典真的打开了。（1;10）

JBS 共产出 32 例"真的"，可谓高频产出。例（36）是首次产出，儿童是在陪护人"真的尿尿吗？"这一问题的基础上做出回答的，可能有一定的顺应模仿，但一个月后儿童自主产出了例（37），对自己能够打开某物品这一事件的确信度进行强化，语境适切，语义明晰，我们认为此时儿童已经习得"真的"一词的含义和用法。

### （七）肯定

表示认识情态之确信，表达说话人对命题或事件的肯定性推测，说明说话人对自己的看法有绝对的把握。以下是三名儿童的产出情况：

（38）HXT：宝宝有尿尿，走走走。
　　　LXY：不尿尿。
　　　HXT：肯定有。
　　　LXY：不肯定。（1;10）
（39）LYA：干吗去呀？
　　　LXY：我去吃恐龙蛋，恐龙蛋在这里，肯定在这里。（2;10）
（40）LXY：冒烟了吗？肯定冒烟了。（3;01）

LXY 1;10 岁时首次产出带"肯定"的句子，见例（38），但却是偏误句，儿童反驳成人的观点，对自己是否"尿尿"给出确信的否定态度，但句法不正确（正确的说法应为"肯定没有"），可见儿童虽模仿了成人的话语，但对否定与情态结合的情态表达还不敏感。LXY 产出带"肯定"的句子，第一次自主产出是在 2;10 岁，见例（39）。LXY 先说一个肯定性事件，即"恐龙蛋在这里"，然后通过"肯定"的使用进一步主观推断前面对恐龙蛋位置的说法是无误的。儿童使用情态副词强化了自己对事件为真的主观推测态度，说明儿童对"肯定"的语义特征和句法使用非常敏感。从 2;10 到 3;06 岁 LXY 共产出带"肯定"的句子 13 例，使用频率很高，而且还出现了在设问句中自问自答的情况，如例（40）。到 4;00 岁以后，产出频率下降，只有 1 例，LXY 共自主产出"肯定"14 例。

（41）SYY：拿出门还用呢。
　　　SYH：嗯，拿出门还用呢。
　　　SYY：嗯，肯定有盒子了，对吧？（3;11）

SYY 只自主产出了 1 例带"肯定"的句子，见例（41）。此例产出时间较晚，用在疑问句中表达对"有盒子"这个命题的确定态度，意义明确。虽然产出量小，但 SYY 使用该词的语境是很适切的。

（42）JBS：这个坏了。
　　　XWE：暖气？
　　　JBS：对，坏了。
　　　XWE：你怎么知道它坏了呀？
　　　JBS：它<u>肯定</u>坏了。（3;01）

4;00 岁之前，JBS 共产出 14 例"肯定"。例（42）是首次产出，当陪护人对儿童的"（暖气）坏了"的判断表示质疑时，儿童在"坏了"之前加上"肯定"来表示自己确信的推断，说明儿童对"肯定"这一情态副词语义特征和语境的把握是正确的。

（八）必须

表示道义情态之确信，有强调的意味，表示"一定要"，说话人认为某事件在事实上或情理上有必要遵从或者去做。我们看儿童的习得情况。

（43）LXY：你说呢？
　　　LZR：我说呢？我不告诉你。
　　　LXY：<u>必须</u>告诉我吧。（4;00）
（44）LXY：你会吗？
　　　LYR：我不会，我只能摆出一面儿的来。
　　　LXY：再摆这这个，这个大楼，这个。
　　　LXY：<u>必须</u>离我近点儿，不能离我远，只能离我 xxx。（4;06）

LXY 语料中表道义情态的"必须"共产出 6 例，但产出时间都比较晚，首次自主产出年龄为 4;00 岁，见例（43）。LXY 首次产出的带"必须"的句子中，句尾加了"吧"这一表示商量或请求的情态助词，说明儿童对事件的肯定程度还不高，但之后出现的句子中则没有这种情况，都是表达儿童对义务的强制性态度，如例（44）。

（45）JBS：哇塞，这个必须让大人给小孩儿弄才行。（3;10）
（46）JBS：就是因为太重了，必须要好多人来帮。（4;05）
（47）JBS：让那个糖必须得化。（4;06）

JBS 表示道义情态的"必须"共产出 4 例，习得时间也不早，首次自主产出年龄为 3;10 岁，见例（45），该例是儿童对"让大人给小孩儿弄"这一行为的必要性给出的主观态度，语境适切。"必须"常和其他道义情态动词连用，并在情态量级上对其他道义情态动词进行细化，如例（46）（47），后面分别有情态动词"要"和"得（děi）"，两者也都是道义情态之确信，加上"必须"之后，两句的确信度得到了强化。

被试儿童 SYY 没有产出"必须"。

（九）差不多

表示接近、几乎达到，有"量"特征，是对接近这个量的一种评估，这种评估又建立在一定的知识、直觉背景基础之上，属于认识情态之较大可能性（即盖然性）。我们看三名儿童的习得情况。

（48）LXY：开口子不一样喽。
LYA：什么叫开口子呀？
LXY：就是，就是。
LXY：你看它们差不多都已经丢了。（2;10）

"差不多"的情态副词用法 LXY 仅产出 1 例，该例中"它们"是盒子里好吃的东西。儿童根据自己的观察，说盒子里好吃的东西丢了很多。这里的"量"特征与好吃的东西的数量密切相关，所以"差不多"与"都"连用。虽然只有 1 例，但儿童使用的语境适切，语义明确，可以看作"差不多"的初步习得。

（49）TWF：一会儿就好啦？

JBS：嗯，差不多舒服啦。（4;06）

与 LXY 一样，"差不多"的情态副词用法 JBS 也只产出 1 例，见例（49），不过，这一例给人的感觉不太自然，尽管语义和语境上明白儿童的表述，但是句法表述缺少"量"特征，有一定的问题，不能肯定 JBS 已经习得了该词。

被试儿童 SYY 没有产出"差不多"。

总的来说，虽然有的儿童对"差不多"有一定的把握，但这种习得还是初步的，很不完善。

（十）非得

表示道义情态之必然，多是施事取向，表示施事一定要做某事，态度坚决。我们来考察儿童的产出情况。

（50）LXY：这个老鹰耍赖说好了不许叼。

LXY：他说好了不许叼火车的，那个，他非得叼。（3;10）

LXY 共产出 3 例"非得"，例（50）为首例。"非得"的使用表明老鹰叼火车的坚决态度。

（51）SYY：哥哥别瞪，你别瞪我了。

SYH：你说的？

SYY：他非得瞪。

SYH：他非得瞪你？

SYY：嗯。（2;08）

SYY 共产出"非得"12 例，例（51）为首例。SYY 不希望哥哥瞪自己，而哥哥一直瞪自己，SYY 觉得哥哥的行为与自己的意愿相悖，使用"非得"来描述哥哥"瞪我"的态度很坚决，同时也表达儿童对哥哥这一做法的不满，使用语境是适切的。

（52）ZXF：哎呀，这屋子真干净。
　　　　JBS：啊，我不让你进来你非得进来。（3;08）

JBS 只产出这 1 例"非得"。表示"你"不顾我的意愿，一定要进来的坚决态度，虽然使用频率极低，但从这一产出语例的上下文和表达的意思可以看出，JBS 对"非得"的句法语义特征是敏感的，语境也很适切。

（十一）只好

表示道义情态之必然，在一定的情况下，没有别的更好的选择，只能从众多选择中选出一个，也就是说，所做的选择是不得已为之，因而是必然的。

先看 LXY 的产出情况。

（53）LXY：小猪躲在气球里面了，只好，只好躲在气球里面。（2;11）
（54）LXY：他干吗呀？他只好吃药去啦。（2;11）

LXY 共产出 7 例"只好"。例（53）中儿童在描述刚刚发生的情况，小猪刚刚碰到危险，没有别的办法，只能选择躲在气球里。儿童先把"只好"放在句末说出，紧接着又在句子开头说出，展现了情态副词在句子位置上的灵活性。"只好"也可以用在句中，见例（54）。

被试儿童 JBS 只产出 1 例，见下：

（55）JBS：她的太大了。
　　　　LYJ：留着长大再穿，留着典典长大了再穿。
　　　　JBS：那我只好我就长高了我就穿了。（3;07）

该例中儿童虽然想穿这件衣服，但在衣服太大不能穿的情况下，儿童无奈表示选择长大以后再穿的事实。这个例句也有句法错误，但主要问题不是"只好"的使用问题,而是"我就"的使用问题,所以,可以认为 JBS 初步习得了"只好"。

被试儿童 SYY 没有产出"只好"。

(十二) 还是

表示道义情态之盖然,具有交互主观性。说话人提议做某事,但关注到听话人可能有另外的提议,用"还是"表达应该选择自己的意愿和决定。下面我们看儿童的习得情况。

(56) HXT:你揪什么呢?

LXY:我 xxx 恐龙蛋。<u>还是我拿着吧</u>。

HXT:你拿到哪里去啊?

LXY:我把恐龙蛋送给大蛇去了。(2;10)

(57) LXY:我救你上来啦,快点抓住这个结。

LYA:嗯。

LXY:上来了吧,我,<u>我还是</u>,<u>我还是好吧</u>?<u>我还是好</u>。

LXY:你妈妈会老救不上来,<u>还是我救好</u>。(2;10)

LXY 习得表示道义情态的"还是"是在 2;10 岁,首次自主产出如例(56)所示,共产出 12 例。所有产出均表示儿童认为听话者需要履行某种义务的倾向性态度,意义较明确,比较有意思的是,在 2;10 岁产出的例(57)中,儿童在玩游戏的过程中模仿救人,成功之后评价自己的行为时使用"我还是好"来表达"还是我救好"这个意思,此时使用还不太成熟,但是紧接着又对前一句进行自我纠正,说明儿童是理解这个词的。

(58) JBS:贴在胳膊上,看看我,这是不是八个呀。

CGE:是吗?

JBS:我这个更,我觉得有点小,<u>还是贴在身上吧</u>。(3;09)

JBS 一共产出 26 例"还是"。首次自主产出的句子是例（58），该句中儿童本来打算贴在胳膊上，但限于"有点小"这一客观条件，最后勉强决定"贴在身上"。"还是"的使用反映了儿童较高的语言和认知能力，需要儿童衡量多个可能情况，同时要考虑听话人的立场，使用适切的语气。例（58）虽为首现，但使用已经比较成熟。

被试儿童 SYY 没有产出"还是"。

（十三）没准儿

表示认识情态之盖然，说话者对命题或事件进行不太确定的推测。三名儿童中只有 SYY 习得了该词，另外两名儿童没有产出。SYY 习得的语例如下：

（59）SYH：那怎么没有气了，谁给你弄的呀？
　　　SYY：我出去玩去，<u>没准儿</u>扎带了。（2;06）
（60）SYY：是什么咬的？
　　　SYY：<u>没准儿</u>是蚂蚁咬的。（2;10）
（61）GCY：它这轱辘怎么啦？
　　　SYY：坏了<u>没准儿</u>。（2;10）

到 4;06 岁，SYY 共产出"没准儿"36 次。首次自主产出年龄为 2;06 岁，见例（59）。该句中儿童对小车车胎没气的原因进行推测，认为可能是自己出去玩的时候把车胎扎了。该句中"没准儿"的使用符合语境。2;07 到 3;06 岁，儿童产出了较多的"没准儿"，在语境中意义也很准确，同时儿童也会将"没准儿"放在句子最后，表达附加的推测，如例（61）。3;07 岁以后，产出量慢慢减少，但是产出量较稳定。

（十四）倒是

表示认识情态之必然，与某种预期相反，含有缓和、让步或催促的意思。三名儿童中只有 JBS 产出了 2 例，另外两名儿童没有产出。JBS 习得的"倒是"主要表示让步、缓和，产出语例如下：

（62）JBS：这里面好多彩笔呢。

ZXN：对呀。

ZXN：有水吗？

JBS：有，<u>倒是</u>。

ZXN：那你就能把小兔子的手画上了。（4;06）

根据例（62），把小兔子的手画上需要很多条件，如至少画笔里面要有水。通过上下文可以看出，儿童想把小兔子的手画上，大人觉得画笔里有水就可以做到，但儿童觉得即使满足了画笔有水这个条件也不能达到这个目的，所以使用了"倒是"，含有让步、缓和的语意，意思是退一步讲就算是画笔有水，也不一定能画上。语境还是很适切的，不过儿童产出量太低。

（十五）差点儿

表示认识情态之盖然，指某种情况接近实现或勉强实现。如果是说话人不希望实现的事情，说"差点儿"和"差点儿没"都是指情况接近实现而没有实现。如果是说话人希望发生的事情，"差点儿"是惋惜未能实现，"差点儿没"是庆幸它终于勉强实现了。被试儿童 SYY 和 JBS 已产出该词，语例如下：

（63）SYH：怎么了？

SYY：<u>差点儿</u>摔着。（2;06）

SYY 共产出 3 例"差点儿"。例（63）是首次自主产出，语义正确，语境适切。SYY 没有产出"差点儿没"，也没有产出后面为希望发生或不希望发生的事情的例句。

（64）JBS：没摔。

ZLZ：差点儿。

JBS：<u>差点儿</u>没摔。（2;05）

（65）JBS：嗯，玩过呀，刚<u>差点儿</u>摔了，你知道吗？（4;04）

JBS 共产出 7 例"差点儿",首次产出如例(64),该例为"差点儿+没+不希望发生的事",表示庆幸没有实现。例(65)是"差点儿+不希望发生的事",与例(64)意思一样。JBS 没有产出后接希望发生的事情的例子。

被试儿童 LXY 没有产出"差点儿"。

(十六)准是

表示认识情态之确信,表明说话人对命题或事件为真的推断。"准是"后接成分多为非谓词,因此"准是"也可以看作"准+是",其中"准"是情态动词,"是"则是谓词,也就是说"准是"归入"情态动词+谓词"和情态副词都是可以的。"准是"的情态用法只有一名儿童 SYY 习得,见下例:

(66) SYH:拍的那球儿,也不谁给弄瘪了。

SYY:准是苏万成整的。(2;11)

SYY 共产出 2 例"准是",首次产出是在 2;11 岁,在例(66)中,儿童和成人在说球儿是谁弄瘪的,儿童使用"准是"表达自己对"苏万成整的"这个命题必然性的肯定,该例的使用意义明确,符合语境。

4.3.2 单音节情态副词的习得

本节主要考察三名儿童三个单音节情态副词的习得状况,三个单音节情态副词是"倒、真、可"。

(一)倒

表示确信,说话人对事件持肯定态度,但含有催促的意味,有时也表示出乎意料,或责怪、让步。表催促时属于道义情态,其他意义属于认识情态。从儿童习得情况看,只有一名儿童 SYY 产出了 1 例,是道义情态用法,如下:

(67) ZSF:给你鼓掌,唱啊,鼓掌呢。你说我们家谁这样?

SYY:你倒鼓啊,你不给吧,不给就 xx 呢,你干吗呢?(2;02)

从此句的上下文来看，儿童使用"倒"来表达对成人未鼓掌有些许不满和催促，语境基本适切，意义也基本明确。

（二）真

"确实、的确"的意思，表示认识情态之必然，说话者对命题或事件为真持肯定态度。三名儿童均有产出，语例见下：

（68）LZR：孔雀美丽吗？
　　　LXY：真美丽。（1;07）
（69）HXT：小熊会踢皮球吗？会啊？会给妈妈踢一个。
　　　LXY：真好玩。（2;00）
（70）LXY：小恐龙真要爬啦。（2;07）

LXY共产出42个"真"，第一次自主产出为例（68），儿童把"真"用于形容词前表达对某事物的性质的肯定，产出时间较早，但该句类似于儿歌，而且接下来的产出都有这种特点，因此我们还不能认定LXY已经习得了"真"。直到2;00岁时，儿童产出例句（69），用于加强对事件特征的肯定，表示"的确好玩"，此时该词的产出较稳定，语境也适切，可以认定2;00岁的LXY已习得"真"的情态义。从第一次自主产出直至4;06岁，各年龄段均有产出，与例（69）相似，主要是用于形容词和动词前肯定事件的特征。我们发现，到了2;07岁儿童产出了"真"用在情态动词前面表示强化推断的用例，见例（70），虽然此类用例不多，但儿童的表达语义清晰，说明儿童可以用情态副词对情态值进行调节。

（71）GCY：嗯，瞅瞅去，瞅瞅大娃娃晒太阳没有，晒了没有啊？
　　　SYY：真热乎。（1;11）
（72）GCY：你拉得动他们仨？
　　　SYY：我拉得动。
　　　GCY：啊。
　　　SYY：真拉得动。（2;03）

（73）SYH：谁抢不着了？

　　　　SYY：哎？真舔不着，它就吃了。（2;06）

SYY 共产出了 103 例"真"，数量还是很多的。首次自主产出年龄为 1;11 岁，见例（71），"真"用在形容词前表达对事物性质或状态的肯定态度，接下来直到 4;06 岁，各年龄段的产出都较稳定，主要都是用于形容词和动词前肯定事物的性质或状态。另外，SYY 在 2;03 岁和 2;06 岁分别产出了 2 例"真"加情态动补构式的语例，见例（72）（73），情态动补构式已经具备量级，加"真"之后就对原有的量级起到调节作用。

（74）ZLZ：嗨呀，真的打开了。

　　　　JBS：典典真厉害。（1;10）

（75）JBS：没有饭了，真没有了。（2;08）

JBS 共产出了 152 例"真"，数量也很多。首次自主产出年龄为 1;10 岁，见例（74），"真"也是用在形容词前面表达对事物性质或状态的肯定态度。直到 4;06 岁各年龄段的产出都较稳定，基本上用在形容词或动词前表肯定或确信。

（三）可

表示认识情态之必然，常用于否定句中表达说话者加强对某否定性命题或事件的确定态度。三名儿童均有产出。

（76）LZR：让它们打架吧，你自己来让它们打架。

　　　　LZR：你干什么呢，你干什么呢？

　　　　LXY：这可不是。

　　　　LZR：那个是什么，那个是什么？（2;06）

（77）LXY：这个翼龙可不会飞，他妈妈教他飞。

　　　　ZFA：你那鸡蛋羹不吃啦？还那么多呢。（2;11）

（78）LZR：叔叔待会儿和你玩，好吧？

LXY：待会儿可不行。(3;02)
（79）LXY：你不信？它可就是真的。(3;08)
（80）LXY：嗯，我可吃不下了。(4;03)

LXY 共产出 20 例"可"，首次自主产出年龄为 2;06 岁，见例（76），该句表达对某事物判断结果的肯定态度。"可"从首次自主产出起各年龄段都有产出，产出语例中包括后接动力情态词［例（77）］、认识情态词［例（79）］以及情态动补构式［例（80）］，可以看到"可"对情态成分的量级意义有所加强。

（81）SYH：小鸭子呀。
　　　SYY：这可不是。
　　　SYH：那是小什么？
　　　SYY：小狗熊。(2;04)
（82）SYY：这里有钱，你可别动这个啊。这个可有可多钱了你可别动啊。(3;10)

SYY 共产出 18 例"可"，首次自主产出年龄为 2;04 岁，见例（81）。首次自主产出例句中，儿童表达自己对"不是小鸭子"这一判断的强烈肯定态度，并在之后补充这是小狗熊，说明儿童对该语境有很好的理解，儿童此时已习得该词。首次自主产出后各年龄段均有产出。在此期间我们发现一个很有意思的例子，即例（82），儿童在一句话中连续使用了四个"可"，其中有一个是因为语意急促而误用的，"可有可多钱了"就是"可有钱了"，不过误用的情况告诉我们儿童是用"可"强化"有钱、有很多钱"，该例涉及"可"的多个含义而儿童却能正确使用，说明儿童已经掌握了"可"的情态用法。

（83）XWE：你去了吗？
　　　JBS：我可没去。(3;01)

JBS 共产出"可"59 例，首次自主产出年龄为 3;01 岁，见例（83）。首次自主产出的语例中，儿童强烈确定"没去"这件事。

## 4.4 情态副词的习得特征

根据上一节对 LXY、SYY 和 JBS 情态副词习得情况的详细描写，我们对三名儿童情态副词习得的总体情况进行总结。首先，通过图表对情态副词的习得进行量化。

表 4-2　儿童情态副词习得基本数据表

| 情态副词 | | | | LXY | | SYY | | JBS | |
|---|---|---|---|---|---|---|---|---|---|
| | | | | 始现时 | 产出量 | 始现时 | 产出量 | 始现时 | 产出量 |
| 双音节和三音节 | 认识情态 | 可能 | 好像 | 2;06 | 7 | 2;09 | 3 | 3;03 | 8 |
| | | | 没准儿 | — | 0 | 2;06 | 36 | — | 0 |
| | | 盖然 | 差不多 | 2;10 | 1 | — | 0 | — | 0 |
| | | | 差点儿 | — | 0 | 2;06 | 3 | 2;05 | 7 |
| | | 必然 | 肯定 | 2;10 | 14 | 3;11 | 1 | 3;01 | 14 |
| | | | 真的 | 2;06 | 6 | 3;05 | 5 | 1;10 | 32 |
| | | | 当然 | 2;08 | 14 | 3;10 | 2 | 2;05 | 16 |
| | | | 准是 | — | 0 | 2;11 | 2 | — | 0 |
| | | | 原来 | 2;07 | 4 | 3;11 | 2 | 4;03 | 3 |
| | | | 其实 | 2;08 | 5 | — | 0 | 3;04 | 4 |
| | | | 反正 | 3;08 | 3 | 3;00 | 0 | 3;11 | 7 |
| | | | 倒是 | — | 0 | — | 0 | 4;06 | 2 |
| | 道义情态 | 盖然 | 还是 | 2;10 | 12 | — | 0 | 3;09 | 26 |

续表

| 情态副词 | | | | LXY | | SYY | | JBS | |
|---|---|---|---|---|---|---|---|---|---|
| | | | | 始现时 | 产出量 | 始现时 | 产出量 | 始现时 | 产出量 |
| 双音节和三音节 | 道义情态 | 必然 | 非得 | 3;10 | 3 | 2;08 | 12 | 3;08 | 1 |
| | | | 只好 | 2;11 | 7 | — | 0 | 3;07 | 1 |
| | | | 必须 | 4;00 | 6 | — | 0 | 3;10 | 4 |
| 单音节 | 认识情态 | 必然 | 真 | 2;00 | 42 | 1;11 | 103 | 1;10 | 152 |
| | | | 可 | 2;06 | 20 | 2;04 | 18 | 3;01 | 59 |
| | 道义情态 | 必然 | 倒 | — | 0 | 2;02 | 1 | — | 0 |

根据表4-2的基本数据，我们可以看到儿童对情态副词的习得是不完整的，与前文表2-4中现代汉语情态副词总数相比，只习得了其中的12%，可见情态副词的习得过程很漫长，直到4;06岁还只是习得总表中的一小部分。就已经习得的情态副词来看，单音节情态副词的产出时间整体上比双音节情态副词更早一些。另外，三名儿童习得的情态副词绝大部分是认识情态副词，道义情态副词只有五个（"倒、还是、必须、只好、非得"），而且并非每名儿童都全部习得，如"没准儿""准是""倒是""差不多""倒"都各只有一名儿童有产出，"差点儿""其实""还是""只好""必须"都各有一名儿童没有产出。

考虑到音节特征对儿童情态副词习得的影响，我们主要观察双音节和三音节情态副词的习得，并从情态类型和情态量级两个方面探究儿童情态副词的习得特征。

从情态副词的情态语义类型习得方面看，三名儿童的习得没有明显的时序特征，没有如情态动词习得那样整体上呈现出从根情态（这里主要指道义情态）到认识情态的时序特征，有的儿童道义情态词在语料收集截止期内还没有产出，但认识情态词反而习得了，被试儿童SYY的习得特征又与情态动词大致相同。我们基于表 4-2 的数据用折线图更直观地展示这种情况，见图 4-1。图 4-1 所确定的习得时间是各情态词的平均习得时间，用月份表示，图 4-1 所展示的习得情况说明在情态副词的习得中儿童对情态语义类型的习得不敏感。

情态语义量级的习得特征主要考察双音节和三音节认识情态副词的习得。从 12 个双音节和三音节认识情态副词的习得情况看，尽管每个量级中的词语习得年龄有一定的差异，但三名儿童的习得时序还是有一定规律的，能够得出发展顺序由可能性到必然性的结论。需要说明的是：表可能性的认识情态副词只有一个"好像"，使用该词时不需要对预期和前境回应等具有交互主观性的功能进行考量，因而儿童习得较早，如果与有多个成员的盖然性和必然性两个语义量级进行比较，则不那么均衡，因此这种比较意义可能不大，所以，我们可以考虑把"好像"与盖然性词语合并，统称为可能性。如果这样处理，我们可以看到 SYY 和 JBS 两名儿童从可能性到必然性这一发展特征比较清晰，表现为必然性量级的习得都相对较晚，不过 LXY 的这一发展特征不清晰，表现为盖然性量级和必然性量级的产出时间相差不太大，见图 4-2。不过如果我们按上述说明把可能性与表较大可能性的盖然性合并的话，那么从可能性到必然性这一语义量级的发展特征又是清晰的，并且三名儿童皆如此，见图 4-3。

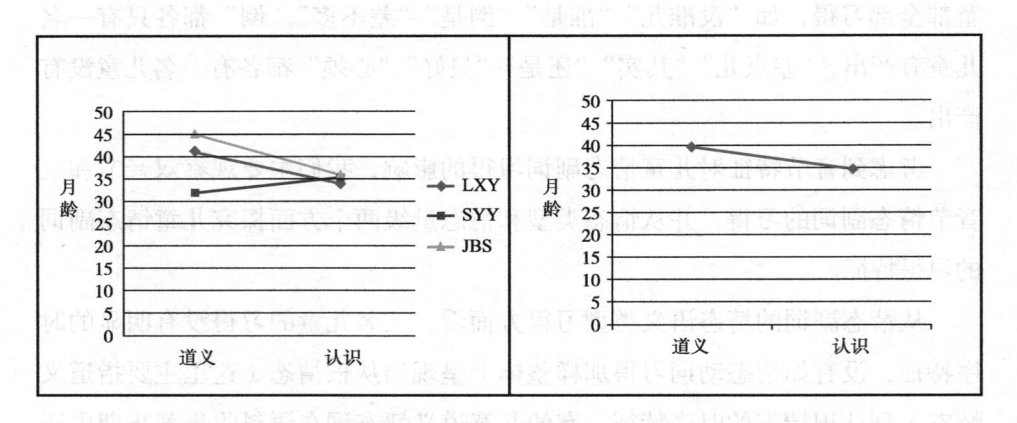

图 4-1　三名儿童情态副词语义类型发展趋势（左分别，右平均）

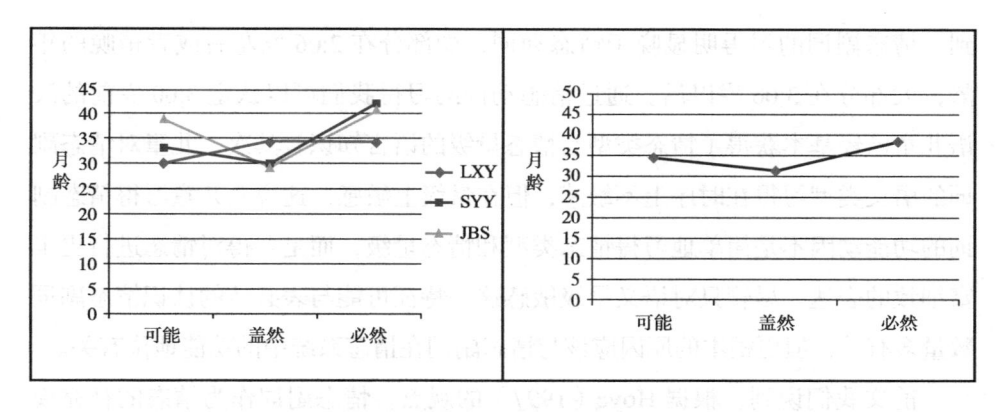

图 4-2　三名儿童情态副词语义量级发展趋势（左分别，右平均）

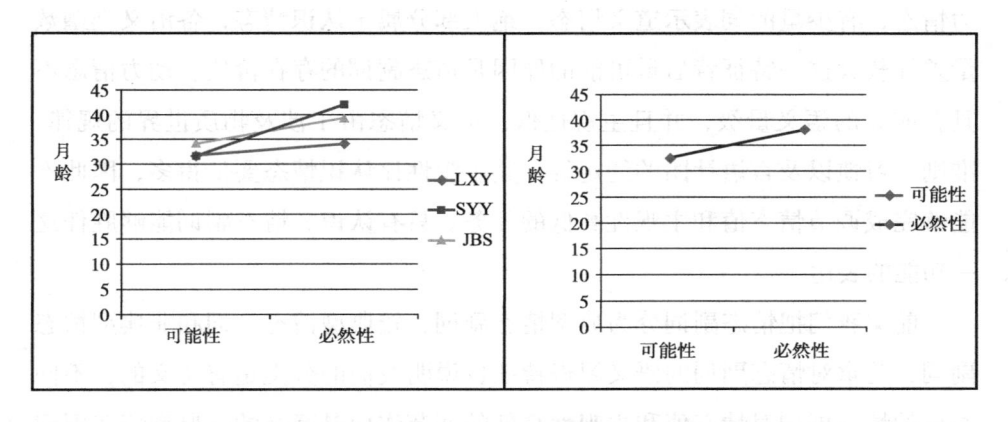

图 4-3　儿童情态副词从可能（推测）到必然（确信）的发展趋势（左分别，右平均）

## 4.5　儿童习得情态副词的意义

情态副词的习得特征中有两点需要注意：一是产出的认识情态副词占绝大多数；二是在情态量级上必然性晚于可能性习得。

本书第二章曾对情态副词在情态系统中的功能地位进行论述，认为情态副词不同于情态动词，其主要功能不在于表达情态类型和情态量级，而在于对情态量级进行补充和细化，儿童情态副词的习得特征支持上述观点。

首先，通过与情态动词尤其是单音节情态动词的习得进行比较我们可以看到，情态副词的习得明显晚于情态动词，少部分在 2;06 岁左右或者稍晚的年龄，大部分在 3;00 岁以后。通过情态动词的习得我们可以认定 3;00 岁前的汉语儿童已经基本获得了情态类型与情态量级的语言知识。其次，儿童对情态副词的语义类型习得在时序上不敏感，但在量级上敏感，这说明儿童习得情态副词的功能动因不是简单地习得情态类型和情态量级，而是习得对情态进行更丰富细致的表达。尽管只对语义量级敏感这一特征可能与表必然的认识情态副词数量多有关，但更根本的原因应该与情态副词在情态系统中的功能地位有关。

前文我们说到，根据 Hoye（1997）的观点，情态副词作为情态的补充模式，在语篇中可以调节情态值和主观性高低。情态副词的语义类型中没有动力情态，有少量的词表示道义情态，绝大部分属于认识情态，各语义类型数量差异较大这一特征背后最可能的原因是情态副词的存在价值。动力情态不具备明显的语义量级，并且主观性低，道义情态由于涉及物质世界的规律、准则、习惯以及言语社团的约定等，其主观性比认识情态要低得多，因此不能够完成调节情态值和主观性高低的任务。只有认识义情态副词能够胜任这一功能的表达。

前文我们把情态副词分为典型情态副词、较典型情态副词和非典型情态副词，儿童对情态副词的语义习得特征也说明我们的分类是有意义的，不同类型的情态副词对情态值和主观性高低的调节作用是互补的，典型情态副词更倾向于对情态量级进行细化，而非典型情态副词以及很多较典型情态副词倾向于对情态量级进行补充。

就儿童已经习得的为数不多的情态副词看，儿童对情态副词所体现的功能特征是敏感的，即以情态的补充模式来习得情态副词：一是儿童对这类副词的语义类型不敏感，但对情态量级敏感，表现出从可能到必然的习得趋势；二是儿童对典型情态副词和含一定语气属性的非典型情态词都有习得，他们使用情态副词来调节情态值和主观性的高低，如前文提到的两个例句：

（84）HTX：累吗？

LXY：<u>当然会</u>累，穿小鞋呀！（2;08）（情态值调节）

（85）JBS：我的妈呀，桃子，我以为桃子在哪儿呢，原来在这儿啊。
DYI：桃子摆在这儿是吧？你还以为丢了。(4;03)（情态补充，增加主观性）

这说明儿童在 3;00 岁后就开始显现一定的语用能力并对人际功能有所理解。

当然，作为词汇习得，儿童情态副词的习得特征与成人输入、使用频率、词语的音节特征和语体属性，以及词语的语义难度、儿童的认知水平都可能有关系。但这些问题暂时不是我们最关心的，所以这里不再进行相关考察，我们关心的是情态副词的习得特征最可能的功能动因是什么。

从整体上看，儿童对情态副词的习得大都晚于情态动词和情态助词的习得，通过情态动词和情态助词的习得，儿童建立了情态类型及情态量级这些情态语义的基本框架，在此基础上逐渐习得情态副词，对情态值进行调节，并增强语句的主观性。儿童情态副词的习得特征与前文我们对情态副词功能地位的论述是吻合的。

# 第五章　早期儿童情态助词的习得

## 5.1 研究背景与研究目标

已有的儿童情态习得研究成果大多是以情态动词为对象,很少关注处于句子外部尤其是处在句末的情态表达成分,这使我们很难观察儿童早期情态系统发展的全貌。鉴于此,本章将全面考察现代汉语情态助词的情态意义,并在此基础上通过对比情态助词习得与VP前情态动词、情态副词以及VP后情态动补构式这些情态表达手段习得,了解情态助词表达在整体情态系统习得中的地位。

情态作为人类普遍共有的语义范畴,有一些表达手段是相通的,如情态动词和情态副词,但也有一些不同的表达手段。现代汉语是有情态助词的语言,传统上所说的句末语气助词总体来说是表达语气的,包括通常所说的陈述、疑问、祈使、感叹,等等。不过,语气与情态很多时候难以区分,原因在于两者都是句子的锁定成分,表达说话人对所说话语的主观态度、评价,只不过语气凸显主观情感,情态凸显主观评价。句末语气助词有时可以表达推测性疑问或肯定,如"是张三请咱们吃饭吗?""张三来了吧?"中的"吗、吧",因此包含了说话人对命题或事件是否为真的主观估测,我们可以把这类句末语气助词称为情态助词。比如在上文两个例句中,"吧"可以表达盖然性推测,"吗"可以表达可能性推测,另外,"嘛"和用在反问句中的"吗"可以加强必然性推断。这样看来,现代汉语的情态系统应该包括情态助词,那么考察儿童早期情态系统的发展也必须关注情态助词的习得。我们相信,研究汉语早期儿童情态助词的发展,能够帮助我们揭示儿童情态系统的整体发展特点,有助于深化现代汉语情态的本体研究和情态的类型学研究。

本章的主要目的是考察汉语早期儿童情态助词情态义的发展及特征。我们参考前人的研究（胡明扬，1988；贺阳，1992；吕叔湘，1999；齐沪扬，2002a，2002b，2002c；徐晶凝，2008）并基于儿童产出实际情况，在众多的句末语气助词中，选择了成人语言中使用频率较高、分布领域较广、能够表达较为确定情态意义的"吧、呢、吗、呗、嘛"五个词作为考察对象。我们将基于情态助词情态义的详尽考察来分析情态助词在儿童语言中的习得特征，并探讨情态助词习得在情态系统习得中的意义。

需要说明的是我们没有选择句末语气助词"啊"，尽管"啊"也具有一定的情态意义，但是在早期儿童语言中"啊"的出现频率特别高，功能多样，数量庞大，因而不容易梳理。在独词句之前就有大量的产出，有的是儿童随意的自言自语，有的则属于语调词，表示应答、祈使、惊讶、疑问等（王季，2018）。在独词句或双词句阶段之后，"啊"稳定出现在句中主语后面或句末，表达不同的语气，其中有些用法蕴含情态意义，但整体上情态意义不那么显著。

本章语料仍然为首都师范大学言语习得实验室普通话儿童动态发展语料库（CNU-MCLDDC）中三名北京话儿童LXY、SYY和JBS的自发语料，不过由于情态助词的产出量比较大，我们从每个月的语料中抽出间隔一次的两份进行考察。

## 5.2 情态助词的句法语义特征

以往对句末语气助词句法语义特征的分析与描写大多是从语气出发的。胡明扬（1988）、贺阳（1992）、齐沪扬（2002b）等从句类的角度描写了句末语气助词的意义系统，通过语气视角的研究可以看到句末语气助词语气意义系统的基本面貌，不过意义的概括尚显宽泛，因研究目标及视角因素对语气助词所蕴含的情态意义的描写当然也不够深入。

徐晶凝（2008）首次在话语情态框架内对句末语气助词的意义进行了全面细致的描写和概括，她结合句类描述了在陈述、疑问、祈使三类句子中

"吧、呢、啊、吗、呗、嘛、不成、来着、罢了"几个句末语气助词的意义。这是从情态视角对汉语句末语气助词情态意义的自觉研究,也是我们特别看重的一项研究,其对句末语气助词的分析与描写为我们进行儿童句末情态表达成分的研究提供了较好的范本,我们用表5-1展示徐晶凝(2008:79—80)对句末语气助词情态意义的描写。

表 5-1　句末语气助词的句法语义特征(徐晶凝,2008)

| 句类 | 情态意义 | 句末情态词 | 例句 |
|---|---|---|---|
| 陈述 | 推量 | 吧 | 这大概就是幸福吧。 |
| | 点明 | 呢 | 别开玩笑,跟你说正经的呢。 |
| | 求应 | 啊 | 我妈也比她强啊,起码不像她不懂装懂。 |
| | 论理 | 嘛 | 我说过嘛,她是个热情洋溢的姑娘。 |
| | 弃责 | 呗 | 无非是要把小闺女打扮像个兵呗! |
| | 轻说 | 罢了 | 只是找不到合意的爱人罢了。 |
| 疑问 | 询问 | 吗 | 你今天会来吗? |
| | 探究 | 呢 | 他会不会感到某种失落呢? |
| | 推量 | 吧 | 你看过气功表演吧,司马灵? |
| | 促答 | 啊 | 哟,你们喝的什么酒啊? |
| | 反问 | 不成 | 难道再重新开始不成? |
| | 提忆 | 来着 | 你叫什么来着? |
| 祈使 | 商量 | 吧 | 你请我到哪儿吃一顿吧。 |
| | 劝求 | 嘛 | 再去找一个嘛。 |
| | 催促 | 啊 | 你别没完啊。 |
| | 弃责 | 呗 | 那您就想想办法呗。 |

不过,本研究把情态和语气看作界限不十分清晰的连续统,而不是把表达主观态度、评价和情感的义项照单全收,因此本书句末语气助词情态意义分析不完全依据徐晶凝的分析,在名称上,我们也认为使用情态助词更好。

《八百词》对我们所选定的五个情态助词的情态意义和句类适应情况也有分析，我们总结出来，用表5-2展示如下：

表5-2 《八百词》中五个情态助词的情态意义 ①

| | 陈述句 | 疑问句 | 祈使句 |
|---|---|---|---|
| 吧 | 同意（好/行/可以-） | 揣测 | 命令、请求、催促、建议 |
| | 没关系，不要紧（v就v-） | | |
| 呢 | 指明事实，略带夸张（可adj/还v/才v-） | 表疑问（是非问句以外的问句） | |
| | 持续（叙述句末） | | |
| 吗 | | 表疑问（是非问句末） | |
| | | 质问、责备（反问句末） | |
| 嘛 | 事实本应如此，理由显而易见 | | 期望、劝阻 |
| 呗 | 道理简单，无须多说 | | |
| | 没关系，不要紧（v就v-） | | |

通过表5-2我们可以看出《八百词》对五个情态助词句法语义特征的描写是比较详尽的，但是对某些情态助词的意义概括没能说清楚句中其他成分的作用，如用在"好、行、可以"后面的"吧"表示"同意"，这个意义显然是由前面的词语决定的，这些"吧"实际上表达一种委婉的确认义。

徐晶凝（2008）在原型范畴理论和主观化理论框架内对"呢""吧""嘛""呗"的情态意义做了分析，认为每个词都有原型意义、对语句内容的态度和对交际身份的主观处置。比如"吧"的原型意义是"弱传信式推量和交由听话人确认"，从说话人对语句内容的态度方面表达"对命题或说话人的意愿做出的推量"，从交际身份的主观处置方面则"明确将决定权主动交由听话人"（徐晶凝，2008：211）。

---

① 书中还提到了出现在句中的语气助词的用法和意义，由于本文的研究对象是情态助词，在表中没有列出。

我们同意胡明扬（1988）提出的方法，情态助词的意义应该结合语境来判定。这样我们结合语境排除了五个情态助词所处句子中其他情态表达手段的影响，确定了这五个情态助词表达的基本情态义项，同时认为情态助词所表达的情态意义属于外部情态范畴，针对的是整个句子，与上下文有呼应，甚至含有言外之意。比如"你来我这儿吧""快点儿走吧"，含道义情态，虽是祈使，但却不是命令，照顾受话人的面子，语气很委婉，如果换成"你来我这儿""快点儿走"，也表达祈使，但除非受话人是晚辈或者社会地位低于言者，否则就会显得态度生硬，让受话人很没有面子。

各词的情态意义我们仍用表格展示，见表 5-3：

表 5-3　五个情态助词情态义的句法语义特征

| | 意义 | 例句 | 句类或句型分布 | 情态类型 | 情态量级 |
|---|---|---|---|---|---|
| 吧 | 测度求证 | 你们是第一次见面吧？ | 疑问句 | 认识情态 | 盖然性 |
| | 宣告意愿 | 好吧，就这样吧。 | 陈述句 | 道义情态 | 盖然性 |
| | 劝解许可 | 来就来吧。 | "X 就 X"句 | 道义情态 | 盖然性 |
| | 请求建议 | 快点儿走吧。 | 祈使句 | 道义情态 | 盖然性 |
| 呢 | 反问不认可 | 怎么才来呢？ | 反问句 | 道义情态 | 盖然性 |
| | 探究猜测 | 他有没有可能不来呢？ | 正反疑问句 | 认识情态 | 可能性 |
| | 点明确认（略有夸张、意外） | 他还会写小说呢。 | 陈述句 | 认识情态 | 必然性 |
| 吗 | 疑问求证 | 找我有事吗？ | 是非问句 | 认识情态 | 可能性 |
| | 反问确信（不满、责备） | 这不明摆着吗？ | 反问句 | 认识情态 | 必然性 |
| | 追问求证 | 你明天中午来，对吗？ | 追尾疑问句 | 认识情态 | 盖然性 |
| 嘛 | 论理确信 | 本来就是嘛。 | 陈述句 | 认识情态 | 必然性 |
| | 劝求建议 | 吃完饭再走嘛。 | 祈使句 | 道义情态 | 必然性 |
| 呗 | 确答、无须论辩 | 不懂怎么办？好好学呗。 | 陈述句 | 道义情态 | 必然性 |
| | 轻量、不在意 | 想走就走呗。 | "X 就 X"句 | 认识情态 | 必然性 |
| | 请求建议 | 那怎么办？卖了呗。 | 祈使句 | 道义情态 | 必然性 |

## 5.3 儿童情态助词的习得

### 5.3.1 始现产出和时序特征

怎样判定儿童对情态助词的情态义已经敏感了呢？我们仍根据前文的标准，即在排除重复性模仿的前提下，无论顺应性模仿还是自发产出，只要儿童在语境中适切地使用某情态助词并可辨识出情态义且有稳定的连续性产出，就认为儿童习得了某情态助词的某一情态义。

LXY 在 1;02 岁时就已经开始尝试在否定词"不"后使用"吧"，表达对不要做某事的请求，到 1;05 岁再次产出时语境已经比较适切了；在 1;09 岁时，首次自主产出"呢"表示点明确认，此后的每个月都有产出而且义项逐渐丰富；在 2;00 岁时自主产出"吗"，用在疑问句中表示猜测；表确信的"呗"和"嘛"首次自主产出时间分别是 2;00 岁和 3;01 岁，首次产出时的用法已经非常成熟。JBS 在 1;08 岁自主产出"吧"，表达对做某事的请求；在 2;01 岁首次自主产出"吗"，用于疑问句中表示探究猜测；在 1;10 岁时首次自主产出"呢"，表示点明确认；在 2;01 岁时首次自主产出"呗"，表示请求，但直到 2;06 岁才产出第二例，表确信；在 2;05 岁时首次自主产出"嘛"。SYY 的第一份语料是从 1;08 岁正式录制的，之前有该儿童 1;06 岁和 1;07 岁的零星记录，但不太完全。1;08 岁的语料显示该儿童已经自主产出情态助词"吧、呢、吗"，1;06 岁和 1;07 岁的零星记录里却没有情态助词的产出，所以，我们根据另外两名儿童的产出情况默认 SYY 三个情态助词的产出在 1;08 岁，之后这三个情态助词使用逐渐频繁而且用法也越来越丰富，这都说明 SYY 最晚在 1;08 岁时已经习得了"吧、呢、吗"三个情态助词，这和其他两名儿童的语料产出情况是基本一致的。1;10 岁时 SYY 首次自主并正确使用"呗"。SYY "嘛"的首次自主产出也是在 1;10 岁，但是该月只有 1 例产出而且在语境中很难断定儿童是否对该词已经敏感，再次自主产出是在 2;06 岁，从上下文的使用情况来看，儿童对"嘛"的理解是正确的，语境也很适切。

下面我们把三名儿童情态助词第一个情态义的最初产出时间及语例列出来，见表5-4：

表5-4 三名儿童情态助词第一个情态义的习得时间及用例

| 情态词 | 各词第一个义项的习得时间 | | | 最初用例举例 | |
|---|---|---|---|---|---|
| | LXY | SYY | JBS | | |
| 吧 | 1;05 | 1;08 | 1;08 | LXY：妈妈，走吧。<br>SYY：搁那儿去吧。<br>JBS：打开吧，这也打开。 | （请求建议 1;05）<br>（请求建议 1;08）<br>（请求建议 1;08） |
| 呢 | 1;09 | 1;08 | 1;10 | LXY：还有鼻子呢。<br>SYY：在那儿呢。<br>JBS：笔，笔，在这呢。 | （点明确认 1;09）<br>（点明确认 1;08）<br>（点明确认 1;10） |
| 吗 | 2;00 | 1;08 | 2;01 | LXY：气球可以飞吗？<br>SYY：粘这儿好吗？<br>JBS：姐姐好看吗？ | （疑问求证 2;00）<br>（疑问求证 1;08）<br>（疑问求证 2;01） |
| 呗 | 2;00 | 1;10 | 2;01 | LXY：叫妈妈抱呗。<br>SYY：打架喽呗。<br>JBS：穿这个，这个，穿呗。 | （确答 2;00）<br>（确答 1;10）<br>（请求建议 2;01） |
| 嘛 | 3;01 | 2;06 | 2;05 | LXY：你唱嘛。<br>SYY：你穿嘛，你也穿。<br>JBS：你站着嘛。 | （劝求建议 3;01）<br>（劝求建议 2;06）<br>（劝求建议 2;05） |

严格来说，我们只能确定 SYY 在 1;08 岁前已经习得了语气助词"吧、呢、吗"，由于没有 SYY 更早的语料来验证，所以我们还不能确定这三个情态助词的确切习得时间。所以，我们只看 LXY 和 JBS 两名儿童情态助词的习得时间。通过表5-4可以看到两名儿童最初产出五个情态助词的情态义项和绝对时间不同，但五个情态助词的习得顺序几乎完全一致，如下：

LXY：吧（请求）＞呢（确认）＞吗（求证）＝呗（确答）＞嘛（请求）

JBS：吧（请求）＞呢（确认）＞吗（求证）＝呗（确答）＞嘛（请求）

我们可以看到，儿童情态助词最初产出时间非常早，在 1;08 岁就已产出，LXY 的道义情态"吧"甚至在 1;05 岁就已产出。从情态类型的习得看，LXY 和 JBS 情态助词的根情态习得时间都早于情态动词。这一特征值得注意，我们在下文中将会探讨情态助词更早习得的原因。

### 5.3.2 情态助词各情态义项的发展

根据表 5-3 我们知道五个情态助词都是多义的，表 5-4 提到情态助词的始现产出只给出了儿童最早习得的单一义项。本节将分别考察每个多义情态助词的儿童习得情况。从语言习得的角度看，情态助词的众多义项需要调动的认知资源是有差别的，儿童不可能同时习得，他们总是先习得比较简单的义项，然后习得另外一些认知解读更复杂的、需要一些句法语义接口知识才能正确使用的义项，也就是说，随着认知的发展儿童掌握的义项会越来越丰富。下面我们依次考察五个情态助词各义项习得的时序特征。

#### 5.3.2.1 "吧"的义项发展

"吧"有四个基本义项：在陈述句末尾表示"宣告意愿"，出现在"X 就 X"句后表示"劝解许可"，出现在疑问句末尾表示"测度求证"，出现在祈使句末尾表示"请求建议"。

（一）请求建议

如前所述，被试儿童 LXY 在 1;05 岁时就产出了 1 例能完成交际功能而且语义清晰的"走吧"，"吧"用在祈使句末尾，表示请求建议。JBS 在 1;08 岁时也自如地产出了"吧"的这一义项。两名儿童最初产出的句子，结构较为简单，"吧"直接加在动词后表示请求对方做某事。主语多是"己方"，而且通常是隐含的。如：

（1）LXY：妈妈，走<u>吧</u>。（1;05）

（2）JBS：走<u>吧</u>。（1;08）

1;11 岁后两名儿童产出的句子结构逐渐复杂，能够以听话方做主语或隐含主语来表达建议、许可，认为对方在道义上应该这样做，如：

    （3）LXY：你铺这床吧。（2;02）
    （4）JBS：叔叔让我推吧。（2;01）

  可以看出，无论是以己方为主语的"请求"还是以对方为主语的"建议"，都涉及儿童对句子主语代表的人是否有必要、有义务施行动作行为的看法，这种看法是不确定的。儿童的主观意志或者客观条件、现实规约等的要求和许可是命题的力量来源，但是命题最终是否成真还是要由听话人确认。这种情态意义属于道义情态，语义量级则是盖然性。

  SYY 在 1;08 岁时也已经掌握了这一意义，如：

    （5）SYY：搁那儿去吧。（SYY 发现玩具坏了。）（1;08）
    （6）GCY：扎那边儿去，这边儿够不着。
       SYY：扎这儿，扎这儿吧。（1;10）

但因为没有 SYY 更小年龄的语料，我们还不能认定该儿童 1;08 岁的产出是最早的。

（二）宣告意愿

  儿童掌握"吧"的第二个义项是在陈述句末尾表示"宣告意愿"。SYY 在 1;11 岁时产出了这个义项，用以表达自己的意愿，如：

    （7）GCY：你说说搁哪儿？
       SYY：搁这里吧。（1;11）

  LXY 在 1;05 岁时产出了 1 例用在应答性"好"的后面的"吧"，根据上下文，这里的"吧"是对自己态度的宣告，表示自己愿意这样做，即"宣告意愿",但是产出该用例后几乎半年的时间里儿童都没有后续产出,一直到 2;00 岁才再次并以较高的频率产出这一义项,所以我们认为 LXY 习得"宣告意愿"的时间应该是 2;00 岁。

(8) HXT:放桶里。唉,对了,放进去。
    LXY:好吧。(1;05)
(9) HXT:不穿裤子多丑啊,穿上裤子来找一找。
    LXY:不穿裤子吧。(2;00)
(10) LXY:拿这个吧。(2;00)

JBS 也是在 1;10 岁时开始使用"吧"表达意愿,但语境不适切,到 1;11 岁时习得这一用法。如:

(11) JBS:好了,给它吧,没啦。(1;11)
(12) JBS:送给你吧。(2;00)

我们看到,陈述句末尾的"吧"在表达儿童自己意愿的同时,还表现出一种委婉的态度,口气变得委婉不生硬,增加了与听话人商榷的空间,体现出了儿童对交际策略中礼貌原则的敏感。这个情态义项属于道义情态,语义量级属于盖然性。

(三)测度求证

儿童习得"吧"的第三个义项是在疑问句或有疑问语气的陈述句末尾表示"测度求证"。LXY、SYY 和 JBS 分别在 1;08 岁、2;01 岁和 2;01 岁习得了这一义项,如:

(13) HXT:那是谁啊?
    LXY:小兔子吧。(1;08)

（14）SYY：嗯，我的吧？（2;01）

（15）JBS：困了吧？困了就睡觉。（2;01）

可以看出儿童对这一情态意义的掌握从一开始就是比较成熟的。儿童在求证之前已经对命题信息或者事件发生的可能性有了一定的心理预期，但是对预期是否符合真实的情况并不确定，也就是说儿童的预期可能是不太确定的疑问猜测，也可能是比较确定的陈述断言。这种不确定性在疑问句中一般希望听话人能够给予确认或证实，即成为一种求证的行为。这一情态义项属于认识情态，语义量级是盖然性。

（四）劝解许可

"吧"的第四个情态义项是用在"X就X"句之后，表达对命题信息的许可和不在意，认为命题信息"轻量，没关系"，有一种劝解的意味，属于道义情态之盖然。考察发现，被试儿童LXY没有产出这一意义，也就是说，在4;06岁之前还没有习得这一义项；SYY在3;02岁时产出1例"X就X"句的用法（"揍我就揍我吧"），但此后再没有相关产出；JBS也没有产出这个义项。

"X就X吧"实际上是一个由条件复句"如果X，就X吧"紧缩而成的构式，涉及抽象的逻辑关系和一系列紧缩处理的句法规则，理解或使用这一结构需要句法知识和逻辑推理，认知负担比其他义项要更大一些，因此，儿童这一义项发展缓慢或者在很长一段时间内没有习得也是符合早期儿童的认知水平的。

综合"吧"的习得情况，我们认为"吧"在总体上表达的是一种委婉的主观态度，表明说话人对命题信息的态度是不确定的，需要听话人参与进来做出确认。所以，使用"吧"的前提是说话人对命题信息的不确定态度，如果对这一点把握不好，就容易产生偏误。儿童在使用"吧"时产生的偏误多是在对命题信息持确定态度的情况下，误用了表示"不确定"的"吧"，如：

（16）SYY：别动我那个！

　　　SYH：为什么呀？

　　　SYY：我还有用吧。（2;05）

（17）ZLZ：典典真厉害。

　　　JBS：真厉害吧。（1;10）

（16）中 SYY 先是对爸爸发出了一个祈使，然后对发出这一祈使的缘由做出解释，从语境中可以看出 SYY 对命题的态度是确定的，这时儿童用"吧"就属误用。（17）中的副词"真"表达的是"实在、的确"的意思，用来强化肯定的态度，表示对命题信息的态度是确定的，因此后面不能再用表示不确定的"吧"。语言中表达情态的手段是丰富多样的，在具体话语中有时只出现一种手段，有时需要多种手段相互配合。如果同时使用各种表达手段，则需要协调不同情态标记的意义，这在认知上给儿童提出了更高的要求，需要儿童对这些手段各自表达的情态意义都有所掌握，否则可能会出现情态标记使用时自相矛盾的情况，继而出现误用。

总的来看，儿童情态助词"吧"的情态义项主要是从祈使句中表示道义情态的"请求建议"向疑问句中表示认识情态的"测度求证"发展，出现在陈述句固定结构"X 就 X 吧"中表示认识情态的"劝解许可"习得最晚。另外，"吧"的各义项都表达说话人不能完全确信的主观推测，因此不存在语义量级发展特征问题。

5.3.2.2 "呢"的义项发展

情态助词"呢"有三个基本义项：在陈述句的末尾表示"点明确认"，并且略有夸张、意外的含义；在疑问句（正反疑问句）的末尾一般表示"探究猜测"；在反问句的末尾表示"反问不认可"，含有"不满"的意思。"呢"不能用在祈使句中。

（一）探究猜测

需要注意的是，不是所有疑问句末尾的"呢"都表示猜测，很多这样的"呢"表示单纯的疑问，如"张三做什么呢"中的"呢"，因此需要从句末语气助词中辨析具有情态义的义项及句法特征。

三名儿童虽然在 1;06—1;08 岁产出了疑问句末尾的"呢",但并不表示"探究猜测",而是单纯的疑问,没有情态意义。如:

(18) LXY: 叔叔阿姨呢?(1;07)
(19) SYY: 表呢?(1;08)
(20) JBS: 爸爸呢?(1;05)

"呢"表示"探究猜测"时答案需要在句子中,句中往往含有正反两种情况并对其中的一种进行猜测,如"老师是不是在教室里呢""他会不会不来呢",这种正反疑问句整体上倾向于探究猜测正反对举词后面所述情况的可能性,是对可能性的探究,回答可以是"V"也可以是"不V"。儿童在 3;06 岁前还没有真正习得"呢"的"探究猜测"义。只有被试儿童 LXY 在 2;08 岁时出现一例正反疑问句,含有"探究猜测"义,如:

(21) LXY: 飞机是不是在那里呢?(2;08)

不过 LXY 和 SYY 在 2;06 岁及以后出现了"呢"用在疑问句中表示假设的用例,儿童询问听话人自己的假设成立时会不会出现成人所要求的情况,如:

(22) SYH: 你听话爸领你玩去。
　　　SYY: 我(要是)不听话呢?(2;06)
(23) HXT: 它太小了,不会游。
　　　LXY: 变大了以后呢?(3;03)

上述产出说明儿童从认知上可以从眼前的事物延伸至未发生的可能世界中,对假设的某种条件下是否可能产生的情况进行探究,"呢"的探究义项仿佛呼之欲出。

"呢"在疑问句中一般表示对命题信息的猜测、假设等，有不太确定的探究意味，属于认识情态之可能。儿童产出的"探究猜测"用法的"呢"，虽然零星且不是标准格式，但从习得上看已经现出萌芽。

（二）点明确认

陈述句末尾表示"点明确认"的"呢"容易与持续体标记"呢"混淆。虽然持续体标记"呢"也有确认义，但表示当下正在做什么的意义更显著，我们讨论"点明确认"的习得暂不包括这类用法。

"呢""点明确认"义的习得时间是在 1;08 岁到 1;11 岁之间，习得时间很早。LXY 的第一次产出就是点明确认的意思，确认大雪人还有鼻子是可以摸的事实。SYY 在 1;08 岁的产出也是语境适切表意清晰的"呢"。JBS 的首次正确产出是确认笔在某处。三名儿童产出的语例如下：

（24）HXT：摸摸大雪人好不好？
　　　LXY：鼻子。
　　　LXY：啊，还有鼻子呢。（1;09）
（25）GCY：不疼啦，在哪儿呢？
　　　SYY：在那儿呢。（1;08）
（26）WSS：笔在哪儿呀？
　　　JBS：笔，笔，在这呢。（1;10）

可以看出这几个语例中儿童对命题信息的态度是确定的，儿童认为命题是确实为真的，而听话人可能不清楚这一点，于是用"呢"点明确认这一点以提起听话人注意，属于认识情态之必然。表示"点明确认"的"呢"也常和其他成分配合来强化确信并含有不满的意思，如：

（27）LXY：我还没贴好呢。（2;02）
（28）SYY：我戴上眼镜，我还梳头呢。（2;02）
（29）JBS：还肚子疼呢。（2;07）

儿童在陈述句中将"呢"与"还、才"等强化确信度的语气副词搭配起来，加深了确信的程度。可以看出，儿童对"呢"的这一情态义项已经掌握得比较成熟。

(三) 反问不认可

"呢"的第三个情态义项是用于反问句的末尾，表示说话人认为命题信息不应该出现，通常含有一种不满情绪。SYY 2;04 岁产出该用法，并且频次很高；LXY 和 JBS 都是在 2;05 岁时习得这一义项。语料中出现的多是"怎么"类反问句，如下：

(30) SYY：我妈怎不给我留呢？(2;04)

(31) LXY：怎么两个小恐龙呢？(2;05)

(32) JBS：糖包怎么在里边呢，嗯？(2;05)

可以看出，在反问之前儿童根据客观条件或者其他规约对命题中的信息是否有发生的可能性有了心理预设，而且认为听话人也存在这种预设。当命题信息出现与心理预设不符的情况时，儿童发出反问，用"呢"点明不符，提醒听话人也要注意，表示命题信息是不应该发生的，并有不满、责备的意味。通过上述例句可以看出儿童对命题的态度是偏向于确认，属于认识情态之盖然。如果是肯定形式的反问句儿童就对否定性命题持推测态度，如果是否定形式的反问句儿童就对肯定性命题持推测态度。

综合上述"呢"的义项习得情况，可以看到儿童先习得了出现在陈述句中的"点明确认"，之后习得了出现在反问句中的"反问不认可"，而疑问句中的"探究猜测"则刚刚现出萌芽，习得得很不充分。从情态类型方面看，儿童先习得认识情态后习得道义情态。从情态量级方面看，儿童先习得必然性后习得可能性。

根据前文情态动词的习得数据，儿童情态类型和情态量级的习得分别是从根情态到认识情态、从可能性量级到必然性量级，作为情态补充成分的情态副词的习得，在量级上也和情态动词的习得基本一致，反观"呢"的习得，在类型和量级两个方面都很反常，与正常习得规则不符。我们仔细观察"呢"三个义项的句法共现条件，发现儿童的反常习得是有原因的，受制于共现的句法特征。表示"反问不认可"的句法条件是反问句，但又表达不认可、不应该的道义情态义，儿童要消解反问句形式中的"问"与语义中不需要回答"不应该"这样的矛盾，涉及句法语义接口知识；表示"探究推测"需要正反疑问句的形式特征但探究估测的是正反对举词后面所述的情况，正反疑问句比一般疑问句复杂，甚至比反问句需要更复杂的认知计算，因此，儿童如果单纯疑问，会选择例（18）—（20）那样的句子。这样看来，情态语义类型和量级的习得规律是有附加条件的，即在共现的句法形式认知处理难易度大致等同的情况下该规律可以实现。另外，前文情态动词"能"的认识情态义项习得特征也支持我们此处的分析。

### 5.3.2.3 "吗"的义项发展

"吗"只出现在疑问句中，有两个基本的情态义项：一是在是非问句的末尾表示不确定的"疑问求证"；二是在反问句的末尾表示确定态度的"反问确信"，有不满、责备的意味。另外，在追尾疑问句中也是"疑问求证"的意思，只不过所疑之事的疑问程度降低，可能性增加，说话人更急于得到听话人的反应。

（一）疑问求证

儿童最先产出的"吗"表示"疑问求证"。三名儿童习得这一情态意义的时间分别是 SYY 1;08 岁、LXY 2;00 岁、JBS 2;01 岁。产出语例如下：

      （33）SYY：粘这好吗？（1;08）

      （34）LXY：气球可以飞吗？（2;00）

      （35）JBS：姐姐好看吗？（2;01）

从上述各例可以看出儿童对陈述句末尾的"吗"已经习得得较为成熟：形式上，都是肯定形式的直接发问；意义上，有对现实世界的疑问，也有对可能答案的求证。在是非问句中儿童对命题信息是不确定的，主要是用"吗"引出可能性疑问，希望听话人给予确切的回应。这一情态义项整体上属于认识情态之可能。表"疑问求证"的追尾疑问句三名儿童没有产出。

（二）反问确信

在反问句末尾表示"反问确信"（不满、责备）的"吗"习得时间较晚，三名儿童习得的时间分别为 LXY 3;01 岁、SYY 2;09 岁、JBS 2;07 岁。产出语例如下：

（36）LXY：这个地方不是湿了吗？
　　　HXT：湿了就想办法呗。（3;01）
（37）GCY：那电扇不转悠了都。
　　　SYY：这不有电吗？（2;09）
（38）JBS：这个呀，我不是给你叫过了吗？（2;07）

上述各例中，儿童对命题信息的态度是确定的。儿童首先习得了否定形式的反问句，用否定的形式表达肯定的意思，如（37）中儿童确定"有电"，这些反问句通常表达对听话人或现象的质疑和不满。肯定形式的反问句习得较晚而且产出有限。

综合"吗"的习得情况，我们知道"吗"表达的是认识情态义，只出现在疑问句中，但有两类疑问句，儿童首先产出是非疑问句中的"疑问求证"义项，然后产出反问句中的"反问确信"义项，情态语义量级是从不确定的可能性到表示确信的必然性，主观性逐渐增强。使用"吗"表示不确定的可能性时，儿童主观上希望听话人能对自己的询问或质疑有所回应。

### 5.3.2.4 "呗"的义项发展

"呗"有三个义项：在陈述句末尾表示"确定、无须辩论"，在祈使句末尾表示"请求建议"，在"X 就 X"后表示"轻量、不在意"。"呗"不能出现在疑问句中。

（一）确定、无须辩论

儿童首先习得的是在陈述句末尾的"呗"，表示确信命题为真，而且确信只有这一种可能，无须辩论。LXY、SYY 和 JBS 习得这一情态义项的时间分别是 LXY 2;00 岁、SYY 1;10 岁和 JBS 2;05 岁。习得语例如下：

（39）HXT：（下不来）那怎么办啊？
　　　LXY：叫妈妈抱<u>呗</u>。（2;00）
（40）SYH：羊洋干吗喽啊？
　　　SYY：打架喽<u>呗</u>。（1;10）
（41）LYI：那当什么？
　　　JBS：当飞机<u>呗</u>。（2;05）

可以看到，陈述句末尾"呗"的出现语境是听话人对儿童发出了某种询问，儿童就成人的提问给出回答。儿童在回答中使用"呗"表示其对命题中涉及的状态、原因或结果等信息持有一种很强烈的确信态度，认为自己的回答（即命题信息）是必然为真的，除此之外没有其他的可能，而且儿童主观上认为听话人本来就应该知道这一点。这一情态义项属于认识情态之必然性。

（二）请求建议

儿童习得"呗"的第二个义项是在祈使句的末尾表示"请求建议"。这一情态意义习得相对较晚，SYY 在 2;05 岁习得，JBS 在 2;01 岁习得，LXY 则到 3;02 岁才习得。儿童产出语例如下：

（42）SYH：行了，（小狗熊）尿完了。
　　　SYY：给穿上<u>呗</u>。（2;05）
（43）LSJ：不穿这个，这个冷。
　　　JBS：穿这个，这个，穿<u>呗</u>。（2;01）
（44）LXY：在地上打滚儿<u>呗</u>。在地上打滚儿。（3;02）

在祈使句末尾用"呗"发出请求或建议时，儿童主观上对这一祈使持有确定的态度，认为自己发出的这一祈使行为是正确的，听话人在道义上有必要、有义务采取这种行为。这一情态意义属于道义情态之必然。不过我们也注意到，祈使句末尾的"呗"只是表明了这种确定的祈使态度，但是听话人最终是否真的采纳这种请求建议说话人并不关注。

（三）轻量、不在意

"呗"的第三个义项是用在"X 就 X"之后，表示说话人对命题信息持一种"轻量、不在意"的主观态度，一方面认为命题信息的出现与否是无关紧要的，对自己不会造成特别的影响，另一方面对于听话人是否接受自己的观点和意见也没有要求，不在意。这一情态义项属于认识情态之必然。我们考察了三名儿童的语料，发现 LXY 没有产出这一意义，JBS 在 2;11 岁时产出 1 例，即"严就严呗"用来回应"怎么严"，此后也没有相关产出。SYY 在 4;01 岁时产出 1 例，爸爸提醒 SYY"别拿碎喽，那（是）瓷的"，SYY 回应"瓷的就瓷的呗"，但是此后再没有相关产出。总之，这种格式在成人语言中出现的几率也很低，所以儿童只有零星的产出，作为一个构式，儿童的习得并不充分。

综合"呗"的习得情况，我们看到两名儿童对"呗"的义项习得顺序是从陈述句中的认识情态"确定、无须辩论"开始的，然后到祈使句中的道义情态"请求建议"，最后再到"X 就 X 呗"格式的"轻量、不在意"，但有一名儿童 JBS 先习得祈使句末的"请求建议"之后才习得陈述句中的"确定、无须辩论"，与另两名儿童习得的时序特征不同，不过也是最晚习得"X 就 X 呗"格式的"轻量、不在意"，在最后这一点上三名儿童又是相同的。总体看来，还是有一定的规律的，无论是"确定、无须辩论"还是"请求建议"，都表现说话人的肯定态度，属于道义情态之必然。

5.3.2.5 "嘛"的义项发展

"嘛"有两个基本的情态义项：在陈述句末尾表示"论理确信"，在祈使句的末尾表示"劝求建议"。"嘛"不能出现在疑问句的末尾。

（一）劝求建议

三名儿童先习得的是表"劝求建议"的"嘛"，SYY 在 2;06 岁时习得，

LXY 在 3;01 岁时习得，JBS 在 2;05 岁时习得。儿童习得语例如下：

（45）SYY：你穿嘛。你也穿。（2;06）
（46）SSY：唱歌，唱歌什么歌？
　　　LXY：你唱嘛。
　　　SSY：你唱。我不会唱。（3;01）
（47）JBS：抱抱再站站，你站着嘛。（2;05）

在祈使句末尾用"嘛"发出劝求或建议时，儿童在主观上对自己的祈使行为持有一种较强的确定态度，认为命题中的祈使信息是必然的、合乎情理的，听话人本来就应该这样做，暗示听话人应该接受请求。这一情态意义属于道义情态之必然。

（二）论理确信

"嘛"可以表示说话人对命题信息持确定的态度，认为自己的话是有根据的，暗示听话人理应认同自己的观点。SYY 在 2;08 岁时首次自主产出"嘛"的这一义项，LXY 3;05 岁习得，JBS 2;10 岁习得。儿童产出语例如下：

（48）SYY：蚊子咬我了。
　　　SYH：蚊子咬你了你就别折腾，在屋玩吧，啊。
　　　SYY：蚊子可不是咬人嘛。（2;08）
（49）LXY：你看这不是有个把儿呢嘛。一起来就卡住了吧。（3;05）
（50）JBS：我还有那个西瓜的球嘛。（2;10）

从例（48）中我们看到儿童认为命题信息是确信合理的、有依据的，在命题的前后语境中儿童指明了自己的断言所依据的事实："咬我了"。例（49）中的"嘛"表示"有个把儿"是确定的，这个确定的事实就是"一起来就卡住了"的原因，我们可以看出 LXY 已经很好地习得了"嘛"的这一义项。

我们注意到，儿童产出的"嘛"经常与否定词共现，SYY 的反问句中经常使用"可不/可不是"，LXY 也是如此。如：

（51）SYH：吃它长口疮。
　　　LXY：可不嘛。（2;11）
（52）LXY：这儿有一个维尼。这儿不有一个维尼嘛。（3;07）

儿童有时用"嘛"来表示反驳或不满，也是一种论理。如：

（53）GCY：鹅鹅鹅，咱俩预备开始，好吗？
　　　SYY：我这写作业呢嘛。
　　　GCY：咱俩一边写一边背呀。（3;01）
（54）LXY：昨天不是没事嘛。
　　　LZR：昨天？昨天怎么了？（3;07）

例（53）中 SYY 对"我这写作业呢"持确信的态度，表示自己的话是有根据的，暗示妈妈应该看到这种情况不要再让自己背诗，对妈妈的话有反驳的意味；例（54）中儿童依据事实确信"昨天没事"，隐含"今天也不该有事"，对今天的状态是一种不满的态度。

在陈述句末尾使用"嘛"时，说明儿童对命题信息持有非常确信的态度，表示儿童认为自己所说的是有事实根据的、合乎情理的，暗示听话人或第三方理应认同或接受自己所说的。这一义项属于认识情态之必然。

综合"嘛"的习得情况，我们可以看到三名儿童习得"嘛"的顺序特征比较一致，都是从祈使句中的道义情态向陈述句中的认识情态发展。从情态语义量级方面看，则都是必然性量级，不存在量级发展特征。

5.3.2.6 数据与讨论

我们先用表格列出三名儿童五个情态助词各义项的整体习得情况，见表5–5：

表 5-5　三名儿童五个情态助词各义项始现时间

| 情态词 | 义项 | 儿童习得时间 | | | 情态语义 | |
| --- | --- | --- | --- | --- | --- | --- |
| | | LXY | SYY | JBS | 情态类型 | 情态量级 |
| 吧 | 测度求证 | 1;08 | 2;01 | 2;01 | 认识情态 | 盖然性 |
| | 宣告意愿 | 2;00 | 1;11 | 1;11 | 道义情态 | 盖然性 |
| | 劝解许可 | — | 3;02 | — | 道义情态 | 盖然性 |
| | 请求建议 | 1;05 | 1;08 | 1;08 | 道义情态 | 盖然性 |
| 呢 | 反问不认可 | 2;05 | 2;04 | 2;05 | 道义情态 | 盖然性 |
| | 探究猜测 | 2;08 | — | — | 认识情态 | 可能性 |
| | 点明确认（略有夸张、意外） | 1;09 | 1;08 | 1;10 | 认识情态 | 必然性 |
| 吗 | 疑问求证 | 2;00 | 1;08 | 2;01 | 认识情态 | 可能性 |
| | 反问确信（不满、责备） | 3;01 | 2;09 | 2;07 | 认识情态 | 必然性 |
| | 追问求证 | — | — | — | 认识情态 | 盖然性 |
| 呗 | 确定、无须辩论 | 2;00 | 1;10 | 2;05 | 道义情态 | 必然性 |
| | 轻量、不在意 | — | 4;01 | 2;11 | 认识情态 | 必然性 |
| | 请求建议 | 3;02 | 2;05 | 2;01 | 道义情态 | 必然性 |
| 嘛 | 论理确信 | 3;05 | 2;08 | 2;10 | 认识情态 | 必然性 |
| | 劝求建议 | 3;01 | 2;06 | 2;05 | 道义情态 | 必然性 |

仔细观察表 5-5 的习得时间，应该说儿童在情态助词各义项的习得上虽有例外情况但也有很多习得特征方面的共性，除去因儿童没有习得的和只有零星产出的而不能轻易认定习得的几个义项（如"吧"的"劝解许可"、"呢"的"探究猜测"、"呗"的"轻量、不在意"），例外仅表现在两处：一是"吧"的"宣告意愿"义项，被试儿童 LXY 与另两名儿童不一样，比"测度求证"习得时间晚；二是"呗"的"确定、无须辩论"义项，被试儿童 JBS 的习得与另两名儿童不一样，比"请求建议"习得时间晚。所以，表 5-6 总结的习得特征是成立的。

表 5-6　五个情态助词的义项及情态语义发展特征

| | 义项发展特征 | 情态类型 | 情态量级 | 句类适应特征 |
|---|---|---|---|---|
| 吧 | 请求建议→宣告意愿→测度求证→劝解许可 | 道义→认识 | 无（皆盖然性） | 祈使→陈述→疑问→"X就X"句 |
| 呢 | 点明确认→反问不认可→探究猜测 | 认识→道义 | 必然→盖然→可能 | 陈述→反问→正反疑问 |
| 吗 | 疑问求证→反问确信（→追问求证） | 无（皆认识情态） | 可能→必然 | 是非问→反问 |
| 呗 | 确定、无须辩论→请求建议→轻量、不在意 | 道义→认识 | 无（皆必然性） | 陈述→祈使→"X就X"句 |
| 嘛 | 请求建议→论理确信 | 道义→认识 | 无（皆必然性） | 陈述→祈使 |

下面对数据进行讨论：

（一）从内部义项的纵向发展来看，五个情态助词的义项主要表达认识情态和道义情态，没有动力情态。情态助词在语义的发展上表现出如下特征：

（1）当情态助词各义项涉及不同的句子类型时，儿童一般优先习得用在陈述句和祈使句句末的义项，而用在疑问句中的义项习得总是要稍晚一些。而当句子类型是疑问句时，用在是非问句句末的义项优先习得，用在反问句和正反疑问句句末的义项总是稍晚习得。当句子类型涉及陈述句和祈使句时，用在哪类句子末尾的义项会优先习得没有规律。

（2）当情态助词涉及不同的情态类型和情态量级时，在共现句子类型的难度基本等同的情况下，不同的情态类型遵循从道义情态向认识情态的路径来习得，如"吧""呗""嘛"情态语义类型的习得，不同的情态量级则遵循从可能性到必然性的路径来习得，如"吗"的情态语义量级的习得。这一情况说明情态语义类型和情态语义量级的发展特征更可能受制于与情态助词共现的句法条件，如果不同义项的共现句法形式在认知处理上难度不等，情态语义类型和情态语义量级的习得可能完全没有规律，其习得路径需按共现句法形式的认知处理负担从易到难地发展，如"呢"的习得特征就是如此。而认知处理最难的表示"许可、轻量、不在意"的"X 就 X"句，其句末出现的义项儿童只有零星的个例产出。关于共现句法形式认知处理的难易度问题可参见前文关于"呢"习得特征的分析以及对情态动词中表可能的"能"的习得特征的分析，兹不赘述。

（二）再就五个情态助词之间的习得进行横向比较，总的来说，"吧"的习得最早，2;00 岁及 2;00 岁之前就基本习得了各个义项，"嘛"的习得时间最晚，基本在 2;06 岁及 2;06 岁以后，其他三个词不同义项的习得时间参差不齐，从最初习得的义项来看，集中于 2;00 岁左右，但一直到 4;06 岁附着于某些较难句法格式的义项还不能确定是否习得。

（三）情态助词的习得时间总体上很早，这与情态助词整体上表达说话人对命题的态度、评价这样的功能意义有关。情态助词首先是表达语气的，任何一句话都需要语气，所以儿童只要习得句子，就要习得语气，甚至在独词句之前儿童就习得了一些具有代句作用的语调词，用于表达祈使命令、告知陈述以及疑问求答这样的意图。这样看来，句末语气助词中的情态意义因在语气习得的裹挟中而较早习得。

从情态类型与句类的关系看，道义情态与祈使句结合紧密，认识情态与疑问句、陈述句结合紧密，儿童习得情况也完全符合这个规则。

## 5.4 情态助词习得的地位

情态系统是由多个子系统构成的，儿童的习得也是分多个系统习得的。通过前文情态动词和情态副词的习得数据我们可以看到，句末的情态助词是儿童最早习得的情态子系统。

情态动词是典型的动词前情态表达手段，儿童对情态动词的最初习得大约是 1;08 到 1;10 岁，并且主要表现为动力情态。1;10 到 1;11 岁习得了道义情态动词"许、该"或者"能、会、要"的道义情态义。认识情态动词或者情态动词的认识情态义习得较晚，大约 2;06 岁左右才能习得。无论情态动词的整体习得还是情态动词各情态类型的习得，儿童大都遵循"动力情态→道义情态→认识情态"的习得顺序。至于情态副词的习得,时间更晚一些,多在 2;06 岁左右,3;00 岁以后习得数量增多。情态副词多为道义情态和认识情态,儿童对情态副词的情态语义类型不敏感,但对情态语义量级敏感,遵循从可能性到必然性的顺序特征。

当然,现代汉语也用情态动补构式来表达说话人对有无能力或有无可能的推测或判断,这就是动词后情态,一般称为情态补语,我们称为情态动补构式。情态动补构式的主要句法形式是"V 得 C""V 不 C","V 得 C"表示动作行为有能力或有可能达到某种结果,"V 不 C"则表示动作行为没能力、没可能或达不到某种结果。儿童在 1;07 到 1;08 岁就有情态动补构式否定式的产出,之后数量逐渐增多,例子如下:

(55) SYY:不粘住。
ZXT:粘不住就先放这,待会儿拿胶水粘。
SYY:粘不住。
ZXT:粘不住啊。(1;08)

(56) LZR:阿姨教你啊!阿姨教你啊!
LXY:安不上。(1;07)

(57) LXF:这儿,这儿,找到了。
JBS:我要看不见。(1;08)

"V 得 C"习得的时间稍晚,但更重要的是产出量大大低于"V 不 C":SYY 在 1;08 岁时有产出,但自主产出稍晚,是在 1;11 岁;LXY 的自主产出时间是 2;02 岁,并且数量较少;JBS 1;09 岁有产出,但自主产出时间是 2;01 岁。

根据各子系统习得数据我们可以得出这样一些结论:

(一)儿童对情态系统的习得是按从外部情态到内部情态的顺序习得的。至少从认识情态方面看,句末的情态助词是外部情态,最先习得;情态动词是内部情态,稍后习得;情态副词大多在句内,属内部情态,有的既可以处在句内也可以处在句外,但在句首的更多,主观性较强的情态副词也是习得较晚的成员。

（二）儿童对情态系统的习得是从非自觉到自觉的。尽管句末的情态助词最早习得，但并非自觉习得，因为情态助词优先表达的是语气，而只要说话必然伴随着语气，因此，情态助词情态意义的习得是在语气习得的裹挟中非自觉习得的。

（三）儿童对情态系统的习得是从后向前的。儿童首先习得句末的情态助词，然后习得动词后的情态动补构式。在动词前情态中，儿童先习得情态动词，然后习得情态副词，情态副词和情态动词连用时，因情态副词的主观性更强而一般在情态动词的前面。即儿童习得情态各子系统的顺序是"句末情态子系统→动词后情态子系统→动词前情态子系统（情态动词→情态副词）"。Slobin（1979）曾提出儿童习得语言的一个规律，即"后置的语法形式要比前置的语法形式更早掌握"（转引自李宇明，2004：51），就情态各子系统的习得情况看是符合这个习得规律的。我们推测，这样的习得特征与后置的语法形式比前置的语法形式在认知上更显著有关。

（四）整体上看，现代汉语的情态助词仍然可以看作情态的补充模式，可以对情态值进行调节。不过，情态助词与情态副词不同，前者主要是句子必有要素，在句法上也固定在句末，因而在语气的裹挟中成为优先习得的情态成分。我们可以说，情态助词的习得开启了情态系统的习得，尤其是主观性较强的认识情态的初步习得。情态助词及情态助词的儿童语言习得在情态系统以及情态系统的儿童语言习得中具有非常重要的作用，地位不容忽视。

# 第六章　早期语言中的情态量级

情态的语义研究主要集中于两个维度：一是情态的不同语义类型；二是同一情态语义类型的可能性差异，即语义量级，这种差异尤其表现在认识情态上。本章主要探讨汉语儿童对情态语义量级的习得，我们基于第三章到第五章的习得数据，寻找情态语义量级的习得规律并探究习得特征的可能制约因素。

## 6.1　研究背景与研究目标

从模态逻辑（modality，亦即情态）对情态研究之初，命题为真的可能性与必然性问题就成为情态研究的一项重要内容，这种情况从哲学领域延伸到语言学领域。命题为真的可能性差异就是情态的量级，它尽管与物质世界的规律、准则、习惯以及言语社团的约定等有一定的关联，但主要反应了认识世界对物质世界的常识性认知及推理（Taylor, 2002; Sweetser, 1990），因此，观察自然语言中命题为真的可能性差异表述可以窥知认知活动及认知规律打在语言上的烙印，解释语言现象的一部分成因，其意义不言自明。

那么儿童呢？他们何时具备了表述情态量级的能力？这种能力的获得是不是一蹴而就的？什么样的因素与情态量级的习得密切相关？我们相信对上述问题的观察和解释能从一个侧面揭示儿童语言发展与认识世界及推理能力发展的关系，也有助于深化汉语情态研究和情态的类型学研究。

国内外关于儿童情态量级习得的专门研究不多见，已有研究（Moore et al., 1990; Noveck et al., 1996; 范莉, 2007）如果使用实验数据，一般通过实验方法测试儿童对认识情态和道义情态语义的理解，并得出一些有意的结论。已有情态习得文献更多是用自发语料或实验数据探讨不同情态类型的习得顺序及习得时间（见 3.6.1 节所列文献）。就情态量级习得来说，至少有下面一些问题需要进一步思考：

（一）情态量级的测试难度较大因而以往研究（Moore et al.，1990；Noveck et al.，1996；范莉，2007）选取的被试儿童年龄都在三岁以上，并且年龄跨度为一年，这样会不会漏掉情态量级习得中的一些细节？

（二）测试词语限于谓词性情态词，如情态动词以及某些有情态义的心理动词或形容词，可是语言也用非谓词性词（如情态副词、情态助词）表达情态量级，这些非谓词性情态词的习得情况与情态动词的习得情况不完全一样，忽略非谓词性情态词的习得，有关儿童情态量级习得的结论可靠吗？

（三）儿童语言习得的观察应注意语境适切，孤立地看待儿童的理解或产出有可能导致习得判断的不准确。

基于上述对儿童情态量级习得意义的认识和现有研究状况，本章以自然产出的语料为基础对三名普通话儿童早期情态量级表述的发生发展情况进行系统的历时考察，以期与已有研究形成互补，探讨儿童情态量级的发展特征及相关问题。

## 6.2 情态量级的表现手段

情态作为人类语言普遍共有的范畴，其表达手段也有共性，情态动词就是各种语言普遍使用的情态表达手段，因此情态动词所表达的情态量级是最完整的。现代汉语表述情态量级最典型的情态动词是"可能、应该、一定[①]"，分别表示可能性、盖然性和必然性，除此之外，单音节情态动词"能、会、要"也分别具有上述含义，它们依次构成从可能性到必然性的差异。

情态副词也是很多语言使用的情态表达手段，现代汉语传统上称之为

---

[①] 关于"一定"到底是情态动词还是情态副词有争议，有学者根据助动词的形式特征把"一定"划归为副词，其实情态动词和情态副词是界限并不十分清晰的连续统，本书把"一定"看作情态动词未尝不可。

语气副词。如果一个副词具有情态意义，那么一定与情态量级表达有关，如"好像、大概、没准儿、莫非、当然、其实、务必、千万"等，它们或表可能性估测，或表盖然性推测，或表必然性推断，尽管早期儿童对情态副词的习得有些残缺不全，但如第四章研究所示，儿童对已产出情态副词的量级特征是敏感的，所以考察儿童情态量级的习得，情态副词是绕不过去的。

另外，现代汉语是有句末语气助词的语言，句末语气助词有时可以表达推测性疑问或肯定，如"是张三请咱们吃饭吗？""张三来了吧？"中的"吗、吧"，因此包含了说话人对命题或事件为真的可能性差异的主观估测，前文把这类句末语气助词称为情态助词。情态助词中的"吧"可以表达盖然性推测、"吗"可以表达可能性估测、"嘛"和用在反问句中的"吗"可以强化必然性推断。这样看来，考察儿童早期情态量级的发展也要关注上述情态助词。

学界一般把情态分为动力情态、道义情态和认识情态，其中动力情态因其客观属性很难找到清晰的可能与必然的对立，而认识情态则与可能性和必然性关联度最高。情态研究虽然是从模态逻辑开始并围绕可能性与必然性这对中心概念对认识情态进行研究，但是逻辑学家发现了模态逻辑的"可能""必然"与道义逻辑的"许可""必要"具有平行性（彭利贞，2007a：54—55），语言学家则看到很多表达模态逻辑的词语意义是从表达道义逻辑的词语意义引申而来，因此道义情态也可以用认识情态的可能性与必然性来定义，那么，道义情态的量级表达按理也应该纳入我们的考察范围。不过，考虑到写作的方便，本章对儿童早期情态量级表述能力发展情况进行考察时主要集中于认识情态。

## 6.3 儿童情态量级的早期习得

我们从典型情态量级词、多义情态动词认识情态量级义项、情态助词认识情态量级义项和情态副词认识情态量级义项四个方面考察儿童情态量级的习得。

### 6.3.1 典型情态量级词的习得

"可能、应该、一定"是现代汉语最典型的情态量级词,其中"可能"是单义认识情态词,"应该"和"一定"则既有"情理或道义上应该或必须"这样的道义情态义,也有"主观推测命题或事件有较大的可能性或必然性"这样的认识情态,这里考察它们的认识情态。三个词表达的主观确信度依次增加,这同英语的 may、should、must 是一样的,已有的英语儿童情态量级习得研究也大致围绕这几个词进行。我们先来考察这三个词的习得情况。

LXY 产出"可能、应该、一定"的时间分别是 2;08 岁、2;09 岁和 3;08 岁,SYY 为 3;08 岁、3;11 岁和 4;05 岁,JBS 则为 2;04 岁、3;03 岁和 4;06 岁。部分语例如下:

(1) HXT:三角龙几个龙呀?
　　　LXY:就、就这个三角龙。
　　　HXT:想一想。
　　　LXY:<u>可能</u>在那儿。
　　　LXY:<u>可能</u>在这屋里。(2;08)
(2) SSY:小恐龙到南极去了吧?
　　　LXY:嗯。
　　　LXY:小恐龙<u>应该</u>去那边了。(2;09)
(3) LXY:这怎么还不开始呀?
　　　LXY:这坏了,<u>一定</u>是、<u>一定</u>是坏了。
　　　LZR:谁、谁在烧水呀?(3;08)
(4) JBS:这笔<u>可能</u>坏了。(2;04)
(5) JBS:我去看看小鱼,<u>应该</u>吃够粮了。(4;06)
(6) SYY:要是夏天过年<u>一定</u>很好玩,我们穿着汗衫吃年夜饭。(4;05)

从例(1)可以看出儿童 LXY 对三角龙在哪里还不能确定,她推测在屋里。例（2）则是 LXY 对故事中小恐龙的去处进行推断，但还不能完全确定。例（3）是 LXY 对水没开发表看法，认为其原因是水壶坏了，这是一个必然性推断。例（6）是儿童 SYY 对夏天过年就会"穿着汗衫吃年夜饭"这种情景感到好玩的推断。从上述例句的使用语境看，儿童对"可能""应该""一定"的语义量级是理解的。

从三个典型情态量级词的产出时间上看，汉语儿童的习得情况与国外的实验研究结论不完全相同，儿童在 2;04 岁左右就开始产出认识情态量级词语。再从可能性差异的程度上看，尽管三名儿童的绝对习得时间不同，但都按着从可能性到必然性（即不确定到确信）的量级顺序习得。

### 6.3.2 多义情态动词认识情态量级义项的习得

正如前文提到的，情态量级表达不仅使用三个典型情态量级词，许多单音节多义情态动词也表达认识情态量级，如"能""会""要"三个多义情态动词分别包括"可能""推测有较大可能"和"推断必然如此"的义项，我们需要进一步观察儿童此类词语的习得，观察其习得特征与典型情态量级词的习得是否相同。需要注意的是："要"常常可以解释为"将要"，是时间标记，但我们认为"要"既标记未来时，又对事件在将来（即未来世界）实现的必然性进行推测，因此也具有必然性量级。

LXY 习得"能（可能）""会（盖然）"和"要（必然）"的时间分别是 3;01 岁、1;08 岁和 1;10 岁，SYY 为 2;10 岁、2;02 岁和 2;10 岁，JBS 则为 3;06 岁、2;01 岁和 2;05 岁。部分产出语例如下：

（7）LZR：这是什么？
　　　LXY：不能说话，你怎么能说话呢？
　　　LZR：那你说话吧。（3;01）
（8）GFI：怕啊，老虎会咬你吗？
　　　LXY：会咬我。（1;08）
（9）SYY：它会憋坏你，小老鼠。（2;02）

（10）LJT：快穿拖鞋，这地上太冰了。
　　　　JBS：穿上鞋，骑车要掉的。（2;05）
（11）JBS：这个这么简单哪能不会呢。（3;06）
（12）JBS：别脱袜子啊。
　　　　ZLZ：嗯。
　　　　JBS：别，脱了会感冒的，是吧？（2;03）

仔细观察儿童产出多义情态动词的语境，我们可以看到例（7）中儿童认为在这个场合不能说话但采样人却向自己问话，所以儿童发出反问表示责备，"能"在反问句中表可能性。例（9）中儿童在看儿童读物，SYY 把动物拟人化并与之对话，告诉小老鼠如果关在盒子里就会被憋坏了，"会"表示推测，属于盖然性。例（12）中儿童向妈妈表达了对脱了袜子将导致感冒这种情况的推测，"会"在这里表盖然性。

多义情态动词认识情态量级义项习得中比较特殊的是"能"，LXY 和 JBS 的产出时间都很晚并且频率低，其原因我们在 6.4.2 节讨论。如果排除"能"的情况，单音节多义情态动词表达的认识情态量级习得仍然按照从可能（包括较大可能性）到必然的顺序，但习得时间比典型情态量级词要早一些，与国外某些纵向跟踪研究的结论大体一致。我们注意到两个问题：一是仅仅根据"可能、应该、一定"的习得来考察儿童习得情态量级的时间进而判断儿童何时具备对物质世界的主观推理能力是不全面的，漏掉一些习得中的细节可能会导致结论的偏差；二是情态语义量级的习得呈现从可能到必然的趋势，如果这个次序被打乱，一定有句法功能或认知方面的原因，如句法共现条件、语体特征等。

### 6.3.3　情态助词认识情态量级义项的习得

现代汉语是有情态助词的语言，情态助词是兼职表达情态的手段，所以需要从各句末语气助词中甄别出无争议的具有认识情态义的词语，比如含句末语气助词的疑问句包含说话人对回答内容的判断或预期[①]，因此存在可能、较大可能或确信的判断或预期，最后我们选择"吧（推测-盖然）、吗₁（推测-可能）、吗₂（推断-必然）、嘛（推断-必然）"含有较典型认识情态量级义的情态助词[②]，考察三名儿童对各词认识情态义的最初习得，部分产出语例如下：

（13）HXT：那是谁呀？
　　　LXY：小兔子吧？（1;08）
（14）LXY：维尼是拔萝卜吗₁？（2;00）
（15）SYY：这不有电吗₂？（2;09）
（16）JBS：我还有那个西瓜的球嘛！（2;10）
（17）JBS：我不是给你叫过了吗₂？（2;07）
（18）JBS：滑板车没了吧？（2;01）
（19）SYY：蚊子可不是咬人嘛。（2;08）

"吧"可以用在疑问句或陈述句中，说话人已经推测出答案，但又不能确信，用"吧"则起到弱化疑问或者弱化肯定语气的作用，例（13）中儿童已经推测是"小兔子"，但又不能完全确信，用"吧"恰如其分地把这种不十分肯定的确认表现出来。"吗₁"用在是非疑问句中，对肯定性事件表示疑问，使事件由确定变为不确定，例（14）中儿童针对"维尼是拔萝卜"来询问，使该事件可此可彼，成为可能性事件。"吗₂"一般用在否定式反问句中，通过质问语气加强肯定的意味，具有必然性量级，通过例（15）我们可以看到儿童运用这种格式加重肯定"这有电"，用得非常自如。"嘛"可以用在肯定句中也

---

[①] 有的疑问句或多或少反映了说话人对回答者回答内容的判断或预期，比如"维尼是拔萝卜吗？"就包含了对"维尼确实拔萝卜"的预期，而"妈妈干什么呢？"就不包含说话人对回答内容的判断或预期。前者具有主观推测义，可看作认识情态。

[②] 句末助词"呢"也有认识情态义，但"呢"的情态义复杂，点明确认义的"呢"有的既有确信义也有持续义，因而有争议。表示探究猜测的"呢"句法共现条件复杂（如正反共现猜测其一），这一句法条件影响了其认识情态之可能性的习得。这样看来，"呢"的情态量级习得不完全由语义决定，而是受句法特征制约，因此在考察句末情态词的量级发展特征时没有选择"呢"。

可以用在否定句中，对命题或事件为真的必然性做出推断，不同于"吗₂"那种没有质问的味道，例（16）中大人先说儿童把球弄坏了，儿童则表示另一个外表像西瓜的球还在呢，有这个球就还可以玩。句末使用"嘛"，使肯定的意味更强，为必然性情态量级。总之，观察儿童产出的各例句，语境适切，认识情态量级也意义明朗，说明儿童已经理解各情态助词的意义并能正确使用。

我们先看儿童各类情态助词产出的时间，不同于情态动词，情态助词的习得时间大大提前，1;08 岁就习得了表示盖然性的"吧"，2;00 岁习得表示可能性的"吗₁"，这样看来，汉语儿童 2;00 岁左右就具备了对物质世界的主观推理能力，这大大早于国外研究所确定的时间。再看情态量级，仍然呈现从可能到必然的习得倾向，表示必然的"吗₂、嘛"都在 2;06 岁以后习得，晚于表可能性和盖然性的"吧、吗₁"的习得。"吗"有两个量级，表可能性的"吗₁"先习得，表必然性的"吗₂"后习得。

### 6.3.4　情态副词认识情态量级义项的习得

传统上把情态副词称为语气副词，说明情态副词的意义是非常复杂的，即情态副词都是兼表语气和情态的，如"好像、的确、千万、当然、其实、原来、莫非、分明"等。我们根据张谊生（2000a，2000b）、崔诚恩（2002）、史金生（2003）、徐晶凝（2008）、齐春红（2006）等学者的研究确定具有认识情态意义的副词 159 个（张云秋、林秀琴，2017），然后逐一检索三名儿童的语料，发现儿童在 4;06 岁前产出的情态副词只有 19 个，其中表示认识情态的更少一些，我们选择以下几个认识情态副词为代表，考察情态副词量级义的习得，即"当然（推断－必然）""肯定（推断－必然）""好像（估测－可能）""原来（推断－必然）""其实（推断－必然）""反正（推断－必然）""准是（推断－必然）""没准儿（推测－盖然）""倒是（推断－必然）""差点儿（推测－盖然）"等。三名儿童 4;06 岁前产出的部分语例如下：

（20）HXT：累吗？

　　　LXY：<u>当然</u>会累，穿小鞋呀。（2;08）

（21）LXY：冒烟了吗？<u>肯定</u>冒烟了。（3;01）
（22）LXY：英语老师叫……，不知道。
　　　 LZR：不知道呀？
　　　 LXY：<u>反正</u>我不知道。（3;08）
（23）JBS：小猫<u>差点儿</u>把水里把他尾巴弄水里泡。（3;06）
（24）JBS：不是，<u>其实</u>不是大地瓜干的，是米老鼠。（3;04）
（25）ZXN：被子来了。
　　　 JBS：呃！
　　　 ZXN：把头都盖住啊？
　　　 JBS：在这<u>倒是</u>得盖这个小被子，它在那边就得盖大被子。（4;06）
（26）SYY：啊，你<u>原来</u>吃那花儿呢，吃得多快。（3;11）
（27）SYH：下课了老师夸奖齐齐上课专心听讲，你知道吗？
　　　 SYY：不知道。
　　　 SYH：嗯？
　　　 SYY：<u>当然</u>知道了。（3;10）
（28）SYH：拍的那球儿，也不谁给弄瘪了。
　　　 SYY：<u>准</u>是苏万成整的。
　　　 SYH：苏万成？
　　　 SYY：<u>没准儿</u>军军吧？（2;11）
（29）JBS：我以为桃子在哪儿呢，<u>原来</u>在这里啊。（4;03）

情态副词尤其是必然性量级情态副词的习得，整体时间都比较晚，甚至略晚于"可能、应该"的习得，平均习得时间在3;00岁以后。

## 6.4 情态量级的习得特征及初步解释

### 6.4.1 情态量级

情态量级既然涉及主观推测，就具有主观性，那么情态量级本质上是一种主观性的量化。可能性程度的主观估测至少可量化为有可能（可能）、较大可能（盖然）和确信（必然）三个等级，但正因为是主观性的量化，上述三个等级之间的界限不一定非常清晰，也就是说在不同的等级之间可能存在中间状态，这种情况也说明自然语言的情态量级并非像模态逻辑那样整齐划一，其语义等级表现可能更为复杂。

另外，既然作为主观性量化的自然语言情态值并非界限清晰，那么应该有一些调节方式对情态值进行补充和细化，因此关于情态量级我们特别关注两个问题：一是情态量级的习得顺序，因为这个顺序可以在某种意义上揭示儿童对世界及其存在方式的认知水平；二是情态值调节和补充方式的习得，从中可以看出儿童主观性量化的发展及对人际功能的理解水平。

### 6.4.2 情态量级的习得顺序

我们统计了三名被试儿童各类情态量级词的习得时间及数量，见表 6-1：

表 6-1 三名儿童情态量级习得基本数据（词语、时间和数量）

| | | | 可能性 | 盖然性 | 必然性 |
|---|---|---|---|---|---|
| | | | 词/时/量 | 词/时/量 | 词/时/量 |
| 情态动词 | 双音节 | LXY | 可能 /2;08/31 | 应该 /2;09/12 | 一定 /3;08/4 |
| | | JBS | 可能 /2;04/13 | 应该 /3;03/2 | 一定 /4;06/1 |
| | | SYY | 可能 /3;08/4 | 应该 /3;11/5 | 一定 /4;05/1 |
| | 平均年龄及总数 | | 2;11/48 | 3;04/19 | 4;03/6 |
| | 单音节 | LXY | 能 /3;01/2 | 会 /1;08/154 | 要 /1;10/91 |
| | | JBS | 能 /3;06/8 | 会 /2;01/86 | 要 /2;05/69 |
| | | SYY | 能 /2;10/7 | 会 /2;02/21 | 要 /2;10/18 |
| | 平均年龄及总数 | | 3;02/17 | 2;00/261 | 2;05/178 |
| 情态助词 | | LXY | 吗$_1$ /2;00/152 | 吧 /1;08/76 | 嘛 /3;05/4　吗$_2$ /3;01/7 |
| | | JBS | 吗$_1$ /2;01/326 | 吧 /2;01/368 | 嘛 /2;10/21　吗$_2$ /2;07/61 |
| | | SYY | 吗$_1$ /1;08/601 | 吧 /2;01/208 | 嘛 /2;08/14　吗$_2$ /2;09/25 |
| | 平均年龄及总数 | | 1;11/1079 | 1;11/652 | 2;10/132 |

续表

| | | 可能性<br>词/时/量 | 盖然性<br>词/时/量 | 必然性<br>词/时/量 |
|---|---|---|---|---|
| 情态副词 | LXY | 好像 /2;06/7 | 差不多 /2;10/1 | 当然 /2;08/14　原来 /2;07/4<br>其实 /2;08/5<br>反正 /3;08/3　肯定 /2;10/14<br>真的 /2;06/6 |
| | JBS | 好像 /3;03/8 | 差点儿 /2;05/7 | 当然 /2;05/16　原来 /4;03/3<br>其实 /3;04/4<br>反正 /3;11/7　肯定 /3;01/14<br>倒是 /4;06/2<br>真的 /1;10/32 |
| | SYY | 好像 /2;09/3 | 没准儿 /2;06/36<br>差点儿 /2;06/3 | 当然 /3;10/2　原来 /3;11/2<br>准是 /2;11/2<br>反正 /3;00/2　肯定 /3;11/1<br>真的 /3;05/5 |
| 平均年龄及总数 | | 2;09/18 | 2;06/47 | 3;03/117 |

我们以表 6-1 的数据为依据用图 6-1 和图 6-2 更直观地呈现各类情态量级的产出数量及发展趋势。

从表 6-1 及图 6-1、图 6-2 中我们可以看到：

（一）从可能到确信，各类情态量级都有相应的产出。

（二）情态副词除"好像"为可能性、"差不多、差点儿、没准儿"为盖然性之外都是必然性量级，并且儿童习得整体上时间较晚，为最后习得，与其他必然性语义量级词语的习得顺序一致。

（三）尽管每名儿童对不同类别情态量级词语产出的绝对时间有差异，但整体上是按照从可能性程度低到可能性程度高的顺序发展的，各类情态词的必然性量级基本上最后习得，平均习得时间在 3;00 岁以后。

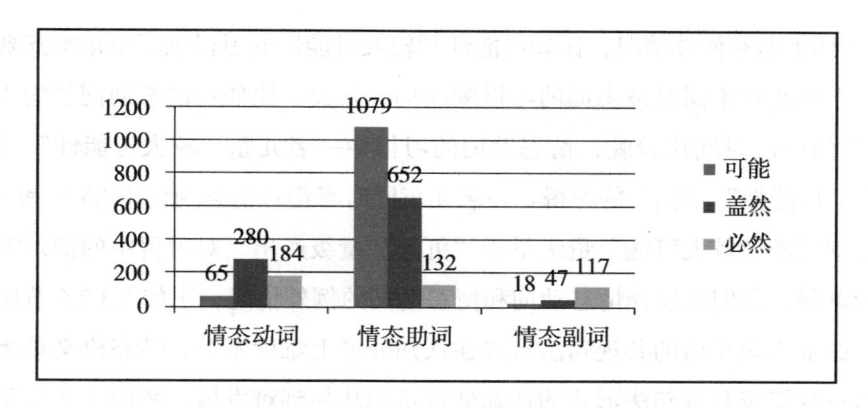

图 6-1 三名儿童各类情态量级的产出数量

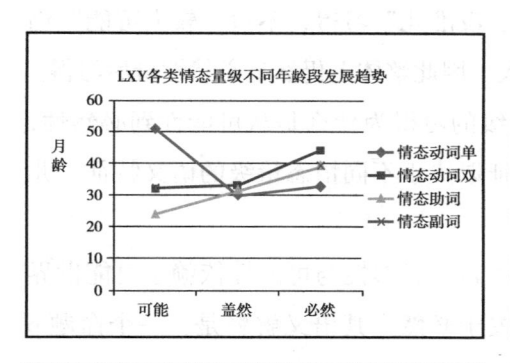

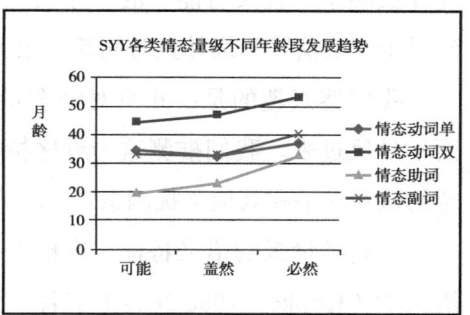

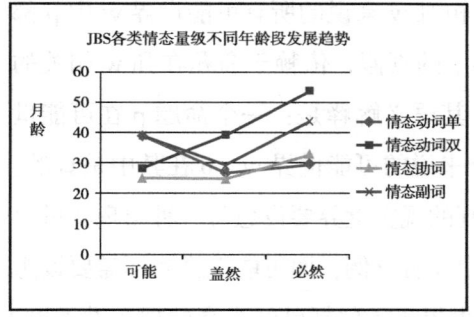

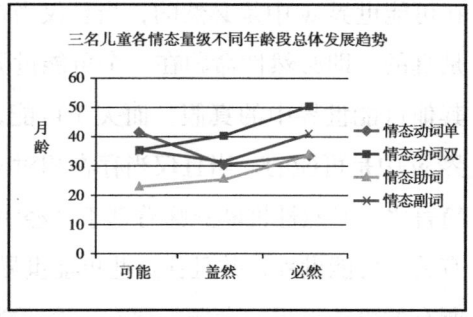

图 6-2 三名儿童各类情态量级不同年龄段发展趋势（个体发展及总体平均发展）①

---

① 儿童年龄是 12 个月为 1 岁，但 excel 图表只支持十进制，所以制图时本研究以儿童的月龄为基本数据，但正文的描述及说明仍然用 xx;xx（岁；月）的方式表达。另外，LXY 没有产出情态副词中的盖然性量级，所以 LXY 的情态量级发展趋势图中情态副词发展趋势只有"可能"与"确信"两个量级上的点并且没有连成折线，总体发展趋势折线图中的"较大可能"我们平均了 JBS 和 SYY 两名儿童的平均年龄。

（四）但有例外情况，比如可能性和较大可能性的习得顺序不是整齐划一的，不同儿童不同类情态词的习得顺序均有差异，比如：情态动词"能（可能）"的产出时间比较晚；情态助词的习得中一名儿童"较大可能性"（吧）早于"可能性"（吗$_1$）的习得，一名儿童同时习得；情态副词中 SYY 和 JBS 情态副词的"较大可能"量级早于"可能"量级产出。对习得中的例外需要进行解释，我们能解释情态动词和情态助词的例外情况，正如 5.3.2.6 节所说的，如果不同义项的共现句法形式在认知处理上难度不等，情态语义量级的习得路径需按共现句法形式的认知处理负担从易到难发展，我们下文也要对这个问题进行详细解释，但我们暂时还不能解释两名儿童的可能性"好像"为什么晚于"较大可能"的"差点儿、没准儿"习得，不过"较大可能"仍然早于"确信"量级并且时间跨度很大，因此整体上仍然是必然性最后习得。

我们感兴趣的是：儿童对情态量级的习得为什么是从可能性到必然性，而不是反过来。我们推测这个顺序特征取决于不同情态量级的语义特征、儿童的认知水平和其他干扰因素。

先看各量级的语义特征。在模态逻辑中必然性与可能性依赖于可能世界语义学（Kripke, 1980/2001）解释。关于必然，其语义解释是：一个命题 p 在可能世界 w 中是必然的，当且仅当在相对 w 来说的所有可能世界 w 中 p 都是真的，即必然性命题在一个可能世界中的真假，依赖于命题在和 w 相关的其他可能世界中的真假。而关于可能，其语义解释是：一个命题 p 在可能世界 w 中是可能的，当且仅当存在相对 w 来说的可能世界 w，p 在其中是真的。简言之，必然性推断意味着基于已经为真的现实世界要设想每一种与现实世界有关的可能世界，并且在这些可能世界中没有反例；而可能性推测不需要设想所有的可能世界，命题只要在一个可能世界里（包括已经为真的现实世界里）为真就可以成立；盖然性尽管可能性较大，但仍不是确信，其语义解释可参照可能性。从语义形成和理解的难易度来看，必然性显然复杂于可能性，所以儿童如果没有其被他因素干扰，习得情态量级就按从可能到必然的顺序。

但是情态及其量级的语义解释并非封闭的系统，会有一些干扰性因素对习得顺序产生影响。就本文被试的习得情况看，最显著的是句法共现条件的影响，同时认识情态词在认知解读上的复杂度以及语气的习得也有一些影响。上文的数据显示，可能性量级是较早习得的，但前文提到"能"表示可能量级时两名儿童 LXY 和 JBS 都是较晚才有表意明确且语境适切的产出，产出数量也很少。仔细考察该词使用情况发现"能"表可能时的句法共现条件多为反问句。众所周知，反问句并非有疑而问而是向听话人提供肯定性的信息，但句法形式却用疑问句形式，因此理解和使用反问句都涉及语义和句法的接口问题，需要消解表层形式与语义内涵的极性对立，这需要复杂的运算及较高的语用能力，因而对较小儿童来说不容易习得。由于"能"表示可能义时句法受限，其在普通话中功能是受限的，因此成人使用该义项也应该频率不高。不过对儿童来说，频率因素不是主要的，关键还是语义复杂的句法共现条件限制了儿童的习得，因为当儿童具备习得某种语言项目的能力时，只要有输入就可以习得。

　　情态助词的习得需要注意两个问题：(1) 情态助词内部表可能和盖然的"吗$_1$、吧"习得时间很早，但表必然的情态助词"嘛、吗$_2$"的习得时间较晚，后者虽然与其自身语义特征有关，但鉴于表可能和较大可能的情态助词习得时间都很早，我们认为这与"嘛、吗$_2$"的共现句式条件为带否定词的反问句也有很大的关系，而"吗$_1$、吧"的共现句式则非常简单，是简单的是非问句，即简单陈述句加疑问词，李宇明、陈前瑞（1999：86—87）在研究一名儿童疑问句的发展时也观察到是非问句大约在 2;00 岁就有很自然的产出了。(2) 表可能和较大可能的情态助词，其习得时间都早于情态动词，甚至在 2;00 岁之前就有一定数量的产出，我们觉得这应该是语气影响、认知解读的复杂度以及输入量等多方面因素综合作用的结果。情态助词是兼职的情态表达手段，其语气属性是第一位的，即每个句子都有语气。兼有情态意义的疑问语气可以用语调表示也可以用句末语气助词表示，除只出现在某些较难句式中的句末语气助词（如含否定词的反问句中的"嘛、吗$_2$"）外，大部分句末语气助词的习得时间大多很早（王悦婷，2012；彭鹭鹭，2016：120—132），2;00 岁左右就很系统地产出，因此，句末语气助词中兼有情态意义的词儿童习得的时间也比较早，也就是说，儿童最早习得情态量级是在语气习得的裹挟中不自主习得的。但是，儿童并非所有的句末语气助词都习得得很早，只有那些共现句式简单、认知解读容易的句末语气助词才习得得早，如简略疑问句（李宇明、陈前瑞，1999：90—92）中的"呢"，习得时间略早于"吗$_1$、吧"，简略疑问句句法形式多为名词性词语加"呢"，如"爸爸呢？""这个呢？"，句法共现形式的简单往往意味着认知解读的简单，不存在句法和语义界面交织的多重解读问题。这类成分往往也是儿童接受输入较多的成分，为此我们对输入情况进行考察，考虑到 SYY 1;08 岁之前的语料不太丰富、"能（认识情态义）、吗$_2$、嘛"受复杂的句法共现条件影响、"可能、应该（认识情态义）"为双音节情态词，我们仅对 LXY 和 JBS 两名儿童 2;01 岁之前母亲单音节情态助词和情态动词"吧、吗$_1$"和"会（认识情态义）、要（认识情态义）"的输入情况进行穷尽性检索，结果如表 6-2 所示。

表 6-2 两名儿童四个情态词的输入情况

| | 吧 | | | | 吗$_1$ | | | | 会 | | | | 要 | | | |
|---|---|---|---|---|---|---|---|---|---|---|---|---|---|---|---|---|
| | 总句数 | 纯输入 | 量比 | 习得 | 总句数 | 纯输入 | 量比 | 习得 | 总句数 | 纯输入 | 量比 | 习得 | 总句数 | 纯输入 | 量比 | 习得 |
| LXY | 837 | 535 | 64% | 1;08 | 1291 | 1185 | 92% | 2;00 | 413 | 17 | 4% | 1;08 | 838 | 4 | 0.5% | 1;10 |
| JBS | 253 | 153 | 60% | 2;00 | 1575 | 1552 | 99% | 2;01 | 236 | 6 | 3% | 2;01 | 523 | 9 | 1.7% | 2;05 |

这里的总句数指的是带句末语气助词句子的输入数量，纯输入指的是带认识情态义句子的输入数量。两名儿童录音时的陪同者都是母亲。我们可以看到，无论纯输入量还是输入总句数与纯输入量之比，"吧、吗$_1$"的输入量都远远高于"会、要"。

情态助词的习得情况使我们推测有句末语气词语言的情态量级习得可能会早于没有句末语气助词语言的情态量级习得，同时也说明至少在现代汉语中情态和语气的关系是非常密切的，情态的习得受到语气习得因素的影响和制约。

就较小儿童的认知水平来看，他们还不能很好地进行必然性推断，因为他们还没有设想所有可能情况的能力，同时没有足够的进行因果推理的经验、作为论据的丰富知识以及能够通过事物现象看到事物本质规律的能力，比如较小的儿童不能通过演绎或归纳经验得出"人必然要死"这一推断，他们若看到有人死了会提出"我将来会死吗？"这样的疑问[①]。所以较小儿童有很多疑问，对命题或事件的态度多为猜想、推测、求证，即可能性和盖然性。我们也看到儿童在最初使用"一定"时还不能完全确信，产出了"可能一定是真的"这样逻辑矛盾的句子。另外，由儿童与成人构成的交际世界中，儿童常常处于非主导性地位，我们猜想这可能也与儿童情态量级的习得特征有关。

## 6.5 情态量级的补充和细化

前文提到情态量级是主观性的量化，从可能到必然并非清晰的三个量级梯度。Hoye（1997）认为情态副词是情态的补充模式，在语篇中可以调节情态值和主观性高低，比如情态副词 really 与情态动词 can、will 等连在一起可以起到证实事实、强调态度、加强程度等作用。在第二章中我们把情态副词看作处于情态和语气连续统上的成分，并按情态和语气的连续统把情态副词分为倾向于情态的典型情态副词、倾向于语气的非典型情态副词以及处于中间状态的较典型情态副词。语气属性越显著，人际功能越丰富，主观性越高，其复杂的人际功能可以对情态量级起到补充的作用。情态属性显著的副词，虽然也具有人际功能或曰主观性，但其主要作用是对情态量级进行细化，所以情态副词的补充作用包括 Hoye（1997）所说的情态值调节和主观性与客观性调节，我们把情态值的调节称为细化，包括强化和弱化，把主观性高低的调节（情态值不变）称为补充。这样看来，情态副词是调节和补充情态值及主观性高低的重要手段。除此之外，我们认为情态动词的连用也可以调节情态值。

---

[①] 此例来自首都师范大学早期儿童动态发展语料库中一名儿童 RXZ 在 2;10 岁时与笔者的对话，后来笔者的同事魏家川教授提供了其亲属的孩子（3;00 岁）同样的语言现象。

### 6.5.1 情态副词的细化和补充作用

早期儿童习得的情态副词有倾向于情态的"肯定、真的、好像",有倾向于语气的"反正、原来",也有情态和语气参半的"当然、其实"。习得的情态副词数量不多并且基本上在 3;00 岁左右或之后习得,包括独立使用和与情态动词连用。单用的情况见上文用例,连用的情况如下:

(30) HXT:累吗?

　　　LXY:<u>当然</u>会累,穿小鞋呀。(3;00)

(31) LZR:掉下去就怎样啊?

　　　LXY:就。

　　　LZR:淹啊,淹到水里头了就。

　　　LXY:我们<u>反正</u>会游泳。(4;05)

(32) LZR:它为什么要把头伸进去呀?

　　　LXY:因为……它……它让别人看不见它,本来……<u>其实</u>能看见。(4;06)

(33) LYI:啊,你怎么啦,是不是要感冒?

　　　JBS:嗯,我<u>当然</u>要感冒。(3;01)

尽管习得词语的数量不多,但从每个词语的产出数量上看仍可以认为:(1) 儿童 3;00 岁左右能够对情态值进行调节,如例(30)中"当然"用于认识情态动词之盖然性"会"之前,使确信度得到强化;(2) 儿童 3;00 岁左右能够对情态量级进行补充,即从人际功能方面对主观性高低进行调节,比如"原来"表示确认(必然性),对新发现情况的确认,而新发现的情况是之前未曾料到的,因而恍然醒悟,可见除了确认的情态意义之外,"原来"还包含了对恍然醒悟的未曾料到之新情况的确信。"当然、其实、反正"具有交互主观性,蕴含了说话人对听话人的情感、态度和评价的关注,比如说话人关注到听话人对所述事件的真实性可能有所怀疑,可以用"当然"表达确信并蕴含"合于情理，不必怀疑"，而当说话人关注听话人对所表达的事件可能有不同的看法，可以用"其实"表达肯定并蕴含"更正或修正听话人观点"，"反正"蕴含"无论在什么情况下都不改变结论或结果"（吕叔湘，1999：199），进而表示肯定，这是说话人关注到听话人可能有这样或那样不同的看法，因此对各种可能情况都给予否定。儿童这一能力的发展说明他们在 3;00 岁左右就开始显现一定的语用能力并对人际功能有所理解。

### 6.5.2 情态词语的共现

这里说的情态词语的共现包括两个方面：一是不同认识情态量级词的共现；二是认识情态量级词与非认识情态词的共现。见以下例句：

（34）HXT：你拿着让它在地上走，看它会不会爬？
　　　LXY：不知道，会吧，可能。
　　　HXT：到底会还是不会？
　　　LXY：会，应该会。（3;09）

（35）LZR：什么时候回来呀？
　　　LXY：到了晚上才回来，大灰狼就一定会睡着了。（4;05）

（36）HXT：乌云出来了，要下雨，太阳都没有了。
　　　LXY：可能今天要下雨。（4;03）

（37）LZR：可以吃吗？
　　　LXY：应该可以吃。（4;04）

（38）JBS：行，它（指奥特曼）要会踢人的。（3;00）

（39）JBS：看，干了，一定要把它甩干了。（4;06）

Cinque（1999）曾提出情态词连用的等级序列，即认识情态之必然＞认识情态之可能＞动力情态之意愿＞道义情态之义务＞动力情态之能力/道义情态之许可。本书被试儿童习得情况大致符合 Cinque（1999）的看法，其连用特征表现为：若共现的情态词都是认识情态，它们的排序一般是认识情态之必然在前，认识情态之可能在后，如例（35）（38），但也有例外，如例（36）是可能性在前必然性在后，但例（36）又符合下面的音节排序特征；如果两个情态词的量级等同，一般双音节在前单音节在后，如例（34）（39）；若共现的情态词既有认识情态也有非认识情态，它们的排序则是认识情态在前，非认识情态在后，如例（37）。

认识情态词与非情态词共现一般应在前面，这是因为认识情态的主观性更强，离句子的核心事件图式更远，这时认识情态对非认识情态量级起到细化作用，如例（37）。两个认识情态词共现，若量级不同则前者对后者起到细化作用，如例（35）（39），前面必然性词语使后面可能性词语所表达的可能性更大，例（36）中前面的可能性词语使后面的必然性降低，再比较下面两组句子及情态量级的微妙变化：

Ⅰ. ⅰ. 今天要下雨。　　　　　　必然性是确定的
　　ⅱ. 今天可能要下雨。　　　　必然性是可能的
Ⅱ. ⅰ. 我会叠一个飞机。　　　　可能性是较大的（盖然性）
　　ⅱ. 我一定会叠一个飞机。　　较大的可能性（盖然性）是确定的

当然，未必所有的认识情态词都可以连用共现，如"今天可能／一定下雨"不能连用说成"今天可能一定下雨"或"今天一定可能下雨"，这可能与情态词的韵律特征有关，也可能与语义量级差异性较大有关。不能连用共现的原因可能是多方面的，但是连用共现的功能往往与情态量级的表达有关。儿童也有误用的情况，如：

（40）LZR：电视里说的冬天是真的？
　　　LXY：你不信？它可就是真的。
　　　LZR：谁说的？电视里可不一定是真的。
　　　LXY：<u>可能一定是真的</u>。（3;08）

例（40）中成人说"电视里可不一定是真的"，儿童反驳成人的观点，认为电视里说的"一定是真的"，但又不那么坚定，所以在"一定"的前面加上"可能"，尽管此句为误用，但仍可以看出"可能"的使用降低了确信度，也就是说前者具有细化量级的作用。

有时句中有情态动词或情态副词，句末还使用了情态助词，也可以看作广义的情态词共现。这种共现多为同类量级词共现，句末的情态助词往往起到舒缓语气、弱化量级的作用。如：

（41）HXT：小鸭子来了。
　　　LXY：小鸭子会摔跤吧？（2;09）
（42）LZR：有几只手？
　　　LXY：有三只手，应该两只吧。（4;00）
（43）JBS：它会尿床的，要不，它能在那儿吗₁？（3;03）
（44）SYY：可能就是老鹰的吧。（4;06）

总之，情态词的共现连用也是情态量级补充机制的一部分，本书三名被试儿童3;00岁之后有所使用，虽然数量不多，但仍然有意义，从中可以看出儿童对情态量级的更细致的表达。

# 第七章 早期语言中的情态意义不确定性

## 7.1 研究背景与研究目标

### 7.1.1 研究背景

情态语义研究主要有两个维度，即类型义和量级义。从类型义方面看，由于情态词尤其是情态动词意义来源及引申的复杂性，即使在具体语境中也常常有情态意义类型辨识不清的情况，这就是情态意义的不确定性。关于情态类型意义的不确定性问题，国外情态研究较早就注意到了，有的语言学家持多义观，如 Palmer（1986，2001）等，有的语言学家持单义观，并且认为情态词都有一个核心意义，如 Perkins（1983）等。两种观点的区别在于前者把不同语境中的情态类型义抽取出来之后做静态归纳，而后者一直在动态语境中确定情态意义类型。Coates（1983）不同意上述两种观点，认为即使在具体语境中也存在情态意义的不确定性问题，并且包括渐变（指的是助动词意义引申的连续性）、含糊（一个词有两种意义，但在具体语境中无法断定是哪一种，即两种意义不能并存）和融合（有两种意义，并且在语境中解读为哪一种都合理，可以并存）三种情况（徐晶凝，2008）。

国内情态研究对情态动词的多种意义进行了分类（朱冠明，2005；彭利贞，2007b），但较少涉及情态义的不确定性问题，不过徐晶凝（2008：255—257）在研究情态动词时采纳了 Coates（1983）的看法，在认可情态动词可以用于不同的情态域的前提下承认它们具有语义上的不确定性，并用汉语的例子印证了存在含糊和融合的情况，如："舂米怎么能够洒出米来呢？""像虫子会对农药产生抗药性一样，我对杜梅的……也渐渐习以为常"。前一例中的"能够"既可以表示道义情态（相当于"可以"）也可以表示认识情态（相当于"可能"),但两种意义不能并存,属于含糊,后一例中的"会"既可以表示动力情态(相当于"有能力")也可以表示认识情态(相当于"有可能"),两种理解可能并存,属于融合。

我们观察上述情况,认为在语感上含糊和融合实际上很难区分,我们也找到很多类似的例句请受过训练的语言学专业研究生进行辨析,结论是能够发现不同的情态意义,但是哪些可以并存哪些不能并存无法说清,而且既然理解成哪一个都可以,为什么它们不能并存?鉴于此,本章将情态意义的不确定性定义为"情态词在语境中包含两种情态义,并且理解成哪一种都可以",不再区分含糊和融合。

Coates(1983)提到的渐变需要注意。渐变应该是导致情态意义不确定性的原因之一,表现为两个方面:一是上文提到的在语境中可以并存两种情态意义;二是情态意义的不典型性,比如"要"的将然性(如"我要上学去了"),并不是最典型的认知情态之必然,但也不能归入动力情态和道义情态,这种情况很有可能是动力情态或道义情态向认识情态的渐变所导致的。不过,考虑到渐变实为诱发因素,这里的情态意义的不确定性不包括渐变。

### 7.1.2　研究目标

情态意义的不确定既与情态词的语义演变有关,也和情态意义与某些跟情态相关的成分(如时体成分、语气成分以及情态动词所依附的动词的属性)的共生共现特征有关,情态是句法的锁定成分中的一部分(Dirven & Verspoor,1998),与其他锁定成分的使用具有协同性。因此,考察情态意义的不确定性对句法分析来说是有意义的。

我们关心的问题是:早期儿童情态习得中是否也存在情态意义的不确定性呢?成人语言尽管存在这种不确定性,但不至于太多。儿童语言中的情态意义不确定情况是与成人语言大致相同还是更为显著?如果是后者,又意味着什么?

本章基于儿童早期自发产出语料对情态意义不确定性的习得进行考察,并在量化数据的基础上对上述的问题进行深入思考。

## 7.2 儿童情态意义不确定性的产出

### 7.2.1 数据说明

情态意义的不确定性集中在一些多义情态动词上，我们在语料库中穷尽性观察三名儿童习得的所有情态动词，发现不同儿童习得情态动词不同义项存在此有彼无的现象，但是，"能、会、要"三个多义情态动词，儿童都充分习得并且产出数量非常多。鉴于这几个多义情态动词的习得基本能够反映情态意义的不确定性问题，本章只考察儿童在习得这三个情态动词时是否有意义不确定的情况。本章语料检索使用 CHILDES 中的 CLAN 程序[①]，情态意义和不确定的情态意义则是通过人工辨析进而分类的，数量统计是按例子（token）进行的。

### 7.2.2 三名儿童的产出数据

我们首先考察三名儿童产出的意义不确定的"能、会、要"的情况，发现每名儿童都有一定数量的产出，见表 7-1：

表 7-1 三名儿童意义不确定的情态词产出基本数据

| | | 2;0 前 | 2;1—2;6 | 2;7—3;0 | 3;1—3;6 | 3;7—4;0 | 4;1—4;6 | 总计 |
|---|---|---|---|---|---|---|---|---|
| 能 | SYY | 2 | 8 | 10 | 1 | 2 | 1 | 24 |
| | LXY | 1 | 6 | 1 | 5 | 1 | 2 | 16 |
| | JBS | 1 | 4 | 6 | 15 | 14 | 4 | 44 |
| | 分词总计 | 4 | 18 | 17 | 21 | 17 | 7 | 84 |
| 会 | SYY | 1 | 3 | 1 | 1 | 2 | 2 | 10 |
| | LXY | 5 | 5 | 7 | 6 | 2 | 1 | 26 |

---

① CHILDES 及其中 CLAN 程序的详细介绍见 MacWhinney（2000）。

续表

| | | 2;0前 | 2;1—2;6 | 2;7—3;0 | 3;1—3;6 | 3;7—4;0 | 4;1—4;6 | 总计 |
|---|---|---|---|---|---|---|---|---|
| 会 | JBS | 0 | 4 | 11 | 5 | 4 | 1 | 25 |
| | 分词总计 | 6 | 12 | 19 | 12 | 8 | 4 | 61 |
| 要 | SYY | 0 | 6 | 3 | 1 | 2 | 0 | 12 |
| | LXY | 3 | 4 | 28 | 10 | 2 | 0 | 47 |
| | JBS | 3 | 4 | 4 | 15 | 26 | 26 | 78 |
| | 分词总计 | 6 | 14 | 35 | 26 | 30 | 26 | 137 |
| 年龄段总计 | | 16 | 44 | 71 | 59 | 55 | 37 | 282 |

儿童产出语例举例如下：

（1）SYH：乌龟跑得快吗？

SYY：不跑步，它<u>会</u>咬人。

SYH：它会咬人？（3;10）

（2）LZR：吃饱了，该干吗了？

LXY：<u>要</u>上学啦。

LZR：好，那你送他们上学吧，好不好？（2;11）

（3）JBS：来坐坐。

LYJ：谁能坐呀？

JBS：它，青蛙就<u>能</u>坐。

LYJ：来，让它坐吧。（2;01）

例（1）中的"会"在语境中既可以理解成动力情态义"有能力"，也可以理解成认识情态义"有可能"，例（2）中的"要"可以解读为道义情态义"义务"，也可以解读为认识情态义"将然"，例（3）中的"能"可以同时解读为动力情态义"有条件"和道义情态义"许可"。

根据表 7-1 的基本数据我们可以进一步了解情态意义不确定使用的发展情况，包括不同情态词在不同年龄段意义不确定产出的频率以及不同儿童不同年龄段产出意义不确定情态词的数量是否有较大差异，量化后的数据见图 7-1 和图 7-2：

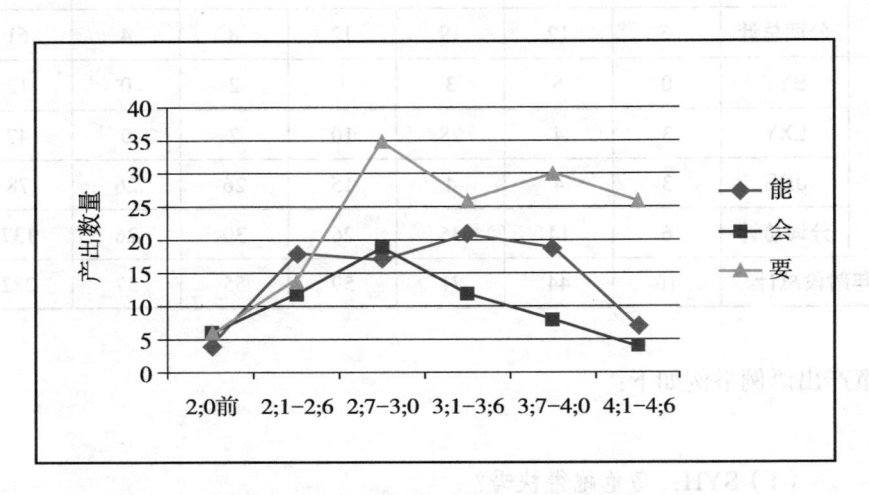

**图 7-1　不同情态词意义不确定产出的频率及年龄分布**

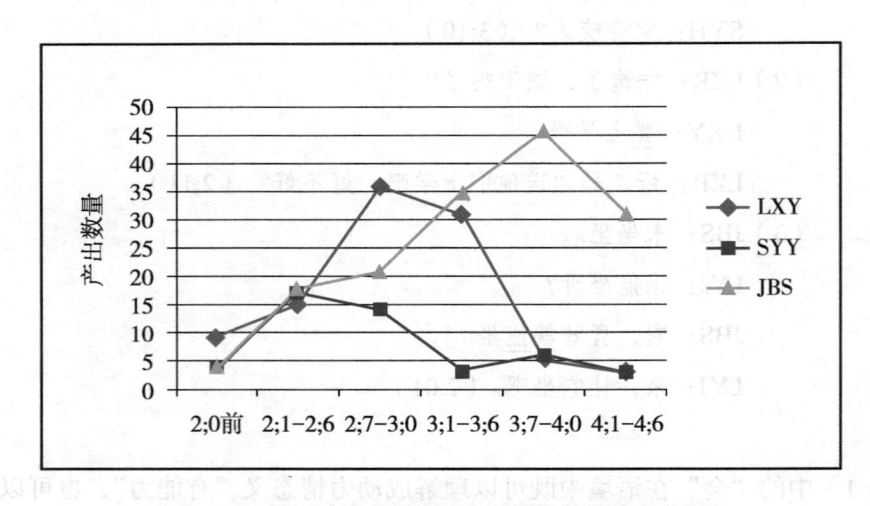

**图 7-2　三名儿童各年龄段意义不确定情态词产出频次**

如果不考虑情态不确定意义产出数量与情态词总产出之比，单纯考察表 7-1 和图 7-1、图 7-2，我们可以看到这样一些特征：

（一）儿童不同年龄段产出意义不确定情态词的数量在两岁前不多，在4;00岁后有明显的减少，从2;00到4;00岁则有持续的一定量的产出。

（二）从产出数量来看，"要"的产出数量最多，"会"的产出数量最少。

（三）就不同儿童产出情况看，被试儿童JBS产出的意义不确定情态词数量最多，尤其表现在"能"和"要"两个词上。

我们再根据情态义并存的类型进一步量化，见表7-2：

表7-2 三名儿童产出的共存情态义分词分类统计

| | | 2;0前 | 2;1—2;6 | 2;7—3;0 | 3;1—3;6 | 3;7—4;0 | 4;1—4;6 | 小计 | 百分比 |
|---|---|---|---|---|---|---|---|---|---|
| 能 | 动力与道义 | 4 | 12 | 8 | 10 | 6 | 2 | 42 | 50% |
| | 动力与认识 | 0 | 6 | 7 | 5 | 8 | 5 | 31 | 37% |
| | 道义与认识 | 0 | 0 | 2 | 6 | 3 | 0 | 11 | 13% |
| 会 | 动力与道义 | 0 | 0 | 0 | 0 | 0 | 0 | 0 | 0% |
| | 动力与认识 | 5 | 12 | 19 | 12 | 8 | 4 | 60 | 98% |
| | 道义与认识 | 1 | 0 | 0 | 0 | 0 | 0 | 1 | 2% |
| 要 | 动力与道义 | 6 | 6 | 6 | 4 | 8 | 5 | 35 | 26% |
| | 动力与认识 | 0 | 7 | 28 | 22 | 21 | 20 | 98 | 72% |
| | 道义与认识 | 0 | 1 | 1 | 0 | 1 | 1 | 4 | 2% |

通过表7-2我们可以看到一个很明显的特征：就是三名儿童在两个多义情态词（会、要）中动力情态义与认识情态义共存的现象产出频率最高，不同年龄段均如此，该类情态义共存产出数量也最高，三名儿童总计产出189例，占总数的67%；动力情态义与道义情态义共存语例的产出数量次之，共77例，占总数的27%；道义情态义与认识情态义共存语例的产出数量最少，共16例，占比为6%。见图7-3：

■ 动力与认识　■ 动力与道义　■ 道义与认识

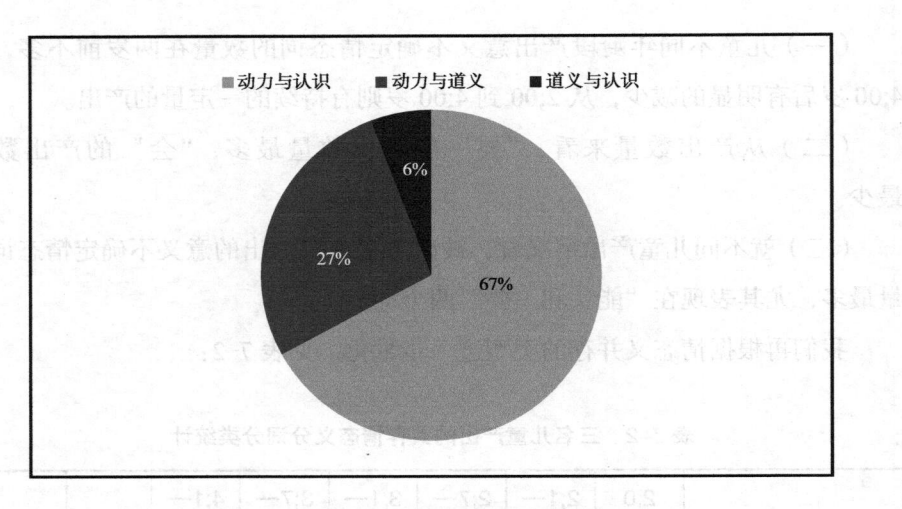

67%　27%　6%

**图 7-3　儿童产出共存情态意义的类型比例**

各类产出语例举例如下：

（4）SYH：你现在学一个，给爸爸学学怎么给你妈打电话呀？
　　　SYY：说喂啊，我知道就会打了。
　　　SYH：你知道就会打了？（3;06）　　　（动力与认识共存）
（5）LXY：抠出来给另一颗。
　　　LXY：维尼要吃蜂蜜了。
　　　ZYY：拿不出来了。（2;05）　　　　　（动力与认识共存）
（6）SYH：弄什么呀？
　　　SYY：这还能喝吗？
　　　SYH：不能喝了。（2;03）　　　　　　（道义与认识共存）
（7）GCY：小孩儿不能动。
　　　SYY：啊，不能动？
　　　GCY：对，动坏了。（1;11）　　　　　（动力与道义共存）
（8）HXT：是吗？
　　　LXY：妈妈我要说什么？
　　　HXT：我咋知道你要说什么呀？（2;07）（动力与道义共存）

## 7.3 情态意义不确定的产出特征

通过上述数据我们可以肯定儿童早期情态表达中的意义不确定现象是非常普遍的。儿童产出各类"能""会""要"的数量分别是 1008 例、1530 例和 2105 例，总计 4643 例，其中情态意义不确定的数量分别为 84 例、61 例和 137 例，总计 282 例，产出占比分别是 8.3%、4% 和 6.5%，总计 6.3%。这个比例还是非常高的，值得关注，也值得进一步探究是什么原因导致儿童语言中有这么多情态意义不确定的语例。

### 7.3.1 发展上是否有 U 形曲线问题

我们通过各年龄段儿童各情态词产出总数和情态意义不确定产出总数之比来看情态意义不确定产出是否有 U 形曲线问题，见表 7-3 和图 7-4：

表 7-3 儿童各情态义产出总数与情态义不确定产出总数对比

| | | 2;0 前 | 2;1—2;6 | 2;7—3;0 | 3;1—3;6 | 3;7—4;0 | 4;1—4;6 | 总计 |
|---|---|---|---|---|---|---|---|---|
| 能 | SYY | 2/8 | 8/14 | 10/69 | 1/35 | 2/55 | 1/55 | 24/236 |
| | LXY | 1/17 | 6/16 | 1/38 | 5/50 | 1/42 | 2/14 | 16/177 |
| | JBS | 1/9 | 4/41 | 6/85 | 15/95 | 14/191 | 4/174 | 44/595 |
| 会 | SYY | 1/23 | 3/83 | 1/123 | 1/156 | 2/13 | 2/125 | 10/523 |
| | LXY | 5/36 | 5/67 | 7/89 | 6/133 | 2/123 | 1/26 | 26/474 |
| | JBS | 0/6 | 4/54 | 11/82 | 5/99 | 4/165 | 1/127 | 25/533 |
| 要 | SYY | 0/31 | 6/43 | 3/46 | 1/53 | 2/63 | 0/101 | 12/337 |
| | LXY | 3/83 | 4/95 | 28/168 | 10/276 | 2/117 | 0/131 | 47/870 |
| | JBS | 3/63 | 4/97 | 4/136 | 15/169 | 26/181 | 26/252 | 78/898 |
| 总计 | | 16/276 | 44/510 | 71/836 | 59/1066 | 55/950 | 37/1005 | 282/4643 |
| 产出比例 | | 5.8% | 8.6% | 8.5% | 5.5% | 5.8% | 3.7% | 6.1% |

注：斜线前面的数字是情态义不确定语例的数量，后面是各情态义产出的总数。

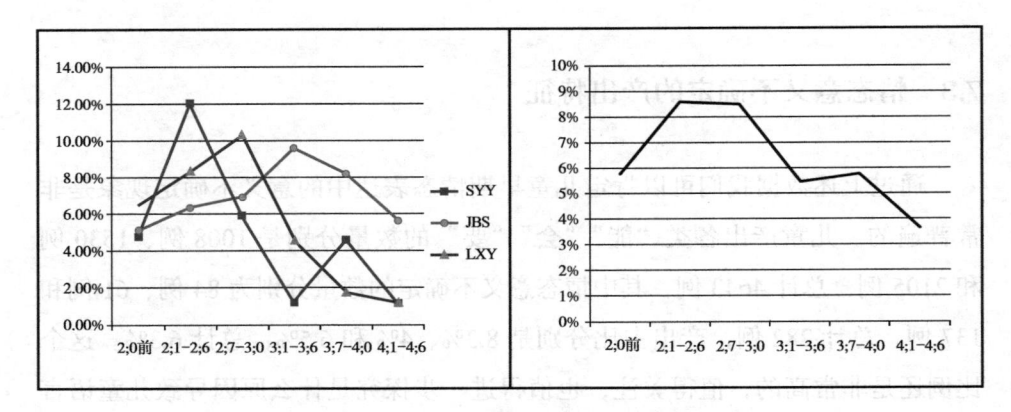

**图 7-4  儿童不同年龄段情态义不确定产出比例（个体平均发展与总体平均发展）**

三名儿童情态义不确定语例从 2;00 岁到 4;00 岁都有持续的产出，但 4;00 岁之后产出语例有所减少。2;00 岁前情态义不确定语例及占比并非最高，不过这并不意味着这里是 U 形曲线的开端，可能与 2;00 岁前儿童"能""会""要"的产出中有一部分是对成人用例的顺应模仿有关，即这一时期儿童常常用成人问话中包含的一个词或简单词组来回答成人的问题。顺应模仿用例会不会产生意义不确定性与成人的问话有关，从整体上看，应该比自主产出语例的意义不确定性的比例要低。另外，较小儿童说话频率不高，语料中常常是大人说很多句儿童才说一句。儿童 2;00 岁前情态词用例举例如下：

（9）JBS：妈妈，妈妈拿着，妈妈拿。

ZLZ：妈妈拿，哦，盖子掉了。

JBS：倒水。

ZLZ：倒水，倒水，好，去喂小鸟喝好吗，小鸟要喝水吗？

JBS：要喝水。(1;08)

（10）LZR：能吃吗？

LXY：能吃。

LZR：我不信，我不信。(1;07)

（11）LYR：能拿吗？

　　　LXY：<u>能</u>拿。

　　　LYR：能拿啊，手里已经满了。（1;10）

（12）GCY：你会铰吗？

　　　SYY：<u>会</u>铰。

　　　ZXB：羊洋自己拿指甲刀剪指甲，自己试试，羊洋会铰。（1;08）

另外，三名儿童个体发展比例有差异，其中 JBS 情态义不确定的产出比例的高峰稍晚，在 3;00—4;00 岁之间，SYY 和 LXY 则在 2;00—3;00 岁之间，但是三名儿童均在意义不确定语例产出高峰期后逐渐减少，4;00 岁之后明显减少，这一发展特征是有意义的，一方面意味着儿童情态范畴的习得成熟，另一方面也意味着与情态范畴语义解读相关的语言项目（如时体成分、动词的情状特征或者某些句类及句式）的习得成熟。

### 7.3.2　三个情态词情态义不确定产出的初步分析及讨论

上一小节中的数据也显示三个情态词意义不确定语例的产出数量不均衡，其中"要"的产出数量最多，"能"次之，"会"最少。但是若按各词产出总数与意义不确定语例数之比来计算，则是"能"的情态义不确定产出比最高，"要"次之，"会"最少。我们按产出比来确定各词情态义不确定情况的不均衡性，即：能＞要＞会。什么原因导致这一特征的存在呢？我们推测跟各词内部多义引申情况的复杂度、与不同情态义解读相关的句法条件有关。

#### 7.3.2.1　"会"的情态意义不确定性

"会"是否有道义情态是有争议的，彭利贞（2007b：142）认为"会"存在道义情态，表示"承诺"，但很多文献认为"会"只有两种意义，即动力情态（能力）和认识情态（较大可能）（吕叔湘，1999：278—288；朱德熙，1982：62—63；郭昭军，2003a；徐晶凝，2008：262）。我们认为，即使"会"可以分化出道义情态义，但这一意义是受限的，使用频率非常低。从本章被试儿童早期习得情况看，很难说她们已经习得了道义情态的"会"，三名儿童到 4;06 岁为止共产出 8 例含有"承诺"义的"会"（LXY 产出 3 例，SYY 产出 1 例，JBS 产出 4 例），但是表"能力"和"较大可能"的"会"都有很高的产出数量。"会"情态意义中是否存在道义情态有争议，且儿童产出稀缺，因此情态动词"会"不太可能出现"动力与道义"和"道义与认识"两种类型的情态意义不确定现象，只有"动力与认知"这一种情态义共存类型可能存在，我们觉得这可能是"会"情态意义不确定语例产出比例相对来说最低的重要原因。

### 7.3.2.2 "能"的情态意义不确定性

"能"是多义情态动词中意义最为复杂的词之一，也是情态意义不确定语例产出比例最高的词，占"能"全部情态用法产出的 8.3%。

"能"的认识情态义"可能"的解读需要一定的句法条件，在反问句中往往是毫无争议的"可能"义，如：

（13）SSY：唱《两只老虎》。
　　　LXY：我做客怎么<u>能</u>唱歌呢？
　　　LXY：还没到唱歌的时间呢。（3;06）

但是在一般疑问句中，到底是"有能力"义，还是"许可"或者"可能"义存在模糊不清的情况。当主语为说话人时，解读为"有能力"义可以，解读为"可能"义也未尝不可，比如：

（14）ZFA：嗯？
　　　LXY：我还<u>能</u>出去吗？
　　　ZFA：你看今天外边，是不是要下雨了？（4;03）

当主语是非说话人的时候，解读为"许可"义和"可能"义都是可以的，如例（15），有时也有"有能力"义和"可能"义共存的情况，如例（16）：

（15）JBS：你说我妈妈，能，能吃吗？
　　　ZXF：问我呐？（3;06）
（16）JBS：嗯，那妈妈给它打针哭吗？
　　　WSS：它也不哭，它是乖孩子。
　　　JBS：那它能吃饭吗？
　　　WSS：不是吃饭，是做饭。（3;03）

"能"的动力情态义（有能力）和道义情态义（许可）共存现象同样非常普遍，在非疑问句中当主语为非说话人时尤其当非说话人为有生体时，常常出现"动力与道义"类型的意义不确定现象，如：

（17）LXY：小鸟。
　　　LXY：小鸟不能吃。
　　　HXT：嗯，小鸟，小鸟不能吃。（2;03）
（18）HXT：咦？厉害呀。
　　　LXY：猴子也不能看。
　　　HXT：嗯，就不能看。（2;04）
（19）SYH：嗯。
　　　SYY：煮了能吃。
　　　SYH：能吃，煮熟了就能吃。（3;05）

"能"在情态义上发生不确定的情况很普遍，"动力与道义""动力与认识""道义与认识"三种类型都普遍存在，从统计学上看，这是"能"情态意义不确定语例产出比最高的一个原因，但从深层动因来看，还是与"能"的不同情态义有引申关系以及各类情态义的句法共现条件有关。

"能"的动力情态义非常复杂，包括"有能力"或者"善于""有条件"和"用途"（吕叔湘，1999；王伟，2000；彭利贞，2007b；等等）。而当"能"进入非主语指向（朱冠明，2005）的句子中表达客观具备条件或有某种用途时，就为情理上的应该及许可或环境上的许可提供了内在条件，这一方面是"能"由动力情态义向道义情态义引申的路径和理据，另一方面也给两类情态义共存留下空间，当上下文语境不足以分化两类意义时，就有可能产生情态义不确定的情况。早期儿童的对话恰恰是经常省略很多成分，有时儿童还会突然说出在对话语境中特别不着边的一句话，甚至儿童的父母也不明其意，因此，出现情态义含混共存的用例也在所难免。

前文提到"能"表示"可能"的典型句法共现条件是反问句（郭昭军，2003b；张云秋、李若凡，2017），根据张云秋、李若凡（2017），反问句并非有疑而问而是向听话人提供肯定性的信息，但句法形式却用疑问句形式，因此理解和使用反问句都涉及语义和句法的接口问题，需要消解表层形式与语义内涵的极性对立，这需要复杂的语义运算及较高的语用能力，因而儿童习得该义项的时间比习得"要、会"的认识情态义要晚得多。在认识情态义产出之前的较长一段时间内，儿童常常在一般疑问句中使用"能"，疑问句中的命题或事件并非确定，需要答句来确认，这导致"能"对疑问句的语境义有所吸收，在上下文语境不十分明确的情况下一些疑问句中的"能"含有"可能"的意义。

### 7.3.2.3 "要"的情态意义不确定性

"要"也是多义情态动词中意义最为复杂的词之一，与"能"一样也是"动力与道义""动力与认识""道义与认识"三种语义类型并存的情况都可能存在，因此，从统计学上看，也容易有很高的产出比。

"要"的情态义包括动力情态义"意愿"、道义情态义"义务"和认识情态义"必然"，认识情态"必然"最为复杂，包括"将然"和"推断"，其中将然性表示事件在说话时刻之后发生（彭利贞，2007b：139），如：

（20）GCY：上良乡。

SYY：我老姑今儿也<u>要</u>上良乡啦。（3;01）

推断义往往在一定的条件下发生，如例（21），推断"摔跟头"的条件是"背累了"，可以换成"会"，但是推断为真的可能性较大，近于确信。

（21）SYY：背人不好玩儿，对吧？背累了我要摔跟头。(4;05)

例（20）不是最典型的认知情态之必然，但也不能归入动力情态和道义情态。我们认为这个"要"兼表未来时和认识情态"必然"，表现为"将然性"，类似于英语的 will，而能兼表未来时和认识情态的理据是两者时间特征的一致性：认识情态之必然具有非现实性，推断的是即将发生事件的命题为真的可能性；将然则表示"要"之后的行为、事件在说话时刻之后就会实现，即表达对未来事态的推断，如"要刮风了"即"刮风"这一事件在说话时刻之后会出现，"他要出国了"推测的是"出国"这一事件在说话时刻之后会成为现实。将然性很可能是从动力情态向认识情态的渐变（Coates，1983）所导致的。

认识情态之必然是儿童情态语义量级中习得最晚的（张云秋、李若凡，2017），在此之前儿童大量产出表将然性的"要"，并且三名儿童"要"的情态意义不确定产出中"动力与认识"类型占比最高，约72%，这些数据表明"动力与认识"类型占比最高既是儿童情态量级发展过程中的伴随性特征，也显示出儿童情态语义发展与"要"情态义历时演变有一定的互证性。

## 7.4 情态意义不确定习得的制约因素探讨

### 7.4.1 情态意义不确定的类型不均衡

根据表 7-2 和图 7-3 的数据，可以看到儿童产出情态意义不确定的类型是不均衡的，其中"动力与认识"共存这一类型最多，占总产出的67%，"动力与道义"共存的产出量次之，占总产出的27%，"道义与认识"共存的产出量最少，占总数的6%。

就这一产出特征与三个多义情态词的关系来看，道义与认识两种情态共存产出量最少与"会"的情态意义类型及不确定产出特征直接相关，见上文 7.3.2.1 节的讨论。动力与认识两种情态义语例的占比最高同样与前文讨论的"会"的情况有很大关系，"会"情态意义不确定基本属于"动力与认识"共存类型，另一方面与"要"的不确定产出情况也关系密切，"要"情态意不确定大部分也属于"动力与认识"共存类型,这两者就决定了"动力与认识"情态义不确定类型在所有的产出类型中占比最高。

考虑到"动力与道义"共存类型产出量占总产出量的27%,我们可以看到与动力情态有关的情态意义不确定语例产出量占所有产出量的94%,也就是说,情态意义的不确定与动力情态关系最密切。这一产出特征是偶然的还是有内在的理据?显然需要进一步探究。

"能、会、要"各词的不同情态意义习得是渐进的,如果排除"会"的道义情态用法(表"承诺")①,儿童对每个词的情态意义习得无一例外都是从动力情态开始,之后基本上先习得道义情态,后习得认识情态。从三个多义情态动词的意义扩展上看,动力情态用法最为基本,道义情态与认识情态或是直接或是间接从动力情态义引申而来。从历时演变与语言习得的互证关系方面观察,儿童习得情态义恰恰是从动力情态开始,并且习得的时间非常早,在独词句阶段就有非常准确的"即时回答",之后逐渐向道义情态和认识情态发展。但是道义情态义和认识情态义的发展与同一系统中其他成分的习得有一定的协同性,如场景成分中的时体和语气成分,如果这些时体和语气成分没有被较好地习得,那么非动力情态义,尤其是认识情态义的解读就有可能模棱两可,即情态意义含混不确定。比如:

(22) a. 我<u>要</u>喝水。
b. 我<u>要</u>喝水了。

例(22a)中的"要"是单义的动力情态义,表示"意愿",但例(22b)中"要"的意义无法确定,可以解读为"将然",也可以解读为"意愿",因为句中主语是有生体并且是说话人指向的,一般会解读为主语的"意愿",即动力情态,但此句后增加了一个句尾"了",使情态词的意义含混起来。"了"是

---

① "会"是否有道义情态义有争议,有的学者认为没有,有的学者认为有。但是儿童对"会"的"承诺"义习得数量极少,可以说是零星习得。

多义的，一般来说，"了"如果是事态标记，"要"一般解读为动力或道义，即根情态，但"了"如果是体标记，"要"多解读为认识情态，如果"了"在句中的功能不明确，就会出现情态意义模棱两可的共存现象（彭利贞，2007b：298—299），例（22b）中的"要"正是因为句末"了"的功能不清晰而产生了意义的不确定。也就是说，早期儿童情态意义不确定现象的大量存在，主要与情态词内部的多义性及引申路径有直接的关系，但也受语言系统中其他成分的影响。

### 7.4.2 情态意义不确定的外部因素

#### 7.4.2.1 动词情状与情态类型的习得

情状是动词表示的事件状态和方式，与语句中的时间特征密切相关，根据 Vendler（1967）的经典研究，动词按情状可以分为四种类型，即静态（state）、活动（activity）、完结（accomplishment）、达成（achievement）。实际上，动词的情状与情态意义关系非常密切。根据早些时候的研究（陈婷君，2016），早期儿童对情状动词的习得顺序是：活动＞完结＞达成＞静态，李若凡（2014）的研究也显示儿童两岁前产出的动词中高及物性动词占绝对优势，而动态的活动动词以及完结动词往往与非认识情态共现，静态动词则与认识情态有天然的关联，这样看来，早期儿童情态类型和情状类型的习得具有平行性和相关性，那么儿童的情状类型习得对情态类型的影响也是显而易见的，也就是说，情状类型的发展是一条线索，情态类型的发展也是一条线索，两者需要协调，才能很好地共现。

（23）JBS：我瞅它像要睡着了。
　　　JBS：这是它的床。
　　　ZXF：哦。（3;08）
（24）ZXI：飞到哪儿去？
　　　JBS：我要坐飞机去了。
　　　ZXI：我坐飞机去哪儿啊？（3;08）

例（23）中的动词是静态动词，句末"了"几乎是强制性共现成分，其中的"要"情态意义确定，是认识情态，但是例（24）中的动词是活动动词，句末"了"是非强制性成分，如果"了"不出现，"要"解读为动力情态，但是"了"的使用使情态动词的意义模糊起来。也就是说，导致两句情态意义是否清晰的主要原因与动词的情状属性脱不了干系，我们解读情态动词的意义类型常常会根据上下文语境，而情状就是那个语境之一。

进一步考察三名儿童的语料我们还发现："要＋活动/完结动词（组）"（即不带"了"的）产出最多，儿童最初两个月习得的语例多为此类；之后，"要＋活动/完结动词（组）＋了"的产出也有许多；但是"要＋静态动词＋了"的产出时间都较晚，不过"要＋静态动词"的产出则几乎没有，因为这种结构是不合法的（如"*我要睡着"）。这样看来，对"要"的习得来说，确定的动力情态"意愿"习得时间很早，确定的认识情态"将然"或"必然"习得时间较晚，而动力情态与道义情态共存的"要＋活动/完结动词（组）＋了"结构在动力情态习得之后一直有一定量的产出，包括确定的认识情态习得之后也一直有产出。

有意思的是，儿童产出的这种情态意义不确定类型，在成人语言中也常常存在。

### 7.4.2.2 时间成分与情态类型的习得

由于情态标记的是说话人对可能世界的命题为真与否的态度，其非现实性特征与时间（体是内部时间）存在必然的关联，尤其是主观性强的认识情态。

在时体与情态的关联问题上，已有研究为我们提供了较好的理论支撑。按 Givón（1984）和 Dirven & Verspoor（1998），从语法的构成系统上看，论元结构所表达的命题或事件是语法的子系统，而时体、情态、语气则可以一同看作除论元结构之外的语法子系统。同属一个语法子系统的成员（时体成分和情态成分）在语句中可能互相影响，原因在于它们需要在时间和真值（为真的可能性）等方面协同以适应动词的语义特征以及命题中的功能特征。彭利贞（2007b：219—268）辨析了体标记"着、了、过、起来、下去"以及短时体动词重叠式等与根情态和认识情态的同现特征，当然，以"着、了"为线索来解读情态意义需要对"着、了"的时间意义进行更细致的辨析。

儿童对认识情态的习得与时间成分的习得确实是相辅相成的。根据我们对早期儿童"了"习得规律的研究（张云秋等，2014），儿童优先习得事态标记的"了"，即句尾"了"，然后习得体标记"了"，即词尾"了"，汉语儿童对时间标记的习得是由外向内的。上文我们提到"了"如果是事态标记，"要"一般解读为动力情态或道义情态，"了"如果是体标记，"要"多解读为认识情态（彭利贞，2007b：298—299），而从情态意义来说，儿童恰恰是先习得根情态"要"，然后习得认识情态"要"。不仅"要"如此，"会"也如此。①本书三名儿童体标记"了"的自主产出时间都在2;00岁左右，我们看到2;00岁前的儿童"会"的情态义除动力情态之外，多为"动力与认识"意义共存类型，但到了2;00岁之后就有意义非常明确的认识情态义用法了，如：

（25）GFI：怕啊！老虎会咬你吗？
　　　LXY：会咬你。（1;08）
（26）LXY：你不跟维尼玩维尼就会生气的。（2;05）
（27）LXY：它们到站了，大灰狼就会来了。（3;03）
（28）JBS：妈妈回来会给我打气呀。（2;01）
（29）JBS：别，脱了会感冒的。（2;03）

例（25）属于"动力与认识"意义共存，被试儿童LXY在2;00岁之前有一定量的产出，JBS则没有同类产出，但2;00岁之后两名儿童的"会"都发展出意义明确的认识情态义，见例（26）—（29）。

另外，体标记"着"（持续体）、"过"（经历体），都是解读"能、会、

---

① "能"的情况更复杂一些，因为"能"表认识情态"可能"还需要句法条件，包括疑问句和反问句，所以"能"的认识情态义习得不仅与时间成分有关。

要"认识情态义的依赖成分。儿童"着"的习得在1;10岁到2;00岁之间（张云秋等，2014），我们进一步对三名被试儿童"过"的习得时间进行考察，发现大约在2;04到2;09岁之间（JBS：2;04岁；LXY：2;08岁；SYY：2;09岁），比"了、着"稍晚一些。整体来说，跟体标记"了"与"要、会"认识情态意义习得的协同性一样，"着、过"的习得与多义情态动词不同意义的习得也具有较高的相关性。

当然，体标记成分的意义是复杂的，需要厘清哪些意义标记的是内部时间，哪些不是，如果与时间有关，是哪种时间成分标记。另外，同类体标记成分也可能与不同类型的情态意义有搭配关系，所以时体成分习得与情态类型习得的关系可能更复杂一些，需要更为细致的梳理。

#### 7.4.2.3 句类语气与情态类型的习得

情态语义的类型习得与句类有一定的关系，句类是按语气划分的类别，当然情态意义也就与语气有关。

观察较小儿童与成人的言语活动，我们会发现儿童最初使用"能、会、要"的情况中有一部分是成人问话，儿童简短回答，也就是说，最初多义情态词出现的句类很多是陈述句，表现为动力情态，如：

(30) JWD：我们摇一摇，行不行，来摇一摇来，抱起来摇来，要不要，要不要？

JBS：不<u>要</u>。(1;05)

(31) GFI：唱歌啊！你会唱吗？你会不会唱歌？

LXY：<u>会</u>唱歌。(1;08)

之后，儿童很快就可以用带情态词的完整句子回答成人问题，也能对命题或事件进行评价，或者用带情态词的句子进行祈请，表现为道义情态，如：

(32) HXT：一条，你说 hello。

LXY：不<u>要</u>添这个。(1;10)

（33）LXF：哦，苹果。
　　　ZLZ：烂苹果，能吃吗？
　　　JBS：不<u>能</u>吃。（2;00）

再后来，随着儿童句法的复杂化儿童可以借助上下文给出条件，表达主观性高的情态义，也可以在疑问句或反问句中表达对命题或事件为真的可能性差异，表现为认识情态，如：

（34）LXY：再脱。
　　　LXY：那<u>要</u>变了怎么办？（2;07）
（35）SYY：啊［=! singing］跳我也不<u>会</u>老。
　　　GCY：哎，这就对了，得唱整个儿的，不能说唱半拉子，天天儿的。（3;03）
（36）SSY：唱《两只老虎》。
　　　LXY：我做客怎么<u>能</u>唱歌呢？（3;06）

这样看来，儿童情态类型的发展与句类及语气的习得有一定的关联。

在考察儿童"会"的认识情态习得的时候我们还发现相当多的盖然性"会"与语气词"的"共现，如果句中没有"会"，"的"就不能出现，但单独出现"会"而不用"的"是可以的，所以"的"与"会"共现的目的是强化"会"的情态意义，即较大可能性。如：

（37）LZR：xxx 会爆炸不？
　　　LXY：那个<u>会</u>爆<u>炸</u>。
　　　LZR：哦，那个会爆炸的。（1;11）
（38）HXT：呀，这么厉害！
　　　LXY：爬，裤子<u>会</u>脏<u>的</u>。
　　　HXT：是啊，你裤子上有一个小熊猫。（2;08）

（39）ZLZ：哈哈哈，这么涮。
　　　　JBS：吃，吃肚子里边，肚子会疼的。
　　　　ZLZ：哦，肚子会疼的。（2;05）
（40）SYH：你知道你要拆坏了。
　　　　SYY：我拆不坏它，不会拆坏的。（4;00）

另外，"能"的认识情态意义一般与反问句共现（张云秋、李若凡，2017），在一般疑问句中常常出现意义不确定的情况，这样看来，情态语义的发展与句类或句式也有一定的关联，也就是说，情态语义习得如果需要与句法接口时，可能发生迟缓。

我们归纳一下本章的主要发现。

首先，全面考察了汉语早期儿童情态习得中出现的语义类型不确定现象，通过多义情态动词"能、会、要"的习得数据，我们发现两个主要习得规律：（1）内部情态意义越复杂的词，出现意义不确定现象的比例越高，如"能"和"要"的情态意义更复杂，意义不确定语例产出总比都高于"会"；（2）不同情态意义共存类型存在不均衡现象，表现为"动力与认识"意义共存类型产出比最高，"动力与道义"意义共存类型次之，"道义与认识"意义共存类型最低。

其次，我们通过多角度分析对上述习得规则进行解释：（1）多义情态词内部语义的复杂性和语义演变是情态意义不确定产出的内在原因，成人语言中尚且存在情态义含混现象（徐晶凝，2008：256—257），儿童从无到有的情态义习得更不可避免地出现情态义模棱两可的现象。张云秋等（2014）曾证明儿童习得多义词义项的时序特征与词语语义演变有较高的互证性，我们也有理由相信语义演变过程的渐变状态（如"要"的将然性）在儿童习得时会留下痕迹。（2）与情态成分共属同一子系统的其他场景成分（时体成分和语气成分）以及动词情状属性的习得对情态意义共存类型产出的不均衡特征应该负有一定的责任。三个情态意义中动力情态义习得时间最早，认识情态义最晚，这是因为认识情态义的认知与解读更为复杂，与时体标记和句类及语气标记的习得有较高的相关性，即涉及了语义与句法的接口知识，因此"动力与认识"意义共存类型产出总比也是最高的。儿童语言习得中的情态意义不确定现象从一个侧面证明时体范畴和语气范畴与情态范畴关系密切，它们被功能语言学家看作同一语言子系统是有道理的。

早期儿童语言中的情态意义不确定性还给我们一个启示，即儿童语义的习得与句法、语用的发展关系密切，它们之间的习得具有协同性。

# 第八章　情态意义与动词情状的共现习得

## 8.1　研究背景与研究目标

本章主要在前文研究的基础上考察情态类型与情状类型的协同习得，探讨情态语义类型习得与解读成分的相关因素。

就目前掌握的资料来看，关于动词情状问题以往研究主要对情状的语义特征和类型进行了讨论。由于汉语没有屈折变化，情状问题讨论起来就更复杂，有从谓语动词或短语入手的研究，也有从整个句子层面入手的研究。关于情状的分类，有学者参照 Vendler（1967）的四分法，也有学者根据汉语特点提出的三分法。在汉语情状本体研究方面有不少成果，但在儿童语言习得方面，还没有情状习得的相关研究，因此本章对儿童情状类型的习得研究会弥补这一空白。

国内外学者很多注意到情态和情状之间存在着某种共现关系，如 Coates（1983）发现 must、may、might、will、shall、would 这些情态动词与静态动词同现时，很大几率表现出认识情态义；忻爱莉（2000）发现情态动词"应该"只有与静态动词结合时才具有认识情态义，与其他类型动词（活动动词、完成动词、单变动词、复变动词）结合时更倾向于表现出道义情态义。本章考察了 SYY、LXY 和 JBS 三名儿童的语料，统计分析发现认识情态与静态情状、达成情状同现的几率比较大，根情态与活动情状、完结情状同现的几率比较大。

从儿童语言习得方面对情态和情状共现关系进行研究，可以为探究"为什么会呈现出这种规律"提供一定的解释线索。

## 8.2 情状问题研究回顾

在第一章中我们对情态动词研究及情态类型研究状况已经做过介绍，这里主要介绍以往关于动词情状问题的研究。

### 8.2.1 情状及其类型

情状是语言中动词或句子表示的事件的状态和方式（彭利贞，2007a），情状与动词或句子的时间特征密切相关。Vendler（1967）关于情状的研究是最经典的，他以［±静态］、［±持续］、［±终点］三个语义特征为依据，将动词表现的情状分为静态（state）、活动（activity）、完结（accomplishment）、达成（achievement）四类，首次提出情状类型四分法。在他之后的很多语言学者，不管是从单个动词入手还是从句子入手分析情状类型，大多以他的分类标准为参照。本章将从谓语动词或短语的层面研究情状问题，参考 Vendler 的分类方法将谓语动词或短语分为静态、活动、完结、达成四种情状。接下来我们依次介绍这几种情状类型。

静态（state，或翻译成"状态"）情状表示某种比较稳定的状态，内部具有均质的时间结构，没有起始、高潮、结束这样的时间变化。可以表示这种情状的动词有属性关系、心理感觉、姿势、位置动词，如"属、姓、等于、标志着、知道、相信、爱、恨、站、坐、躺、挂、戴、吊"等。

活动（activity）情状表示某一动作或行为内部没有明确的时间点表示动作的完成，理论上可以将动作无限地持续下去。可以表示这种情状的动词有位置动词、动作动词，如"踢、砍、打、看、吃"等。

完结（accomplishment）情状表明一个动作的完成，它与活动情状的共同点在于，它们都有一个明显的持续过程，只是完结情状有一个时间点表示动作的完成，而活动情状表示的动作理论上可以永久地持续下去。如，同样是动词"走"，"走路"表达的是"走"的动作，只看这个谓语动词并不知道"走"的终点在哪里，也就是说理论上讲"走路"这一动作可以无限持续下去，属于活动情状；而谓语短语"走到学校"表达的是"走"这一动作的结果，有一个时间点来判断"走到"的标准，属于完结情状。可以表示完结情状的动词有姿势、位置、动作动词，如"穿上、剥开、抓住"等。

达成（achievement）情状表示某种变化后的一种状态，动作发生的起始点和终结点几乎重合，没有一个明确的时间点表示运动的终点，中间没有一个持续的过程或者说前一个动作的持续过程短到可以忽略不计就转变为另一种状态，它不涉及变化时的动作过程而只呈现变化后出现的状态和结果。达成与完结的区别在于：完结有一个动作的过程，达成没有这一过程；完结情状有一个明确的时间点来表示动作的结束，达成情状没有这一时间点。达成描述的是达成的某种状态，完结描述的是某一行为动作的完整过程，同样以"走"为例："走"表示活动情状；"走到学校"表示完结情状；"走了"表示达成情状。可以表示达成情状的动词有结果动词，如"死、爆炸、醒"等。

总之，静态情状只单纯描述一种状态，内部没有起伏变化；活动情状只描述某一动作行为，动作行为所带来的变化结果不在它所描述的范围内；完结情状重在说明某一动作行为的完成，能清楚地看到运动轨迹和时间终结点；达成情状重在描述某一动作行为作用后所呈现的状态，动作行为发生的起始点难以描述。

### 8.2.2 现代汉语情状问题研究

很多学者研究过现代汉语的情状问题，但现代汉语没有印欧语系意义上的屈折变化，因而使现代汉语时间特征的研究变得有些复杂，各家对于情状的研究也有不同的切入点。多数学者认为，句子的时间特征主要由谓语动词的词汇意义决定，因此可以从单个谓语动词入手划分情状类型；但也有人认为，整个句子的时间特征并不总是由单个谓语动词决定的，还受其他语言成分的影响，同一谓语动词在不同语境中可能表现出不同的情状类型，因此情状类型的划分要视不同语境而定。

#### 8.2.2.1 从动词入手的情状研究

马庆株（1981）对动词的情状分类比较有代表性，他根据 [± 持续]、[± 完成]、[± 状态] 三个语义特征对动词的情状做出如下划分。

首先以能否加"着"为标准将动词分为两大类：一类是不能加"着"的非持续性动词 Va，如"死、回、败、知道、出现、看见、离开"等；另一类是能加"着"的持续性动词 Vb，如"等、看、买、说、研究、挂"等。Vb 比 Va 数量多得多。

Vb 类动词里面又有不同，有的动词说出来有歧义，如：

（1）这本书我<u>看</u>了一年了，还没看完。
（2）这本书我<u>看</u>了一年了，里面的内容还记得很清楚。

例（1）中的"看"表动作行为的持续，例（2）中的"看"则表动作行为的完成。Vb 类动词中有些动词则没有这种歧义，如：

<u>等</u>了三天了　　<u>睡</u>了半天了　　<u>坐</u>了半小时了

以上短语中的"等""睡""坐"没有歧义，都表示动作行为的持续。因此，马庆株又将 Vb 类动词分为强持续性 Vb1 和弱持续性 Vb2 两类。Vb2 类动词还可以分为两类，见以下例句：

（3）这本书我<u>看</u>了三天了。
（4）这灯笼我<u>挂</u>了半天，还是没挂上去。（Vb21）
　　　这灯笼<u>挂</u>了好几天了，我今天才发现。（Vb22）

例（3）中的"看"单说没有歧义，只表示动作行为的持续。例（4）中的"挂"则既可以表示动作行为的持续，为 Vb21 类；又可以表示状态的持续，为 Vb22 类。马庆株对动词的情状划分可以总结为表 8-1：

表 8-1　马庆株（1981）对动词情状的分类

| 动词情状类 | | 例词 | 持续 | 完成 | 状态 |
|---|---|---|---|---|---|
| Va | | 死、知道、看见 | − | | + |
| Vb1 | | 等、坐 | + | − | |
| Vb2 | Vb21 | 看 | + | + | − |
| | Vb22 | 挂 | + | + | + |

Tai（1984）也从动词入手考察了现代汉语的情状问题，他把情状分为静态、动作、结果三种，他认为汉语和英语不同，没有完结类，把完结类归入动作类中。

#### 8.2.2.2　从句子入手的情状研究

邓守信（1985）把 situation 翻译成"语境"，他赞同 Vendler 的观点，认为汉语的语境（即情状）应该分为状态（state）、活动（activity）、完结（accomplishment）和达成（achievement）四类，并从时间结构的角度分别讨论了现代汉语中的这四种情状类型。邓守信认为，虽然语境（即情状）与动词分类有相当程度的关系，但语境不是对动词本身而是对句子谓语的分类，同一个动词在不同的句子环境中可以表达不同的情状。

陈平（1988）的观点比较独特，他认为汉语的时间系统由时相（phase）、时制（tense）、时态（aspect）三部分组成，考察句子的情状类型必须剔除句子中时制和时态这样明确的时间标记，因此他从句子的时相结构特点出发，根据［±静态］、［±持续］、［±完成］三个语义特征把情状类型分为五种——状态、活动、结束、单变（simple change）和复变（complex change）。每一类情状下面还分两到三类可以表示该情状的动词，有的同一类动词可以出现在不同的情状类型中，说明句子的情状类型不是由谓语动词单独决定的，而是与其他句子成分共同决定，这一点与邓守信（1985）对情状的看法一致。

表 8-2　陈平（1988）对情状及其特征的分类

|      | 静态 | 持续 | 完成 |
|------|------|------|------|
| 状态 | ＋   | －   | －   |
| 活动 | －   | ＋   | －   |
| 结束 | －   | ＋   | ＋   |
| 复变 | －   | －   | ＋   |
| 单变 | －   | －   | －   |

戴耀晶（1997）既从动词层面又从句子层面考察情状的分类情况，他认为动词和句子层面之间是体现（realization）和被体现的关系，并根据［±持续］、［±完成］、［±状态］三个语义特征将动词分为静态动词和动态动词两大类，在静态动词和动态动词之间又存在兼有动态和静态的中间类。静态动词的语义特征表现为：一般不能带"了、着"等形态标记，虽然有的静态动词（如"相信"）能带标记"了"，但其表示的含义为进入某种状态，而典型的动态动词加上"了"则表示事件的完结。静态动词所表述的事件一般具有均质性，任取事件时间进程中两点所呈现出来的状态是相同的；而动态动词表述的事件具有异质性，事件在不同的时间点的状态会发生变化。兼有静态和动态的动词又分为静态强动态弱的姿势动词和静态弱动态强的位置动词两类。姿势动词之所以静态强动态弱是因为如果它们单独出现只表示静态的姿势，如"站、坐、躺"等，只有和其他动态动词如"起来、下去"等一起使用时才表示一个完整的动作。静态弱动态强的位置动词一般可以表示两层意思，既可以表示动作，又可以表示动作结束后的状态，如下面例句中的"挂"：

（5）门前挂着灯笼。（表示"挂"的状态）
（6）把灯笼挂上去。（表示"挂"的动作）

戴耀晶（1997）从句子层面将情状类型分为活动、完结、达成、静态四种，动词和句子层面的情状分类并不是完全对应的关系。具体划分情况如下：

表 8-3　戴耀晶（1997）对情状类型的分类

| 动词 | 类别 | | 示例 | 句子 |
| --- | --- | --- | --- | --- |
| 静态 | 属性、关系 | | 是、姓、等于、标志着 | 静态 |
| | 心理感觉 | | 知道、相信、抱歉、怕 | |
| 静态+动态 | 姿势（静态强动态弱） | | 站、坐、躺、蹲、住 | 静态、完结 |
| | 位置（静态弱动态强） | | 戴、拿、挂、吊 | 静态、活动、完结 |
| 动态 | 动作 | 瞬间 | 踢、砍、碰、咳嗽 | 活动、完结 |
| | | 持续 | 看、吃、想、洗澡 | |
| | 结果 | 瞬间 | 死、爆炸、醒、见 | 达成 |
| | | 持续 | 变好、长大、走进 | |

## 8.3　情状类型的儿童习得

无论是从谓语动词或短语层面还是从句子层面，就目前掌握的文献来看，在儿童语言习得方面还没有关于情状问题的相关研究。

### 8.3.1　儿童情态类型习得概况

本章主要考察儿童情状类型与情态语义类型的共现习得，所以我们首先需要了解儿童对情态类型的习得情况。鉴于前文已经对各类情态词语的儿童习得有细致的描述，这里主要选取六个多义情态动词对其情态类型及共现动词的情状特征进行研究，这六个多义情态动词是"能、会、要、得（děi）、应该、可以"。根据第三章表 3-1 的数据，我们把上述六个多义情态动词的习得数据再次列表展示，以方便读者阅读。

表 8-4　三名儿童情态动词习得情况总表

| 情态动词 | 习得时间及总产出数量 | | | | | |
|---|---|---|---|---|---|---|
| | SYY | | LXY | | JBS | |
| 能 dy | 1;10 | 129 | 1;10 | 94 | 1;07 | 226 |
| 能 de | 1;10 | 100 | 1;10 | 81 | 1;08 | 361 |
| 能 e | 2;10 | 7 | 3;01 | 2 | 3;06 | 8 |
| 会 dy | 1;08 | 502 | 1;07 | 320 | 1;09 | 447 |
| 会 e | 2;02 | 21 | 1;08 | 154 | 2;01 | 86 |
| 要 dy | 1;08 | 268 | 1;06 | 666 | 1;08 | 705 |
| 要 de | 2;03 | 51 | 1;09 | 113 | 1;08 | 124 |
| 要 e | 2;10 | 18 | 1;10 | 91 | 2;05 | 69 |
| 得 de | 2;02 | 144 | 2;00 | 73 | 2;00 | 108 |
| 得 e | — | 0 | 3;00 | 2 | 3;11 | 1 |
| 应该 de | 2;04 | 17 | 2;02 | 37 | 2;07 | 18 |
| 应该 e | 3;11 | 5 | 2;09 | 12 | 3;03 | 2 |
| 可以 dy | 2;09 | 4 | 1;10 | 46 | 1;10 | 55 |
| 可以 de | 1;11 | 13 | 1;10 | 114 | 1;11 | 185 |

关于儿童情态动词的习得特征前文已经讨论过，总的来说，三名儿童对情态语义类型的习得基本按从根情态到认识情态的顺序习得，先习得的情态类型产出量也显著高于后习得的情态类型。

### 8.3.2　情状类型框架

本章借鉴 Vendler（1967）的分类方法将情状分为静态、活动、完结、达成四类，以下是我们对这四种情状类型的理解。

表 8-5 情状的分类及其解释

| 情状类型 | 语义解释 |
|---|---|
| 静态情状 | 表示相对稳定的状态，内部具有均质的时间结构，没有起始、高潮、结束这样的时间变化。 |
| 活动情状 | 表示某一动作或行为内部没有明确的时间点表示动作的完成，理论上可以将动作或行为无限地持续下去。 |
| 完结情状 | 表示一个完整的运动过程，有明确的时间点表示动作的开始和结束，可以看到清晰的运动轨迹。 |
| 达成情状 | 表示状态的转变，一个动作发生后瞬间改变现有的状态而转变为另一种状态，促使状态转变的动作持续过程短到可以忽略不计，达成情状不涉及变化时的动作过程，只呈现变化后出现的状态和结果。 |

不同学者对情状问题的研究有不同的切入点，有从单个动词入手的，也有从句子入手的，还有将两者结合起来进行研究的。我们认为情状表现的是语句的时间特征，句子的时间特征主要由谓语动词或短语的意义决定，虽然其他句子成分也可能影响情状，但本章研究的是早期儿童的情状习得问题，这一阶段的儿童还不能说出特别复杂的句子，因此我们从谓语动词或短语入手讨论情状问题。

### 8.3.3 儿童情状类型的习得

我们先细致描述六个情态动词产出时情状动词的共现数量及其类型，然后再分析儿童情状类型的习得特征。

#### 8.3.3.1 SYY 情状类型的习得情况

（一）与"能"共现的情状类型

（7）GCY：你听妈说那小孩儿不能拿。

SYY：羊洋不能拿。（活动情状　1;10）

（8）SYY：上上那儿，上这儿，行了。
SYH：行了？
SYY：嗯，能上来，我开开去吧。（完结情状　2;05）
SYH：开门走。
（9）SYY：能掉下去吗？能吗？（达成情状　2;08）
GCY：能。
SYY：这么一咕咚掉下去了。

例（7）中"拿"单纯指"拿"的动作，所以是活动情状；例（8）中"上来"是指SYY从一个地方移动到另一个地方，能看到运动的过程并且运动结束有明确的时间点，因此是完结情状；例（9）中"掉下去"也是一个动作的完成，但动作发生的时间太短，几乎是一瞬间就由一种状态转变成另一种状态，转变过程经历的时间短到可以忽略不计，因此是达成情状。在与"能"共现的情状类型中，SYY没有产出静态情状。

（二）与"会"共现的情状类型

（10）GCY：你会铰吗？
SYY：会铰。（活动情状　1;08）
（11）SYH：你有那芭比娃娃。
SYY：我知道。
SYH：你知道你要拆坏了。
SYY：我拆不坏它，不会拆坏的。（达成情状　4;00）

例（10）中"铰"指"铰"的动作，表示活动情状；例（11）中"拆坏"是动作"拆"的结果，"拆"可以有一个过程，但是"拆坏"是瞬间的事，一件东西从"好"的状态瞬间转变为"坏"的状态，这一过程难以描述，因此我们把它看作达成情状。在与"会"共现的情状类型中，SYY没有产出静态情状和完结情状。

## （三）与"要"共现的情状类型

（12）SYY：我要这个录音笔。
　　　GCY：录音笔？
　　　SYY：我要用那个。（活动情状　1;10）

（13）SYY：你要接我下来。（完结情状　2;03）
　　　GCY：嗯。

（14）SYH：怎么了？
　　　SYY：那儿要爆炸。（达成情状　3;05）
　　　SYH：那儿要爆炸？

（15）SYY：这苏羊洋就要属羊。（静态情状　4;03）
　　　SYH：就要属羊，你们家住哪儿你知道吗？

例（12）中"用"指"使用"这一动作，属于活动情状；例（13）中"接我下来"是一个完整的运动过程，有明确的时间起始点，属于完结情状；例（14）中"爆炸"是瞬间结果动词，表示达成情状；例（15）中"属"是属性关系动词，表示静态情状。

## （四）与"可以"共现的情状类型

（16）GCY：昨天怎么上去啊？
　　　SYY：把这放倒了，我就可以上。（活动情状　2;09）

例（16）中的"上"单纯表示"上"的动作，属于活动情状。在与"可以"共现的情状类型中，SYY没有产出静态情状、完结情状和达成情状。

## （五）与"应该"共现的情状类型

（17）GCY：你问谁呢，这是？
　　　SYY：我问你呢。

GCY：我是谁呀？

SYY：你是妈妈。

GCY：应该怎么问哪？

SYY：应该这么问，妈妈，行吗？（活动情状　2;04）

（18）SYY：应该把那瓢扔了，把那瓢削了。（完结情状　2;06）

（19）SYY：不对啦。

SYH：嗯。

SYY：应该是这么着。（静态情状　4;00）

例（17）中"问"是动作动词，表示活动情状；例（18）中"扔了""削了"带有体标记"了"表示动作的完结，属于完结情状；例（19）中"是"为属性关系动词，表示静态情状。在与"应该"共现的情状类型中，SYY没有产出达成情状。

（六）与"得"共现的情状类型

（20）SYY：我得拿这个，那个搁哪去了，没有。（活动情状　2;02）

（21）SYY：得拔出来，给我什么？xx拨两下。（完结情状　2;06）

（22）SYY：报纸得拿走。（达成情状　2;06）

（23）SYY：这就是飞机。

SYH：是吗？

SYY：嗯。

SYY：里边儿得有这个，这么着。（静态情状　3;11）

例（20）中"拿"是动作动词，单纯表示"拿"的动作，属于活动情状；例（21）中"拔出来"表示一个完整的行为动作，属于完结情状；例（22）中"拿走"表示一种与"存在于此处"相对的状态，没有时间点来说明到底拿多远算"拿走"，因此我们认为"拿走"表示的是达成情状；例（23）中"有"是存现动词，属于静态情状。

#### 8.3.3.2 LXY 情状类型的习得情况
（一）与"能"共现的情状类型

（24）HXT：你穿得了吗？

LXY：不能穿。（活动情状 1;10）

HXT：穿不了吧？

LXY：妈妈穿。

（25）LZR1：能穿上吗？

LXY：能穿上。（完结情状 1;10）

（26）HXT：小鸟会变吗？

LXY：会。

HXT：是吗？能看见蓝天啊。

LXY：能看见蓝天。（达成情状 2;07）

（27）LXY：它咬死了都，给它打完针才能活。（静态情状 3;03）

例（24）中"穿"指"穿"的动作，属于活动情状；例（25）中"穿上"是"穿"的结果，有完整的动作过程和时间起始点，表示完结情状；例（26）中"看见"和"看"有比较大的区别，"看"只表示一个动作，"看见"表示"看"的结果，而且"看见"是瞬间发生的动作，表示达成情状；例（27）中"活"表示"活着"的状态，属于静态情状。

（二）与"会"共现的情状类型

（28）LYR：它会转是不是，转，转。

LXY：它会转。（活动情状 1;07）

（29）HXT：老虎会把你吃了吗？

LXY：会，会把你吃了的，快跑，快跑。（完结情状 2;10）

（30）HXT：宝宝你什么时候变大啊？你会变大吗？

LXY：我会。

HXT：你会呀，你会长大吗？

LXY：会长大，不会长大。（达成情状　1;10）

（31）LXY：你，你不跟维尼玩儿维尼会生气。（静态情状　2;05）

例（28）中"转"表动作，属于活动情状；例（29）中"吃了"有体标记"了"表示"吃"这一动作的结束，属于完结情状；例（30）中"长大"有一个成长的过程，但是没有一个明确的时间点表示"长大"这一运动过程的完成，只表示运动发生后的一种状态，因此属于达成情状；例（31）中"生气"表示一种情绪状态，属于静态情状。

（三）与"要"共现的情状类型

（32）LXY：叔叔要睡觉。（活动情状　1;06）

（33）LXY：要。

HXT：要爬呀，自己拿得过来吗？

LXY：要爬出来。（完结情状　1;10）

（34）LXY：要爆炸了。（达成情状　1;10）

ZYY：爆炸了吗？

ZYY：气球爆炸了吗？

（35）LXY：去吃恐龙腰啦，恐龙要生气啦。（静态情状　2;11）

例（32）中只表示"睡觉"这一行为，不涉及活动的过程、起始和终结，属于活动情状；例（33）中"爬出来"来之前有"爬"的过程，"出来"的时刻就是这一活动终结的时间点，属于完结情状；例（34）中"爆炸"是瞬间结果动词，前面已有提及，属于达成情状；例（35）"生气"表示一种情绪状态，属于静态情状。

（四）与"可以"共现的情状类型

（36）LXY：气球不沉。

LXY：可以飞。（活动情状　1;10）

（37）ZYY：哎，拿你的玩具上那上面玩。
　　　　LXY：可以爬上去。（完结情状　2;08）
　　　　ZYY：哎，可以爬上去，你玩什么玩具啊？
（38）LXY：它可以变成好朋友，它们俩可以变成好朋友。（达成情状　3;03）
（39）HXT：球，可以是足球，可以是踢球，还可以是什么球？
　　　　LXY：可以是，还可以是。
　　　　HXT：哦，还可以是什么？
　　　　LXY：还可以是，不知道。（静态情状　3;03）

例（36）只表示"飞"的动作行为，属于活动情状；例（37）中的"爬上去"和前面的"爬出来"一样，都表示完结情状；例（38）中"变成"属于变化类动词，虽然有一个变化的过程，但这个过程循序渐进没有一个明确的终结点，着重表现的是变化后的状态，因此属于达成情状；例（39）中"是"属于属性关系动词，表示静态情状。

（五）与"应该"共现的情状类型

（40）LXY：这个应该装这里。（活动情状　2;03）
（41）LZR：我的眼睛比你好，是不是？
　　　　LXY：你应该捂上一只。（完结情状　4;00）
　　　　LZR：啊，我忘了，没关系没关系。
（42）SSY：三角龙到、到南极去了吧？
　　　　LXY：嗯。
　　　　LXY：三角龙应该去那边了。（达成情状　2;09.）
（43）LXY：它原先应该是什么颜色啊？（静态情状　2;06）

例（40）中"装"表示动作，属于活动情状；例（41）中"捂上"是一个完整的动作行为，属于完结情状；例（42）中"去那边了"表示一种状态，与"在这边"的状态相对,但是短语中并不包含动作终结的时间点,"去那边了"与上文提到的"走了"类似,属于达成情状;例(43)中"是"是属性关系动词,表示静态情状。

(六) 与"得"共现的情状类型

(44) HXT：起床穿衣服还得穿什么呀？
　　　LXY：还得<u>穿</u>裤子。（活动情状　2;00）
(45) LZR：好。按上啦。这个再放里面,这边合上了。
　　　LXY：还得<u>拿开</u>。（完结情状　2;03）
　　　LZR：拿开,你再拿开,挺好。

例(44)中"穿"表示行为动作,表示活动情状;例(45)中"拿开"有完整的动作过程和动作起始点,表示完结情状。在与"得"共现的情状类型中,LXY 没有产出达成情状和静态情状。

### 8.3.3.3　JBS 情状类型的习得情况

(一) 与"能"共现的情状类型

(46) ZLZ：拿着壶,哎哟,噢,摔摔吗？
　　　JBS：摔摔。
　　　ZLZ：典典能走过去吗？
　　　JBS：能,我<u>去</u>。（活动情状　1;08）
(47) JBS：从这儿上。
　　　ZLZ：从这儿上,哟,从这儿上,这么高能上去吗？
　　　JBS：能<u>上去</u>。（完结情状　1;10）
(48) JBS：眼睛是瞎。
　　　LYI：啊,眼睛是瞎,那他能看见东西吗？
　　　JBS：能<u>看见</u>。
　　　LYI：啊,眼睛不是瞎吗,怎么能看见呢。（达成情状　2;04）

（49）JBS：可是，但是叠完小船。
　　　　TWF：好，叠完小船。
　　　　JBS：这个这么简单哪能不会呢。（静态情状　4;06）
　　　　TWF：这个很简单啊？
　　　　JBS：嗯。

通过例（46）—（49）可以看到，JBS 在产出情态动词"能"的时候同时也产出了各类情状动词。例（49）中"会"是动词，意为熟悉、通晓，为静态情状。

（二）与"会"共现的情状类型

（50）WSS：典典快起来，别爬了。
　　　　JBS：我会爬。（活动情状　1;09）
（51）LSJ：脏，哎哟，脏，来。
　　　　JBS：下。
　　　　LSJ：下，自己会下吗？
　　　　JBS：不会下，啊，啊，典典。（完结情状　2;01）
　　　　JBS：爸爸。
（52）JBS：别脱袜子，啊。
　　　　ZLZ：嗯。
　　　　JBS：别，脱了会感冒的，是吧？（达成情状　2;03）
（53）ZLZ：哈哈哈，这么涮。
　　　　JBS：吃，吃肚子里边，肚子会疼的。（静态情状　2;05）

例（50）中"爬"表动作行为，属于活动情状；例（51）中"下"有一定的时间点，表示完结情状；例（52）中"感冒"表示状态的转变，属于达成情状；例（53）中"疼"是一种相对稳定的状态，属于静态情状。

（三）与"要"共现的情状类型

（54）JWD：下去玩吗？

JBS：啊，下去玩。

ZLZ：啊，哈。

JBS：要玩。（活动情状　1;07）

（55）WSS：你要弄哪儿去呀，你要放到哪里？

JBS：我要放到桶里。（完结情状　1;10）

（56）JBS：是我的车。

LGT：快穿拖鞋。

JBS：嗯。

LGT：这地上太冰了。

JBS：穿上鞋，骑车要掉的。（达成情状　2;05）

就 JBS 的情况来说，与情态动词"要"共现的情状类型有三类，静态情状没有产出。

（四）与"可以"共现的情状类型

（57）LXF：这枕头放这儿，让青蛙睡觉。

JBS：放里边。

ZLZ：青蛙坐滑梯是吧，是不是滑梯。

JBS：青蛙，青蛙，可以洗澡了，睡觉吧。（活动情状　1;11）

（58）JBS：喝粥，熊熊喝粥。

JBS：来，跟我来。

LYI：呦，熊猫掉了。

JBS：可以捡起来，坐这儿。（完结情状　2;03）

（59）JBS：变大了。

ZXN：哇，哇，它变成大力水手了。

ZXN：它怎么没死啊？

JBS：因为蚊子可以毒死。（达成情状　4;06）

（60）ZXI：是谁说的？

JBS：它们俩。

ZXI：对呀，明明是米老鼠嘛。

JBS：不是，它们说属、属、属什么都可以。（静态情状　3;05）

这里要特别注意例（60），如上文所示，其他情态类型都是"情态动词+情状动词"，但例（60）不是这样。作为一个周遍句，也可以变换为"什么都可以属"，所以，我们认为（60）仍然是情态动词"可以"与静态情状共现的情况。

（五）与"应该"共现的情状类型

（61）JBS：这个放这儿，这放这儿，嗯，呵，放这个，然后推桌子。

ZLZ：然后推桌子。

JBS：推茶几。

ZLZ：推茶几。

JBS：嗯，行，行，我应该，应该做 xxx。（活动情状　2;07）

（62）JBS：发烧了好长时间，这个是退烧药，这个是那个冻冰的。

ZXF：冻冰的？

JBS：对。

ZXF：冻冰的往哪放啊，往它的脑袋上放？

JBS：这是冻冰的，应该放到屋里才能化呢。（完结情状　3;08）

（63）ZXF：这个是小宝宝的。

JBS：对。

ZXF：这个呢？

JBS：这个应该是我的。（静态情状　3;06）

我们可以看到，与"应该"共现的情状类型中缺少达成情状。

（六）与"得"共现的情状类型

（64）ZLZ：不是。

LYI：这是花大姐。

JBS：得<u>擦擦</u>，桌子脏。（活动情状　2;00）

（65）JBS：嗯，嗯。

ZLZ：嗯？

ZLZ：哦，打开。

JBS：得<u>打开</u>。（完结情状　2;05）

（66）BCO：好喝吗？

JBS：好，喝东西不能说话要不然得<u>呛到</u>了。（达成情状　3;11）

（67）ZLZ：好。

JBS：扶着。因为这个得<u>冲着</u>司机啊。（静态情状　4;05）

例（64）中"擦擦"是重叠使用的，其动作性非常高，为活动情状；例（65）中"打开"因后面又有表示动作完结的补足性成分"开"，可以看到动作的运动轨迹，是完结情状；例（66）中"呛到"表示的状态可以瞬间转变，具有结果性，属于达成情状；例（67）中"冲着"因为动词后面加了"着"，表示"冲着"在短时间内是稳定的，属于静态情状。

### 8.3.4　习得特征分析

#### 8.3.4.1　SYY 情状类型习得特征分析

从习得时间来看，与情态动词共现的动词或动词短语的情状类型中，SYY 习得活动情状最早，习得静态情状最晚，将近 4;00 岁才习得，并且与"能、会、可以"共现的静态情状没有习得。完结情状习得时间也比较早，与"能、要、得"共现的完结情状 2;00 岁就习得了，与活动情状习得的时间比较接近。达成情状习得的时间比较晚，除与"能"共现的达成情状习得时间接近活动、完结情状外，与其他情态动词共现的达成情状都习得较晚，3;06 岁以后才习得。

统计 SYY 与不同情态动词共现的情状类型的习得时间，可以用图 8-1 展示情状类型的习得时序特征。除了"要"和"得"以外，与其他情态动词共现的情状类型并不完整，因此图中完结、达成、静态情状的折线也不完整，但仍可以看出一些基本趋势：

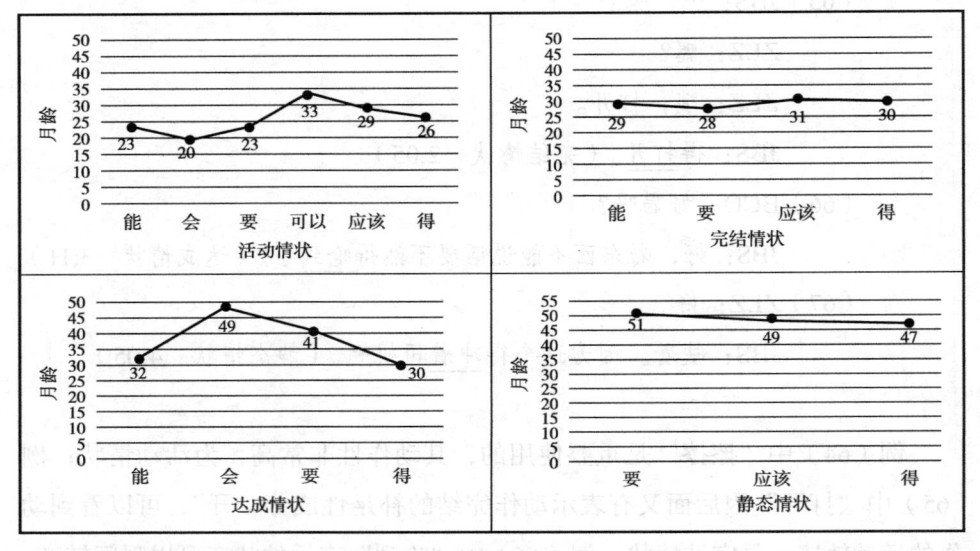

[图：四个折线图

左上 活动情状：能 23, 会 20, 要 23, 可以 33, 应该 29, 得 26
右上 完结情状：能 29, 要 28, 应该 31, 得 30
左下 达成情状：能 32, 会 49, 要 41, 得 30
右下 静态情状：要 51, 应该 49, 得 47]

注：纵坐标表示月份数，为了方便统计，我们以月数来记年龄，具体天数超过 20 天算一个月，不超过 20 天的不算，如"1;10,00"记为 22 个月、"2;07,28"记为 32 个月。

**图 8-1　与各情态动词共现的动词情状类型习得时间折线图（SYY）**

从图 8-1 可以看出，SYY 与各情态动词共现的活动情状、完结情状普遍习得较早，总的来看，与各情态动词共现的活动情状几乎都在 30 个月之前习得，完结情状的习得时间与活动情状比较接近但稍晚于活动情状，达成情状的习得又晚于完结情状，静态情状的习得时间最晚，各情状类型的习得顺序基本可以概括为：活动＞完结＞达成＞静态。

我们再按产出频次统计 SYY 语料中与"能、会、要、可以、应该、得"共现的动词情状类型，产出量数据用表 8-6 展示：

表 8–6　与各情态动词共现的动词情状类型产出频次（SYY）

| | 能 | 会 | 要 | 可以 | 应该 | 得 | 情状类型总计 |
|---|---|---|---|---|---|---|---|
| 静态情状 | 0 | 0 | 1 | 0 | 2 | 1 | 4 |
| 活动情状 | 95 | 194 | 143 | 4 | 15 | 69 | 520 |
| 完结情状 | 5 | 0 | 8 | 0 | 0 | 10 | 23 |
| 达成情状 | 6 | 1 | 6 | 0 | 0 | 1 | 14 |
| 各词总计 | 106 | 195 | 158 | 4 | 17 | 81 | 561 |

从表 8–6 的数据可以看出，与各情态动词共现的情状类型中，活动情状的产出数量占绝对优势，SYY 产出的完结、达成、静态情状都很少；在 4;06 岁前，与情态动词"得""要"共现的情状类型比较齐全，与其他情态动词共现的情状类型都有缺失；情状类型的产出频次与其习得时间上的先后顺序呈正相关，习得时间越早，产出越多；从总量上看其产出的情状类型数量排序是：活动＞完结＞达成＞静态。

8.3.4.2　LXY 情状类型习得特征分析

首先从习得时间来看，LXY 各情态类型的习得比较完善，除了与情态动词"得"共现的静态、达成情状没有习得外，与其他情态动词共现的动词所有情状类型都有习得。LXY 情状类型习得的时序特征可以用图 8–2 表示。

从图 8–2 中可以看出，LXY 活动情状习得时间最早，与六个情态动词共现的活动情状均在 30 个月之前习得；静态情状习得是时间普遍较晚。LXY 完结情状和达成情状的习得情况比较复杂，下面进一步讨论。先看图 8–3 展示的习得时间对比情况。

从图 8–3 可以看出，LXY 与"会、应该"共现的达成情状的习得时间早于完结情状；在已有语料中，LXY 没有习得与"得"共现的达成情状；六个情态动词中有四个与之共现的达成情状习得时间晚于完结情状，所以总的趋势依然是达成情状的习得晚于完结情状的习得。LXY 情状类型的习得趋势可以总结为：活动＞完结＞达成＞静态。

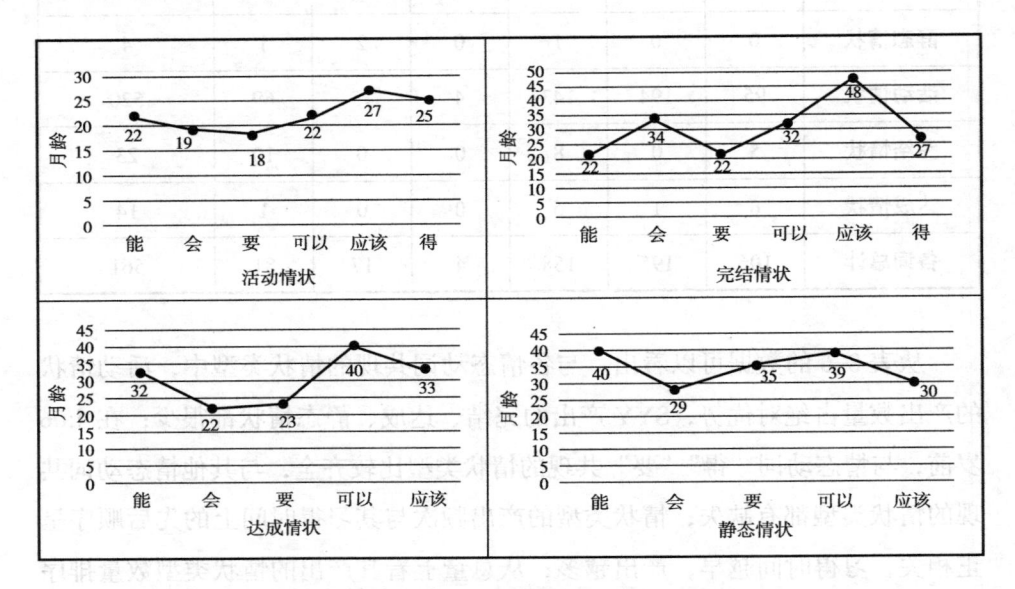

图 8-2　与各情态动词共现的动词情状类型习得时间折线图（LXY）

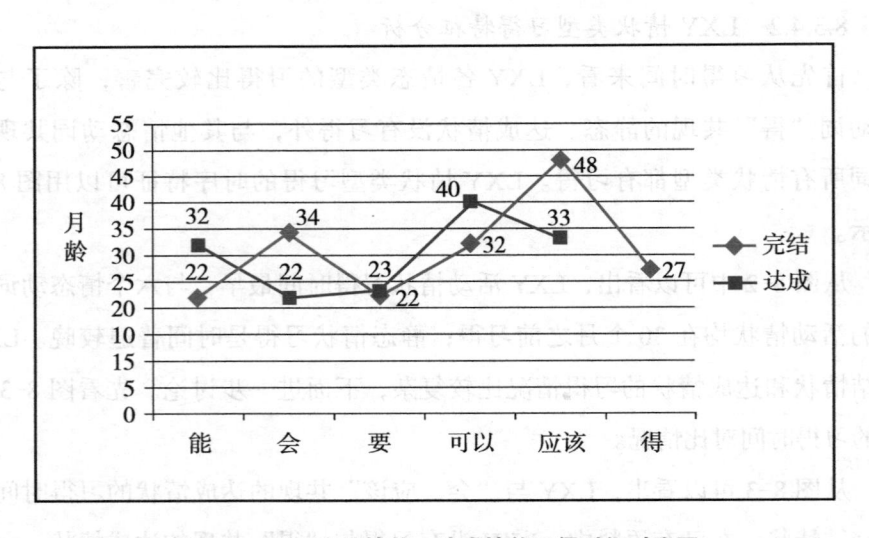

图 8-3　LXY 完结情状、达成情状习得时间对比图

再看产出频次，我们把统计结果用表 8-7 展示出来：

表 8-7 与各情态动词共现的动词情状类型产出频次（LXY）

| | 能 | 会 | 要 | 可以 | 应该 | 得 | 情状类型总计 |
|---|---|---|---|---|---|---|---|
| 静态情状 | 2 | 18 | 2 | 2 | 18 | 0 | 42 |
| 活动情状 | 98 | 224 | 409 | 85 | 15 | 43 | 874 |
| 完结情状 | 34 | 5 | 49 | 19 | 1 | 2 | 110 |
| 达成情状 | 8 | 59 | 5 | 2 | 3 | 0 | 77 |
| 各词总计 | 142 | 306 | 465 | 108 | 37 | 45 | 1103 |

从表 8-7 可以看出，与情态动词"能、会、要、可以、得"共现的情状类型中，活动情状的比例始终占绝大多数；与"应该"共现的静态情状数量超过活动情状；各情状类型的产出数量与其习得时间呈正相关，习得时间越早，产出数量越多；从总量上看，LXY 产出的各情状类型由多到少的排序与情状类型习得的顺序特征呈正相关，即活动＞完结＞达成＞静态。

8.3.4.3 JBS 情状类型习得特征分析

我们先看 JBS 各情状类型习得的时序特征，仍然用折线图展示。从图 8-4 可以看出，JBS 活动情状和完结情状习得较早，活动情状习得时间稍早于

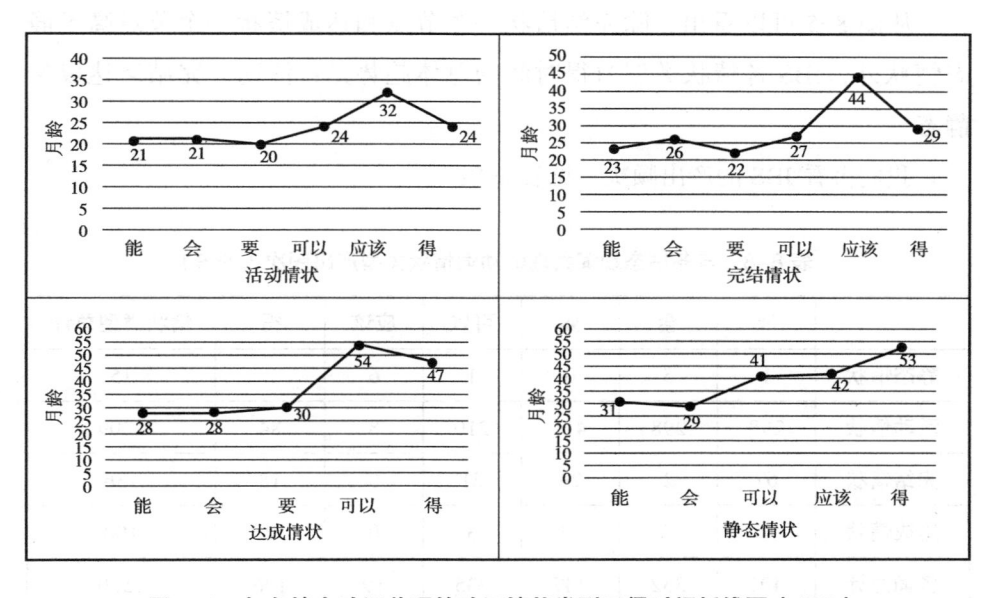

图 8-4 与各情态动词共现的动词情状类型习得时间折线图（JBS）

完结情状。达成情状和静态情状习得较晚，其中与"应该"共现的达成情状、与"要"共现的静态情状没有习得。为了更好地观察 JBS 几种情状类型的习得顺序，我们去掉其中没有习得的数据（删掉习得节点），将几种情状类型的习得趋势展示在一张图中，如图 8-5 所示：

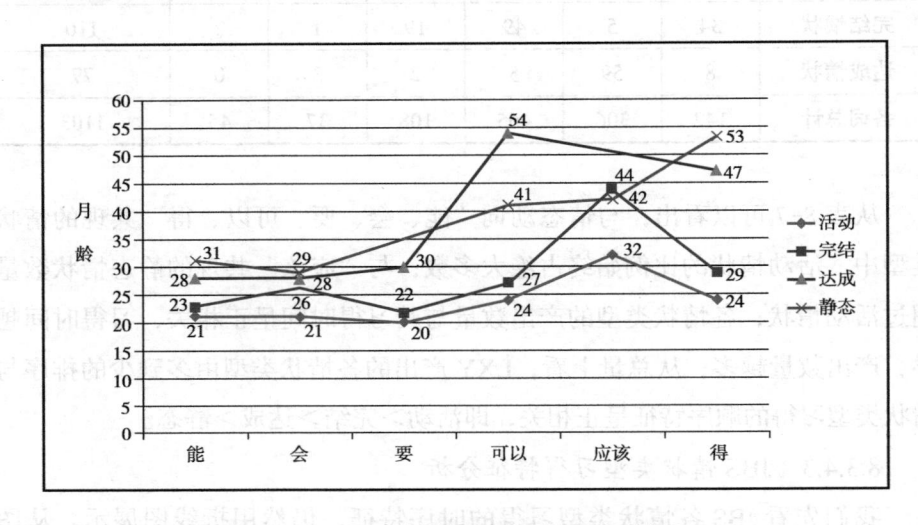

图 8-5　JBS 各情状类型习得时间折线图

从图 8-5 可以看出，除完结情状一个节点和达成情状一个节点高于静态情状外，JBS 各情状类型习得时间的总体趋势是：活动＞完结＞达成＞静态。

我们再看 JBS 的产出频次，见表 8-8：

表 8-8　与各情态动词共现的动词情状类型产出频次（JBS）

|  | 能 | 会 | 要 | 可以 | 应该 | 得 | 情状类型总计 |
| --- | --- | --- | --- | --- | --- | --- | --- |
| 静态情状 | 1 | 5 | 0 | 1 | 6 | 2 | 15 |
| 活动情状 | 298 | 298 | 411 | 210 | 8 | 84 | 1309 |
| 完结情状 | 67 | 2 | 23 | 21 | 5 | 18 | 136 |
| 达成情状 | 35 | 47 | 13 | 3 | 0 | 2 | 100 |
| 各词总计 | 401 | 352 | 447 | 235 | 19 | 106 | 1560 |

表 8-8 的统计数据表明，JBS 习得各情状类型的频次由高到低排序是活动＞完结＞达成＞静态，与其习得的时序特征呈正相关，即习得越早产出数量越多。

#### 8.3.4.4 儿童情状类型习得特征小结

通过以上对 SYY、LXY 和 JBS 三名儿童情状习得特征的讨论，可以得出儿童情状类型习得的几个特点：

（一）从习得时间上看，几种情状类型习得的先后顺序为：活动＞完结＞达成＞静态。

（二）各情状类型的产出频次由高到低依次为：活动＞完结＞达成＞静态，其中活动情状的产出数量占绝对优势。

（三）情状类型的习得和产出频次呈正相关，习得越早产出数量越多。

## 8.4 情状类型与情态类型的共现习得

不少学者注意到，不同情状动词与情态动词或情态副词共现时，动词的情状特征会对情态语义类型的表达产生影响，情态类型与情状类型的搭配存在着某种规律，即活动情状与根情态、静态情状与认识情态之间呈现出自然的共现关系。

### 8.4.1 已有研究

#### 8.4.1.1 情态动词意义类型与动词情状的共现研究

Leech（1971）注意到英语中情态动词 may 和情态动词 can 与不同情状类型的动词连用时，动词的情状类型会对情态动词的意义产生影响。Coates（1983）通过语料库统计发现，must、may、might、will、shall、would 这些情态动词与静态动词同现时，很大几率表现出认识情态义，具体数据如下：

表 8-9　与静态动词同现时情态动词为认识情态义的比例（Coates，1983）

| must | may | might | will | shall | would |
| --- | --- | --- | --- | --- | --- |
| 88% | 95% | 92% | 100% | 93% | 100% |

Warnsby（2004）用同样的方法对瑞典语中情态与情状的关系进行验证，表明这一规律同样适用于瑞典语。

汤廷池（1979）分析了现代汉语动力情态的"会"和认识情态的"会"，指出与认识情态"会"同现的有可能是活动动词也有可能是静态动词，与动力情态"会"同现的则只可能是活动动词。忻爱莉（2000）分析了情态动词"应该"与不同情状类型动词的搭配情况，发现"应该"只有与静态动词结合时才具有认识情态义，与其他情状类型动词（活动动词、完成动词、单变动词、复变动词）结合时更倾向于表现出道义情态义。彭利贞（2007a）对情态动词情态类型与动词情状之间的关系进行了非常细致的研究，他认为情状与情态类型之间有着天然的同现关系，典型的静态动词一般只与表认识情态的动词结合，活动动词既可以与认识情态结合又可与根情态结合。不同情状类型动词对多义情态动词的意义具有明显的分化作用，静态情状与多义情态动词同现时一般呈现出认识情态义，活动情状与多义情态动词同现时一般呈现出根情态意义。

对英语、瑞典语以及现代汉语的研究表明，情态动词情态类型与动词情状共现时确实有规律可循，特别是动词情状类型对多义情态动词意义的分化作用值得深入研究。静态情状与认识情态、活动情状与根情态的搭配是比较常见的。当然也有例外，有时候会出现静态情状与非认识情态、活动情状与认识情态结合的现象，但这种例子很不典型，一般认为，动词的情状特征出现变化或者受句子中情状以外因素的影响才会出现这种非典型的情况。

#### 8.4.1.2 情态副词与动词情状的共现研究

肖应平（2011）对现代汉语情态副词与动词情状的共现关系进行了研究，他把情态副词分为命题类情态副词和事件类情态副词两大类：命题类副词表示说话人对命题真假的判断，如"大概、也许、必然、未必、绝对"等；事件类副词表示说话人对事件的评价和态度，如"竟然、居然、宁愿、只好"等。肖应平（2011）认为静态动词内部具有均质性，很难施以外力使其内部或外部发生变化，而只能从命题思维、心理上去认识它，命题类副词表示与认知相关的概念，说话人只对命题的可能性大小进行推测、判断，对命题本身并不产生影响，因此静态动词一般与命题类副词相结合，而与事件类副词的结合能力就比较弱。如：

(68) 这箱货物<u>应该</u>属于那一批次。
(69) 这个世界<u>必然</u>属于我们新一代年轻人。
(70) 一加一<u>当然</u>等于二。
(71) *中华人民共和国的一切权利<u>宁愿</u>属于人民。

活动动词表示事件的变化，内部具有非均质性，事件类副词表示对事件的评判、态度等非认知概念，说话人可以施以自己的意志使现在或未来的事件得到改变。事件类副词既可以与静态动词结合也可以与活动动词结合，但与静态动词的结合程度低于与活动动词的结合程度。命题类副词、事件类副词与活动动词结合时，根据活动动词的类别也有不同表现。肖应平还将活动动词按是否持续、终结分为三类：（1）持续动词，如"听、看、吃、走、跑"等；（2）终结动词，如"变、成为、化作"等；（3）瞬间动词，如"死、塌、醒、爆炸"等。事件类副词与终结动词、瞬间动词的结合能力均强于命题类副词，而与持续动词的结合能力则弱于命题类副词。

### 8.4.2 汉语儿童情态动词与动词情状的共现习得

上一小节我们对有关情态和情状关系的一些研究情况进行了简要概述，了解了不同情态类型和情状类型之间的结合规律。就目前掌握的文献来看，尚未有人从汉语儿童习得的角度阐述情态动词与动词情状的共现关系，本章借鉴 Vendler 对情状的分类方法，将语料中与情态动词共现的谓语动词或短语分为静态、活动、完结、达成四种情状类型，统计三名儿童情态动词、情状类型的习得情况及它们的搭配情况，我们将根据这些统计数据对汉语儿童情态动词与动词情状的共现习得规律进行分析。

#### 8.4.2.1 SYY 情态动词与动词情状的共现习得

本节对 SYY "能、会、要、可以、应该、得"六个情态动词的不同情态类型和与它们连用的动词或动词短语的情状类型的搭配情况进行统计，下面的语例是部分搭配情况：

（72）SYY：我的拧拧，拧拧，不能吃了。（动力情态——活动情状）
　　　GCY：怎么不能吃了？
　　　SYY：外面脏。
（73）SYY：羊洋不能拿。（道义情态——活动情状）
（74）SYY：你要接我下来。（道义情态——完结情状）
（75）SYY：这小熊能搁里头。（动力情态——完结情状）
（76）SYY：这能听见吗？（认识情态——达成情状）
（77）SYY：应该是这么着。（认识情态——静态情状）

具体搭配数据统计如下：

表 8-10　SYY 情态类型和情状类型的协同习得数据

| | | 静态 | 活动 | 完结 | 达成 | 情态类型总计 |
|---|---|---|---|---|---|---|
| 动力情态 | 能 $_{dy}$ | 0 | 41 | 5 | 3 | 366 |
| | 会 $_{dy}$ | 0 | 191 | 0 | 0 | |
| | 要 $_{dy}$ | 0 | 120 | 4 | 0 | |
| | 可以 $_{dy}$ | 0 | 2 | 0 | 0 | |
| 道义情态 | 能 $_{de}$ | 0 | 54 | 0 | 0 | 180 |
| | 要 $_{de}$ | 0 | 23 | 4 | 1 | |
| | 可以 $_{de}$ | 0 | 2 | 0 | 0 | |
| | 应该 $_{de}$ | 0 | 15 | 0 | 0 | |
| | 得 $_{de}$ | 1 | 69 | 10 | 1 | |
| 认识情态 | 能 $_{e}$ | 0 | 0 | 0 | 3 | 15 |
| | 会 $_{e}$ | 0 | 3 | 0 | 1 | |
| | 要 $_{e}$ | 1 | 0 | 0 | 5 | |
| | 应该 $_{e}$ | 2 | 0 | 0 | 0 | |
| | 得 $_{e}$ | 0 | 0 | 0 | 0 | |
| 情状类型总计 | | 4 | 520 | 23 | 14 | 561 |

从以上数据可以看出，SYY 各情态动词的动力情态类型习得最多，认识情态习得最少，没有产出道义情态的"会"和认识情态的"得"。有的情态动词的情态类型 SYY 产出实在太少，统计数据不具备普遍的统计学意义，如动力情态的"可以"、道义情态的"可以"和认识情态的"能、应该"都只产出 2 例，但由于它们还是能说明某些问题，因此我们依然把它们统计出来。下面对情态动词类型与情状类型的协同习得进行详细的分析。

（一）与静态情状的协同习得

从表 8-10 中可以看出，除了道义情态的"得"有一个例句外，各情态动词的动力情态、道义情态几乎与静态情状没有共现关系，只有认识情态与静态情状有共现关系。

（二）与活动情状的协同习得

SYY 习得的动力情态"能、会、要、可以"与活动情状的搭配比例分别为 84%、100%、97%、100%；道义情态"能、要、可以、应该、得"与活动情状的搭配比例分别为 100%、77%、100%、100%、85%；认识情态"能、会、要、应该、得"与活动情状的搭配比例分别为 0%、75%、0%、0%。从以上数据可以看出，SYY 所习得的动力情态和道义情态与活动情状相搭配的几率更大。

（三）与完结情状的协同习得

从表 8-10 中可以看出，完结情状与动力情态和道义情态的搭配比率大大低于活动情状，完结情状与认识情态没有共现关系。

（四）与达成情状的协同习得

动力情态、道义情态与达成情状的搭配几率很小甚至没有，与认识情态搭配稍多，与认识情态的"能"和"要"共现次数最多。

综合以上分析可知，SYY 产出的各情态类型中，动力情态和道义情态与活动情状共现几率最大，其次是与完结情状共现；认识情态一般不与活动、完结情状共现，与静态、达成情状共现几率更大。

8.4.2.2　LXY 情态动词与动词情状的共现习得

本节对 LXY "能、会、要、可以、应该、得"六个情态动词的不同情态类型和与它们连用的动词或动词短语的情状类型的搭配情况进行统计，下面是部分搭配语例：

（78）LXY：我要骑小马。（动力情态——活动情状）
　　　HXT：来，骑小马，骑吧。
（79）HXT：你自己去就可以。
　　　LXY：不行！阿姨得带着我。（道义情态——活动情状）
（80）LXY：我要爬上去。（动力情态——完结情状）
（81）LXY：什么时候可以拆下来？（道义情态——完结情状）
（82）LXY：它会摔下去吧？（认识情态——达成情状）
（83）LXY：恐龙会不会害怕，不害怕呀？（认识情态——静态情状）

具体共现习得数据统计如下：

表 8–11　LXY 情态类型和情状类型的协同习得数据

| | | 静态 | 活动 | 完结 | 达成 | 情态类型总计 |
|---|---|---|---|---|---|---|
| 动力情态 | 能 $_{dy}$ | 0 | 41 | 28 | 6 | 719 |
| | 会 $_{dy}$ | 1 | 201 | 2 | 0 | |
| | 要 $_{dy}$ | 0 | 347 | 41 | 1 | |
| | 可以 $_{dy}$ | 2 | 35 | 13 | 1 | |
| 道义情态 | 能 $_{de}$ | 1 | 57 | 6 | 1 | 251 |
| | 要 $_{de}$ | 0 | 59 | 8 | 1 | |
| | 可以 $_{de}$ | 0 | 50 | 6 | 1 | |
| | 应该 $_{de}$ | 0 | 15 | 1 | 0 | |
| | 得 $_{de}$ | 0 | 43 | 2 | 0 | |

续表

|  |  | 静态 | 活动 | 完结 | 达成 | 情态类型总计 |
|---|---|---|---|---|---|---|
| 认识情态 | 能ₑ | 1 | 0 | 0 | 1 | 133 |
|  | 会ₑ | 17 | 23 | 3 | 59 |  |
|  | 要ₑ | 2 | 3 | 0 | 3 |  |
|  | 应该ₑ | 18 | 0 | 0 | 3 |  |
|  | 得ₑ | 0 | 0 | 0 | 0 |  |
| 情状类型总计 |  | 42 | 874 | 110 | 77 | 1103 |

从表 8-11 中可以看出，LXY 各情态动词的动力情态、道义情态产出数量比认识情态多得多，但其中比较特别的是情态动词"会"，其认识情态比道义情态产出要多，与四种情状类型均有共现，而认识情态"得"没有与任何情状类型共现。下面对情态类型与情状类型搭配规律进行分析。

（一）与静态情状的协同习得

动力情态和道义情态与静态情状共现的例子只有 4 例，认识情态与静态情状共现的例子则有 38 例，在根情态总数占绝对优势的情况下，这个比例就非常高了，也就是说，认识情态倾向于与静态情状动词共现。

（二）与活动情状的协同习得

动力情态"能、会、要、可以"各自与活动情状搭配的占比分别是 55%、99%、89%、85%；道义情态"能、要、可以、应该、得"各自与活动情状搭配的占比分别为 88%、87%、88%、94%、96%；认识情态"能、会、要、应该、得"各自与活动情状搭配的占比分别为 0%、23%、38%、0%、0%。根情态普遍倾向于和活动情状搭配，认识情态则很少与活动情状搭配。

（三）与完结情状的协同习得

动力情态和道义情态与完结情状搭配的比例仅次于与活动情状搭配的比例，但差距较大；认识情态"能、要、应该、得"均没有与完结情状共现的情况，认识情态"会"有 3 例与完结情状共现，但所占比例仅为 3%。

（四）与达成情状的协同习得

根情态与达成情状搭配几率极小，有的甚至为零；而认识情态"能、会、要、应该、得"各自与达成情状搭配的占比分别为 50%、58%、38%、14%、0%。

综上所述，LXY 产出的动力情态、道义情态大部分都与活动情状共现，与完结情状共现的情况也占一定比例，但和活动情状共现的数量相比差距较大；认识情态与活动情状共现的比例很低，有的甚至为零，其中比较独特的是认识情态"会"，与活动情状共现的比例为 23%；认识情态与完结情状很少共现，认识情态"会"与完结情状共现比例仅为 3%，其他情态动词认识情态与完结情状共现的比例为零；认识情态倾向于与静态、达成情状共现。

### 8.4.2.3 JBS 情态动词与动词情状的共现习得

本节对 JBS"能、会、要、可以、应该、得"六个情态动词的不同情态类型和与它们连用的动词或动词短语的情状类型搭配情况进行统计，下面是产出的部分语例：

（84）JWD：下去玩吗？

　　　　JBS：啊，下去玩。

　　　　ZLZ：啊，哈。

　　　　JBS：<u>要玩</u>。（动力情态——活动情状）

（85）WSS：你要弄哪儿去呀，你要放到哪里？

　　　　JBS：<u>我要放到桶里</u>。（动力情态——完结情状）

（86）JBS：煮好了还<u>要放</u>在这个饮料瓶里面。（道义情态——完结情状）

（87）JBS：<u>得擦擦</u>，桌子脏。（道义情态——活动情状）

（88）ZXF：这个是小宝宝的。

　　　　JBS：对。

ZXF：这个呢？

JBS：这个<u>应该</u>是我的。（认识情态——静态情状）

（89）BCO：好喝吗？

JBS：好，喝东西不能说话要不然<u>得</u>呛到了。（认识情态——达成情状）

具体共现习得数据我们用表 8-12 展示。

通过表 8-12 可以看到，JBS 动力情态、道义情态与活动情状共现的频次最高，其次是与完结情状的共现频次；动力情态、道义情态与静态情状、达成情状共现的频次很低。认识情态则与达成情状的共现频次较高，与静态情状、活动情状、完结情状共现的频次很低。这一趋势与前两名儿童 SYY、LXY 的研究结论有同有异，基本一致。

表 8-12 JBS 情态类型和情状类型的协同习得数据

|  |  | 静态 | 活动 | 完结 | 达成 | 情态类型总计 |
| --- | --- | --- | --- | --- | --- | --- |
| 动力情态 | 能 $_{dy}$ | 0 | 135 | 50 | 16 | 947 |
|  | 会 $_{dy}$ | 0 | 286 | 2 | 3 |  |
|  | 要 $_{dy}$ | 0 | 357 | 15 | 0 |  |
|  | 可以 $_{dy}$ | 0 | 71 | 9 | 3 |  |
| 道义情态 | 能 $_{de}$ | 0 | 163 | 17 | 9 | 521 |
|  | 要 $_{de}$ | 0 | 53 | 8 | 0 |  |
|  | 可以 $_{de}$ | 1 | 139 | 12 | 0 |  |
|  | 应该 $_{de}$ | 4 | 8 | 3 | 0 |  |
|  | 得 $_{de}$ | 2 | 83 | 18 | 1 |  |
| 认识情态 | 能 $_{e}$ | 1 | 0 | 0 | 10 |  |
|  | 会 $_{e}$ | 5 | 12 | 0 | 44 |  |

续表

|  |  | 静态 | 活动 | 完结 | 达成 | 情态类型总计 |
|---|---|---|---|---|---|---|
| 认识情态 | 要。 | 0 | 1 | 0 | 13 | 92 |
|  | 应该。 | 2 | 0 | 2 | 0 |  |
|  | 得。 | 0 | 1 | 0 | 1 |  |
| 情状类型总计 |  | 15 | 1309 | 136 | 100 | 1560 |

### 8.4.3 儿童情态类型与动词情状共现习得规律及相关解释

#### 8.4.3.1 习得规律

综合分析三名汉语儿童情态动词与动词情状的共现情况，我们得出以下习得规律：

（一）动力情态、道义情态表现出很强的与活动情状共现的倾向，其次是与完结情状共现，但与活动情状共现的比例远大于与完结情状共现的比例。

（二）动力情态、道义情态与静态情状、达成情状共现的几率很小，有的甚至为零。

（三）认识情态一般与静态情状、达成情状共现，而很少与活动情状、完结情状共现，但比较独特的是认识情态的"会"，它与活动情状共现的几率远大于其他情态动词认识情态与活动情状共现的几率。

情态和情状的这种协同习得可用图 8-6 展示，共现几率越大线条越粗。

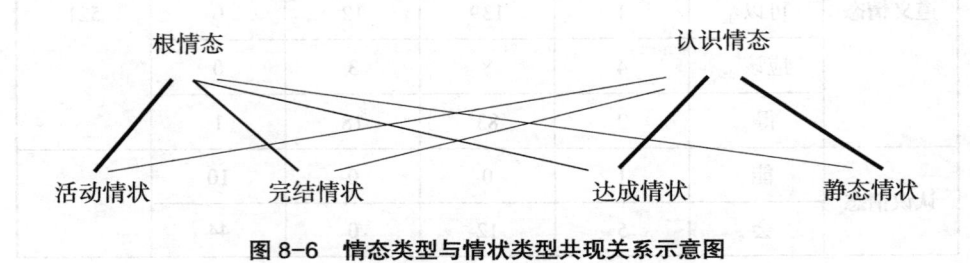

图 8-6 情态类型与情状类型共现关系示意图

彭利贞（2007a）等人认为根情态与动态情状、认识情态与静态情状存在共现关系，虽然没有涉及达成情状，但已有观点基本与本章的结论一致。在几种情状类型中，活动情状、完结情状、达成情状、静态情状的动作性依次递减，活动情状的动作性最强，静态情状的动作性最弱，根情态倾向于与动作性强的词共现，因此根情态与活动情状共现的几率最大，其次是完结情状，而与动作性弱的达成情状、静态情状共现的几率很小。认识情态则与根情态相反，倾向于与动作性弱的词共现，因此与达成情状、认识情状共现的几率很大，而与动作性强的活动情状、完结情状共现的几率很小。

前文提到，LXY 与"能、会、要、可以、应该、得"共现的各种情状类型除了与"得"共现的静态情状、达成情状外几乎都有习得；SYY 虽然习得了与"得"共现的这两种情状，但产出数量非常少，分别只有一例；JBS 的习得情况与 LXY 大致相同。原因在于三名儿童习得的是道义情态而不是认识情态的"得"，道义情态与静态情状、达成情状共现的几率非常小，这证明了以上结论的可信性。

#### 8.4.3.2 习得特征解释

已有研究（彭利贞，2007a；肖应平，2011）表明，认识情态和表静态的动词、非认识情态和表活动的动词有天然的共现关系，本章对三名儿童的语料分析后得出的结论也支持一般研究的结论，即儿童语言习得中，认识情态倾向于与静态情状、达成情状共现，非认识情态倾向于与活动情状、完结情状共现。综合以往的研究，我们认为这种共现规律可能受制于情状动词和情态类型的语义特征选择关系。

表示静态情状的动词（如属性关系动词、心理感觉动词）表示一种相对静止的状态，动词内部具有均质性，而认识情态涉及判断、推理等认知概念，说话人的观点不会使事件本身产生实质性的变化，因此静态情状与认识情态有天然的共现关系。

达成情状虽然有动作的变化，但是变化过程经历的时间相当短暂，动作开始和结束的时间点难以描述，几乎瞬间就从一种状态转变为另一种状态，达成情状更倾向于描述变化后的另一种状态，变化前的活动和过程不是它的关注点，从本质上说，达成情状和静态情状类似，都是描述一种状态，因此认识情态也表现出与达成情状结合的倾向。

活动情状和完结情状都表示动作，只是活动情状的动作理论上可以无限持续下去，完结情状的动作有开始、运动、完结这样一个完整的过程，动词内部具有非均质性，动力情态、道义情态（即非认识情态）涉及能力、意愿、许可、承诺等概念，说话人可以施以自己的意志使事件发生实质性的改变，因此根情态（即非认识情态）与动作性强的活动情状和完结情状有天然的共现关系。

上述解释既可以解释本体研究所看到的情态类型与情状类型的共现关系，也可以解释儿童语言的情态类型和情状类型的协同习得特征。

另外，前文分别讨论了儿童情态类型和情状类型的习得情况，已知情态类型的习得顺序为"动力情态＞道义情态＞认识情态"，情状类型的习得顺序为"活动＞完结＞达成＞静态"。对比二者的共现关系可知它们的习得顺序具有平行性。接下来的问题是：究竟是情状决定情态类型的习得？还是情态决定情状类型的习得呢？我们认为是情状类型的习得决定了情态类型的习得，以下面两个句子为例：

（90）我要吃饭。

（91）我要吃过饭才能出去玩儿。

两例中"要吃饭"中的情态动词"要"既可以解释为动力情态也可以解释为道义情态，但是具体怎么解释还得看它后面动词或动词短语的情况。例（90）中的"要"理解为动力情态，表示"吃饭"的意愿，"吃饭"为活动情状；例（91）中的"要"理解为道义情态，有"必须、须要"的意思在里面，"吃过饭"为完结情状。我们判断情态动词的类型都是根据上下文语境，而情状就是那个语境，因此动词或动词短语的情状意义是情态类型的语义解读线索。

总的来说，情态类型与情状类型的共现情况表现为：认识情态倾向于与静态情状、达成情状结合；根情态（即非认识情态）倾向于与活动情状、完结情状结合。这种协同共现特征与情状动词和情态类型的语义特征选择关系密切相关，但就两者的关系来看，情状类型与情态类型习得顺序的平行性特征更可能受制于情状动词的语义特征。

考察儿童动词或动词短语情状类型与情态语义类型的共现协同习得是有意义的。情态语义类型是情态意义研究的一个重要维度，但是情态语义类型的解读常常依赖于句中其他成分，也就是说，句中的情状特征、时体特征等常常成为情态语义类型解读的线索，它们之间具有明显的共现特征，而这一点通过儿童语言习得得到了明确的验证。儿童的情态语义类型习得并非孤立，与情态语义类型解读线索性成分常常同步习得。如果儿童的情态词产出缺少一定的线索解读成分，其所属的语义类型常常表现出不确定性。前文我们分析儿童情态意义的不确定性时就发现，儿童情态语义表现出不确定性的时候，其中一个重要的原因就是语句中缺少语义解读的线索性成分，包括动词或动词短语的情状特征。

# 第九章　情态否定的习得

## 9.1　概念界定与研究目标

本章拟研究儿童语言习得中的情态否定现象。关于情态否定，目前学界还没有清晰明确的界定。在现有研究中，通常根据否定词与情态词的位置关系，把情态否定分为以下两类：第一类是外部否定，指像"不会""不能""不应该"等"否定词+情态动词"格式的否定结构；第二类是内部否定，包括（1）"情态动词+否定词"格式的否定结构，如"他应该不在办公室"，（2）"情态副词+否定词"格式的否定结构，如"千万别动那个，太危险了"。本书对情态否定持保守观，认为情态否定既涉及说话人对命题的真值或事件现实性状态的态度，又涉及对说话人态度的否定表达，也就是"对情态的否定"，那么，上述所说的外部否定表达的是说话人对情态的否定，是真正意义上的情态否定，而内部否定表达的是说话人对否定命题或事件状态的态度，其中的否定是对命题的否定而非对情态的否定。有一部分情态副词往往表达对否定性命题或祈使的态度，也就是说，情态与否定有密切的关系，但还不能认为这样的内部否定式是对情态的否定。

情态动补构式中有否定式，尽管其否定辖域在后面的补充性成分，但因其已经成为一个具有整体意义的构式并且往往有相对的肯定式（如"看不到—看得到、说不得—说得"，肯定式还可以用"能 VC"表述），所以我们把情态动补构式的否定式看作情态否定，表示动作行为没能力达到或没可能达到某种结果，可归入情态的内部否定。根据范莉（2010）的研究和我们的观察，儿童情态动补构式中否定式的习得时间早于肯定式，本书被试儿童否定式在 1;08 岁就已经自主产出，但肯定式则在 2;00 岁或之后才自主产出，范莉（2010）的研究与本书的观察基本相同；否定式的习得频次也远远高于肯定式，据范莉（2010）统计否定式 129 个、肯定式 10 个。儿童对情态动补构式否定式的习得是动词后情态否定的习得，整体上看，动后情态否定的习得优先于动前情态否定的习得。情态动补构式否定式与"否定词+情态动词"这种外部否定不在一个基准线上，但考虑到情态动补构式否定式是一种非常重要的情态否定形式，我们也应该对这类情态否定进行考察。另外，研究情态动补构式否定式必然同时研究肯定式，并且情态动补构式的情态意义类型也是多义的，所以本章对情态动补构式的习得进行考察，不聚焦于考察其情态类型和情态量级，而是通过与肯定式的对比来探讨情态动补构式否定式的习得特征。当然，我们也会对所考察的两种情态否定形式（情态动词否定和情态动补构式否定）的习得进行比较，并对两种情态否定形式的共性和差异进行解释。

在情态否定习得方面，有许多有待探索与回答的问题，比如：儿童早期情态否定有哪些表现形式？各自的发展过程如何？习得中呈现出怎样的规律？又有哪些因素制约习得规律？基于上述问题，本章仍基于三名儿童自发产出的语料研究儿童情态否定的历时发展过程及语义习得方面的特征，并尝试对相关现象进行初步解释。希望能够填补儿童情态否定习得研究方面的空白，丰富汉语儿童情态系统的习得研究。

## 9.2 情态否定研究回顾

虽然情态研究和否定研究都有较长的历史，但情态否定问题却一直没有引起学术界的足够关注。就现有研究而言，情态否定研究的成果主要集中在本体研究方面，习得方面的研究相对薄弱。

### 9.2.1 情态否定的本体研究

关于情态否定的本体研究，大多零星地出现于情态研究和否定研究中。

#### 9.2.1.1 与情态动词否定有关的研究

与情态动词否定有关的研究主要讨论了四个方面的问题：

第一，情态动词与否定的组合问题。吕叔湘（1999）讨论过否定词"不"和"没（有）"与助动词的组合情况。认为"没（有）"用于客观叙述，限于指过去和现在，不能指将来；"不"用于主观意愿，可指过去、现在和将来。因此，"不"可用在所有的助动词前，"没（有）"只限于"能、能够、要、肯、敢"等少数几个。"不"和"助动+动词"组合，有五种形式：不能去、能不去、不能不去、能不能去、能去不能。"没（有）"只有一种形式：没能去。Tsao（1996）把现代汉语的否定标记"不"和"没（有）"看作"否定"与"语气"功能的组合体，"没（有）"用来否定处于过去与现在的现实世界，而"不"则用来否定处于将来及其他非现实世界的事件。范莉（2007）对情态与否定的辖域问题进行了研究，研究结果表明：否定算子和情态算子辖域运算的决定性原则是线性原则。

第二，情态动词的否定替补现象。相原茂（2000）将现代汉语助动词里没有相应否定式的词称为拒绝否定的"肯定词"，包括"肯定、必须、要$_{dy}$（我要进城去）、要$_{de}$（明天要下雨）、得$_{de}$（你得走）、得$_{e}$（下午得下雨）"等。他进一步指出，这些"肯定词"实现否定的途径之一就是"依靠其他助动词的否定式来完成"。如"要$_{de}$（下雨）→不会""要$_{dy}$（进城）→不想""得$_{e}$（下雨）→不会"。这种现象就是情态动词的否定替补现象。关于否定替补现象的原因，我们可以在否定与量概念的关系中找到答案。石毓智（2001：36—37）认为否定的范围大于或等于所否定的量。否定的量级越小，它的否定范围越大，同时其否定程度也越高。石毓智还总结了与量有关的自然语言的肯定否定公理，即"语义程度极小的词语，只能用于否定结构；语义程度极大的词语，只能用于肯定结构；语义程度适中的词语，可以自由地运用于肯定与否定两种结构之中"。（石毓智，2001：53）沈家煊（1999）把只能用于肯定句或否定句中的词称作"极性词"，并分析了极性词的成因及分布。戴耀晶（2000）指出肯定与否定不平衡现象的表现之一是否定的量向大确定，肯定的量向小确定。

第三，否定对于情态动词语义解读的影响问题。彭利贞（2007b）指出，否定对多义情态动词的解读会产生两个方面的影响。（1）否定对情态多义的滤除作用，如"要"前边出现否定标记"不"之后，在现代汉语普通话中，就已经滤除了其中的意愿与可能义，只剩下义务义，因为"要"的意愿义否定是互补否定形式"不想"或"不愿意"，"要"的必然义否定是"不会""不一定"或"不可能"。（2）否定对多义情态动词语义解读的倾向性影响，也就是说，在不少多义情态动词否定格式中，否定对多义情态动词的语义解读只存在倾向性的影响，要对格式中的情态动词进行确切的语义解读，还要加入其他许多限制因素。

第四，个别情态动词的否定研究。宋永圭（2004）从否定角度对最为常用的高频情态动词"能"进行了细致的研究。宋永圭（2004）借鉴功能语法（特别是认知功能语法）和语义学的一些理论和概念，对"能"的否定进行了讨论与研究。认为情态句有"情态壳"，"情态壳"概念是属于语义范畴，但同时受句法的制约。"不"是情态否定标记，不能透过情态壳制约谓语动词，只能和情态动词一起组成情态词组，"不"的否定焦点落在"能"上。"没"是非情态否定标记，能透过情态壳影响命题内部谓语动词或体标记的选择。虽然宋永圭的论文是对情态动词"能"的否定的个案研究，但其研究方法以及对"不"和"没"的讨论、对"Neg + M + Vp"和"Neg + M + Neg + Vp"构式的分析，对整个情态否定问题的研究具有极大的启发性。

#### 9.2.1.2 与情态动补构式有关的研究

关于情态动补构式方面的研究，有的学者侧重于补语的属性，称其为可能补语（刘月华，1980；孙利萍，2007；杉村博文，1982；吕俞辉，2013），有的侧重于整个结构的表达功能，称其为能性述（动）补结构（吴福祥，2002b；沈家煊，2005；等等）。还有很多学者从共时句法语义特征和历时来源等方面对此做过一些深入的研究。总的来说，有以下三个方面值得注意。

第一，情态动补构式的功能特征。既然已经有情态动词，为何还要使用动补结构表达情态意义，这是一个很有意义的问题。合理的推测应该是情态动补构式具有情态动词所不具备的功能特征。吴福祥（2002a）在探讨能性述补结构的语法化动因时提到，能性述补结构语法化的内在要求是能性述补结构具有情态动词代替不了的语义功能。情态动补构式的补语往往表示动作的实现或完成，因此情态动补构式一般表达这样的构式义，即是否有能力／条件或被允许实现某种动作结果或状态、是否具有实现某种动作结果或状态的可能，而这是情态动词所不具备的功能。也就是说，情态动补构式的表达焦点是结果或状态实现的能力、条件和可能，而不是做出某种动作的能力、条件或可能。

第二，情态动补构式的肯否定形式不对称。很多研究者注意到并细致分析了"V 得 C"和"V 不 C"的不对称特征（沈家煊，2005；孙利萍，2005；范莉，2010）。沈家煊（2005）从结构、频率与分布、语法化程度和历史形成时间四个方面解释了否定式更常用的原因，我们基本赞同沈家煊的解释。关于肯定式和否定式的不对称，我们还推测：情态动补构式中的肯定式一方面可以用"能 VC"来代替，另一方面又有"能 VC"不具备的某些功能，两个因素加在一起使肯定式一方面是被需要的，但另一方面使用频率又不那么高；而否定式则不能用"能不 VC"来代替，即否定式在表达上具有不可替代的功能，因此使用频率更高。根据刘月华（1980），"V 得 C"在三个方面比"能 VC"更有表现力，即不太有把握的肯定、反驳某种否定和委婉表达否定，"能 VC"没有上述表达功能。这与上面的推测相吻合，因此我们赞同这一描述。杉村博文（1982）也认为"V 得 C"体现的是说话人对事实的陈述，与"能 VC"相比具有客观性。

第三，情态动补构式的历时演变。根据吴福祥（2002a，2002b）的研究，能性述补结构的肯定式和否定式在唐代就已经出现，其语法化既有能性助动词替代不了的语义功能这一内在动因，又有从语言表现形式上要与情态动词形成对称性的类推要求。吴福祥认同吕叔湘（1944/1984）和蒋绍愚（1995）的研究，认为肯定式和否定式的演化路径各自独立。肯定式是从"V 得"演化而来，与"得"的虚化有关。"得"虚化后成为补语的引导成分，到唐代"得"由表结果进一步虚化为表示动作实现或完成，当"得"后再出现动词时，就成了动补结构，可以表示动作实现状态或结果，也可以表示动作实现为某种状态或结果的可能性。否定式则与肯定式没有演变关系，它来自"VC"，否定式"V 不 C"作为一种格式比肯定式"V 得 C"出现更早，在汉代就已经出现，演化之后由主谓结构重新分析成动补结构，最初表示结果，唐五代时用于未然语境，表示推想某事的可能性。宋元以后，则基本只表示能性。上述情态动补构式历时演变的结论不仅可以部分地解释这一结构式的肯定否定不对称问题，也说明现代汉语情态动补构式既是构式的演变也是构式化[①]的结果。

### 9.2.2 情态否定的习得研究

关于情态否定习得的研究资料很少，除范莉（2007）外，主要散见于情态习得或否定习得研究中。Lee（1981）在 XM17 个月到 23 个月 2 周的录音和观察资料中发现：在语义理解层面上，XM 获得否定概念的先后顺序大体是"否定物体的继续出现→否定物体的存在→拒绝／禁止→对能力的否定→否定物体名称→否定事件的发生→否定物体的特性或状态→否定事件的继续发生"，在语言表达的层面上，否定概念出现的先后顺序是"否定物体的继续出现→否定物体的存在→否定物体名称（用语音标志）→否定事件的发生→拒绝→否定物体的特性或状态→否定事件的继续发生→对能力的否定→否定物体名称（用形态标志）→禁止"。可见，语义理解的发展和语言表达的发展并不总是一致的，语义的理解或者早于相应的语言表达或者与语言表达同时出现。Lee 文所说的"拒绝""禁止""对能力的否定"涉及情态否定问题，对我们了解情态否定习得在整个否定习得体系中的位置有所帮助。范莉（2007）对情态动词否定式的习得进行了较为详尽的研究。针对情态动词的单一否定式，她讨论了儿童早期对"应该""可能"和"可以"的否定式的习得情况。发现儿童获得"不＋情态词＋VP"结构的时间早于"情态词＋不＋VP"结构，并从原则系统、结构特点及输入频率三个方面对此进行了解释。针对情态动词的双重否定式，鉴于语料中并没有产出用例，范莉主要通过语言测试

---

① 构式化和构式演变理论参见 Traugott & Trousdale（2013）。

的方法对儿童双重否定式的掌握情况进行了考察。从语言测试结果来看，少数儿童在4—5岁开始了解情态词双重否定式的知识，绝大多数儿童到了6—7岁和7—8岁才基本掌握了相关的知识。当儿童还不完全具备处理情态词双重否定结构的能力时，他们会采用省略策略和消除策略。范莉的研究方法及得出的研究结论，对我们的研究具有极大的借鉴与启迪作用。

## 9.3 情态动词否定的早期习得

本节的考察范围是第二章所圈定的情态动词，并增加了一个"许"。我们以此为立足点看儿童对情态动词的否定表达，情态语义的分类亦如前文的分析。

### 9.3.1 情态动词否定习得的考察对象

我们以表2–2中的情态动词为参考标准，对儿童语料进行检索，筛选出由否定词与表2–2中情态动词组成的情态否定。我们在LXY、SYY和JBS的语料中共发现如下情态否定结构，分别是"不＋能、不＋会、不＋要、不＋想、不＋敢、不＋准、不＋许、不＋愿意、不＋可以、不＋应该、不＋可能"，共11类，这类具有否定标记的否定结构可称为语义否定，是我们要考察的对象。

有学者认为带情态动词的反问句也是否定句（林文金，1984；符达维，1986；石毓智，1992；孟建安，1996；宋永圭，2004）。不过，宋永圭（2004）认为这是通过语用手段进行的否定，可称为语用否定。本书儿童零星产出情态反问句，如"你怎么能说话呢？（LXY 3;01）"，但是语例较少，并且不是每名儿童都有产出，所以，即使我们认同上述学者的观点，把这类情态反问句看作情态的语用否定，但因儿童产出量极少，也无法进行有效的观察。也就是说，早期儿童情态动词否定的习得基本为语义否定的习得。

下面我们详尽考察儿童习得情态动词否定的情况。

## 9.3.2 情态动词否定的习得概况

### 9.3.2.1 儿童情态动词否定产出类例

在三名儿童的语料中,共出现了上面提到的 11 类情态动词否定格式,下面我们对每个情态动词否定的习得情况做简要的介绍,并列出每个词语各义项首次自主产出的例句。

(一)不+会

"会"可以表达动力情态[能力]和认识情态[盖然]两种情态义,相应"不+会"也可以表达对动力、认识两种情态的否定。"不+会"的两种语义在三名儿童的语料中都有产出,儿童各个义项的具体习得情况如下:

1. 不+会$_{dy}$

"不+会$_{dy}$"是对动力情态[能力]的否定,三名儿童均有产出。

(1) LXT:宝宝唱歌。
    LXY:宝宝<u>不会</u>唱。(1;09)
(2) SYY:妈妈贴这儿,贴在这个门上。
    SYY:我<u>不会</u>贴。(1;10)
(3) ZLZ:噢,回来调声音。
    JBS:典典<u>不会</u>调。(1;11)

2. 不+会$_e$

"会$_e$"是认识情态,是对某事能否发生的一种推测,其外部否定式"不+会$_e$"是"推测某事不发生",并且可能性很大。

(4) LYA:疼不疼啊摔的,爸爸抱摔不摔跤啊?
    LXY:<u>不会</u>,不要爸爸。(1;10)
(5) SYH:你知道你要拆坏了。
    SYY:拆不坏它,<u>不会</u>拆坏的。(3;11)

（6）HXT：你把字母单独安可以，别把它们混一块儿。

HXT：混一块儿就乱了是不是？

LXY：不会的。（3;02）

（7）ZXI：不穿鞋怎么回家吃饭呢，不吃饭肚子叫，咕噜咕噜咕噜。

JBS：不会。（2;01）

汤廷池（1979）讨论"会"的否定时发现"会$_e$"可以出现在"不会＋不 V"格式中，"会$_{dy}$"则不能。不过，儿童早期没有产出"不会＋不 V"格式。另外，观察儿童产出的"不＋会"语例，没有对上文出现的"要$_{de}$"和"得$_e$"的否定。

（二）不＋能

"能"的情态意义有三种，"不＋能"也可以表达对三种情态意义的否定。但三名儿童都只产出了动力情态否定"不＋能$_{dy}$"和道义情态否定"不＋能$_{de}$"，没有产出认识情态否定"不＋能$_e$"，已经产出的"不＋能"中道义情态否定更多一些。

1. 不＋能$_{dy}$

"不＋能$_{dy}$"表达对动力情态［能力］的否定。

（8）LXY：小鸟。

LXY：小鸟不能吃。

HXT：嗯，小鸟，小鸟不能吃。（2;03）

（9）LYA：你让它们做游戏吧。

LXY：小鸭子不行做游戏，小鸭子不能做游戏，它是小孩。（2;11）

2. 不＋能$_{de}$

"不＋能$_{de}$"表达对道义情态［许可］的否定。

(10) LYI：可香呢，那你吃吧。

　　　JBS：姐姐皮，<u>不能吃</u>。(2;01)

(11) HXT：好啦，五次坐完了。

　　　LXY：五次坐完了，<u>不能再坐了</u>。(1;10)

(12) GCY：坏了。

　　　SYY：不能吃了。

　　　GCY：<u>不能吃了</u>。(1;11)

(13) LGT：你好好的给他嘛，哦典典。

　　　JBS：<u>不能吃</u>，典典的。(2;02)

## （三）不+要

"要"的语义有三种，但"不+要"否定式在成人语言中一般只表达道义情态否定，可是我们在检索三名儿童语料时发现，儿童产出的"不+要"涉及两种意义，一是动力情态否定"不+要$_{dy}$"，二是道义情态否定"不+要$_{de}$"，这说明儿童还不会进行情态否定替补，"要"的情态否定表达还不太成熟。我们在统计"不+要"的习得频率时也不统计"不+要$_{dy}$"，但可以把这类产出列出来，以便读者了解。

1. 不+要$_{dy}$

根据彭利贞（2007b）的研究，一般情况下"要"表达动力情态［意愿］时，由于是最大量，即所谓的肯定极性词，本身无法被否定，若要进行否定，需要用否定替补形式"不想"或"不愿意"。反观本研究的儿童产出，可以看到三名儿童是用"不+要$_{dy}$"直接表达动力情态否定的，而且语例非常多，这说明早期儿童还不能较好地运用否定替补形式进行"要"的否定表达。"不+要$_{dy}$"产出语例如下：

(14) LZR：来，宝宝穿上鞋。

　　　LXY：<u>不要穿鞋</u>。（应为"不想/愿意穿鞋"1;10）

(15) SYH：给爸爸这个。

SYY：不要，不要。（应为"不想/愿意给"2;05）

（16）ZLZ：典典给达达吃。

JBS：不要给。（应为"不想/愿意给" 1;11）

2. 不 + 要 $_{de}$

"不 + 要 $_{de}$"表达对道义情态［义务］的否定，含有禁止或劝阻的意思。

（17）LZR：搬下去给谁睡了呀宝宝？

LXY：不要过来。（2;01）

（18）SYH：小青蛙。

SYY：别动。

SYH：这个呢？

SYY：小鼻鼻，不要动。（2;08）

（19）JBS：阿姨喝，不要按喇叭了，不要按喇叭了。

LXF：烫不烫啊，让我喝，烫吗？

JBS：典典吹吹，fufu。（1;11）

彭利贞（2007b：317—318）提到，否定对情态多义具有滤除作用，如"要"前边出现否定标记"不"之后，在现代汉语普通话中，已经滤除了其中的意愿与可能义，只剩下义务义。观察三名儿童"不 + 要"结构的习得，如果排除"不 + 要 $_{dy}$"这一不太自然的用法，其他的"不 + 要"都表示道义情态之义务，没有认识情态之必然用法。

（四）不 + 敢

"不 + 敢"表达对动力情态［勇气］的否定。

（20）LXY：不敢踩雪。

LXY：没雪了。（1;09）

（21）SYH：你抱那个小白兔，炕上呢。

SYY：我也上炕上拿，给我抱上去，我 <u>不敢</u> 拿。（2;05）
（22）JBS：我 <u>不敢</u> 看。（2;05）

## （五）不+许

"不+许"表示对道义情态［许可］的否定。

（23）LXY：妈妈 <u>不许</u> 哭了，妈妈别哭。（1;10）
（24）SYY：穿这只，这只脱了，穿妈妈那个，穿那个，瞅瞅。
　　　GCY：嗯，瞅瞅。
　　　SYY：妈妈下地，我戴，<u>不许</u> 摸。（1;11）
（25）JWD：好看吗？
　　　JBS：好看，<u>不许</u> 打爸爸。（2;03）

## （六）不+想

"不+想"表示对动力情态［意愿］的否定。

（26）LZR：宝宝过来摸一下，摸它的牙。
　　　LXY：<u>不想</u> 摸，有刺儿。（1;10）
（27）GCY：怎么说啊警察。
　　　SYY：警察说："坏孩子，<u>不想</u> 回家了"。（3;03）
（28）WSS：那为什么不能说话？
　　　JBS：我 <u>不想</u> 说话。（2;03）

我们也仔细观察了"不+想"的上下文，没有对"要"的动力情态［意愿］的否定。

## （七）不+愿意

"不+愿意"表示对动力情态［意愿］的否定。

（29）SSY：行你唱点儿什么你再唱一个生日快乐。
　　　　LXY：长颈鹿不愿意唱。（3;03）
（30）SYH：不要错。
　　　　SYY：我就不愿意数。（4;05）
（31）JBS：他老是不愿意走。（3;03）

## （八）不+应该

"应该"有两种情态义，即道义情态［义务］和认识情态［盖然］。"不+应该"既可以表达对义务的否定，又可以表达对推测［盖然］的否定。但在三名儿童的语料中，只涉及道义情态否定"不+应该$_{de}$"，并且数量很少。

（32）SYY：爸不应该搁这儿！
　　　　SYH：不应该搁这儿它应该搁在哪儿啊？（3;00）
（33）LZR：嗯，所以它怎么样啊？
　　　　LXY：不应该在这。（3;07）

## （九）不+可以

"可以"表达的情态意义有两种，即动力情态［能力］和道义情态［许可］。"不+可以"既可以表示动力情态［能力］的否定，也可以表示道义情态［许可］的否定。LXY、JBS 的语料中两种语义均有产出，但 SYY 两种语义都没有产出。

1. 不+可以$_{dy}$

（34）HXT：怎么荡秋千啊？用尾巴荡吗？用尾巴荡吗？
　　　　LXY：尾巴，这个可以，不可以。
　　　　HXT：哪个可以，这可以。
　　　　LXY：可以吗，宝宝可以。（2;00）

（35）LGT：好，典典继续浇花。

　　　JBS：小孩子<u>不可以</u>，大人可以。（2;05）

2. 不 + 可以 ~de~

（36）LZR：那它喜欢我，我走的时候把它领回家行不行？

　　　LXY：小马说，小马说<u>不可以</u>。（3;08）

（37）ZXF：没下，雨停了。

　　　JBS：雨停了<u>不可以</u>打伞。（3;01）

（十）不 + 可能

　　"不 + 可能"表示对认识情态［可能］的否定，指"不存在发生某事的可能性"。LXY 和 SYY 产出了该类情态动词的否定。

（38）LZR：小鲤鱼先坐桌子上吧。

　　　LXY：小鲤鱼<u>不可能</u>。（3;06）

（39）SYH：你这样一弄，墙崩了。

　　　SYY：<u>不可能</u>。（4;06）

（十一）不 + 准

　　"准"可以表达两种情态，一是认识情态［必然］，二是道义情态［许可］。但由于前一种用法属于必然性情态量级，一般不用于否定，所以在与否定词"不"连用后，"准"表达的只能是道义情态［许可］，而"不 + 准"是对［许可］的否定。三名儿童中 SYY、JBS 产出了"不 + 准"这一情态动词否定形式。

（40）SYY：我<u>不准</u>它进来。（2;04）

（41）ZLZ：今天要上什么课呀？

　　　JBS：<u>不准</u>说话，拍桌子什么的，待会就发玩具。（3;11）

### 9.3.2.2 情态动词否定习得数据的量化

儿童情态动词否定习得时间的确定往往依赖上下文语境。根据第一章所说，儿童在回答问题时可以较好地顺应产出并且接下来可以自主使用，就可以看作习得。关于多义情态动词否定习得时间的确定，我们的原则是只要儿童习得了多义情态动词否定中的一个义项即视作已经习得，因此这个义项的习得时间也就是该情态动词否定的习得时间，如 SYY 在 1;10 岁首先习得了"不 + 会$_{dy}$"这一义项，因此"不 + 会$_{dy}$"的习得时间也就是情态动词否定"不 + 会"的习得时间。

根据上述原则，在排除不同于成人的"不 + 要$_{dy}$"组合后，我们对三名普通话早期儿童情态动词的否定习得数据进行统计，见表 9-1：

表 9-1　儿童各情态动词否定的习得时间及频次

| 情态否定 | | LXY 时间 | LXY 数量 | SYY 时间 | SYY 数量 | JBS 时间 | JBS 数量 |
| --- | --- | --- | --- | --- | --- | --- | --- |
| 共同习得 | 不 + 会 | 1;09 | 99 | 1;10 | 113 | 1;11 | 159 |
| | 不 + 能 | 1;10 | 62 | 1;11 | 41 | 2;01 | 269 |
| | 不 + 要 | 2;01 | 41 | 2;08 | 19 | 1;11 | 65 |
| | 不 + 许 | 1;10 | 25 | 1;11 | 16 | 2;03 | 31 |
| | 不 + 敢 | 1;09 | 17 | 2;05 | 9 | 2;05 | 22 |
| | 不 + 想 | 1;10 | 20 | 3;03 | 8 | 2;03 | 66 |
| | 不 + 愿意 | 3;03 | 5 | 4;05 | 4 | 3;03 | 6 |
| 非共同习得 | 不 + 可以 | 2;00 | 4 | — | 0 | 2;05 | 10 |
| | 不 + 可能 | 3;06 | 2 | 4;06 | 1 | — | 0 |
| | 不 + 准 | — | 0 | 2;04 | 3 | 3;11 | 3 |
| | 不 + 应该 | 3;07 | 2 | 3;00 | 2 | — | 0 |

根据表 9-1，我们对三名儿童情态动词否定习得有以下一些观察。

（一）儿童情态动词否定的习得没有统一的时序特征，三名儿童分别按以下顺序习得各情态动词否定，为阅读方便删除每类结构的中间"+"号。

  LXY：不会＝不敢→不能＝不想＝不许→不可以→不要→不愿意→不可能→不应该

  SYY：不会→不能＝不许→不准→不敢→不要→不应该→不想→不愿意→不可能

  JBS：不会＝不要→不能→不许＝不想→不敢＝不可以→不愿意→不准

三名儿童各否定结构的习得顺序绝大部分是不同的，只有"不会"都是优先习得的，我们还不能解释这一习得现象。

（二）就习得对象而言，绝大部分是共同习得的。三名儿童均习得了"不＋会、不＋能、不＋要、不＋敢、不＋许、不＋想、不＋愿意"，但"不＋可以、不＋准、不＋可能、不＋应该"四个情态动词否定不是三名儿童均有习得。通过习得的时序特征和频次特征，我们初步的解释是：双音节情态动词否定形式因音节特征习得时间整体稍晚，而当儿童年龄稍微大一点时他们对情态类型、情态量级及否定的掌握成熟许多，对情态动词否定形式的选择就更加多样而且随意一些。

（三）就习得数量而言，尽管三名儿童的语料总量不完全相同，但这种差异不会影响结论。总的来说，儿童"不＋会""不＋能"和"不＋要"的习得数量是最多的，这与"要""会""能"作为最为常见的多义情态动词及它们使用的高频性有关。三名儿童产出量最少也是习得时间较晚的情态动词否定主要为双音节情态动词构成的情态否定。这一方面与双音节词有关，另一方面也可能与之前习得的单音节情态动词否定可以表达"不愿意"（不要、不想）、"不应该"（不要、不许）、"不可以"（不能）这些情态意义有关，也就是说，单音节情态动词否定形式的习得使得双音节情态动词否定形式的习得不那么迫切，因而产出时间较晚，数量也不多。

（四）儿童情态动词否定的习得在否定替补和情态动词使用方面存在一定的偏误，出现了"不肯定""不许给你看"等偏误用法，说明早期儿童情态动词否定的习得还不够完善。

#### 9.3.2.3　情态动词否定习得的语义类型及语义量级

情态习得必然涉及情态类型和情态量级的习得问题，根据我们前面章节的研究，早期儿童对情态语义类型和情态语义量级的习得在情态动词的习得中已经基本完成。本节希望考察情态动词加上外部否定后是否会影响其在语义类型和语义量级方面的习得。

##### 9.3.2.3.1　情态动词否定语义类型的习得

情态动词所表达的情态意义可以划分为动力情态、道义情态、认识情态三种，情态否定当然也可以这样划分，即动力情态否定、道义情态否定和认识情态否定。

在儿童习得频率最高的"不+会""不+能"和"不+要"中，"会、能、要"都是多义情态动词，分别表达动力情态、道义情态和认识情态。早期儿童已经分别习得了"会、能、要"的不同语义类型，但是三个多义情态动词否定式的语义类型习得却与非否定式的习得情况有一定的差异。我们基于儿童产出的数据，以表格形式呈现三名儿童情态否定语义类型的习得。

表9-2　情态动词否定的情态语义类型习得时间及频次

| 情态类型 | 情态否定 | 习得情况 | | | | | |
|---|---|---|---|---|---|---|---|
| | | LXY | | SYY | | JBS | |
| | | 时间 | 数量 | 时间 | 数量 | 时间 | 数量 |
| 动力情态否定 | 不+会$_{dy}$ | 1;09 | 66 | 1;10 | 112 | 1;11 | 131 |
| | 不+能$_{dy}$ | 2;03 | 17 | 1;11 | 16 | 2;01 | 68 |
| | 不+可以$_{dy}$ | 2;00 | 3 | — | 0 | 2;05 | 3 |
| | 不+敢 | 1;09 | 17 | 2;05 | 9 | 2;05 | 22 |
| | 不+想 | 1;10 | 20 | 3;03 | 8 | 2;03 | 66 |
| | 不+愿意 | 3;03 | 5 | 4;05 | 4 | 3;03 | 6 |

续表

| 情态类型 | 情态否定 | 习得情况 LXY | | 习得情况 SYY | | 习得情况 JBS | |
|---|---|---|---|---|---|---|---|
| | | 时间 | 数量 | 时间 | 数量 | 时间 | 数量 |
| 道义情态否定 | 不+能$_{de}$ | 1;10 | 45 | 2;10 | 25 | 2;02 | 201 |
| | 不+要$_{de}$ | 2;01 | 41 | 2;08 | 19 | 1;11 | 65 |
| | 不+可以$_{de}$ | 3;08 | 1 | — | 0 | 3;01 | 7 |
| | 不+许 | 1;10 | 25 | 1;11 | 16 | 2;03 | 31 |
| | 不+应该$_{de}$ | 3;07 | 2 | 3;00 | 2 | — | 0 |
| | 不+准 | — | 0 | 2;04 | 3 | 3;11 | 3 |
| 认识情态否定 | 不+会$_e$ | 1;10 | 33 | 3;11 | 1 | 2;01 | 28 |
| | 不+可能 | 3;06 | 2 | 4;06 | 1 | — | 0 |

通过观察表 9-2 我们有如下发现：

（一）儿童对情态动词否定的不同语义类型的习得很不完善，主要表现为认识情态动词否定的产出极少，只有"不+会$_e$"和"不+可能"，其中 LXY"不+会$_e$"产出 33 例、"不+可能"产出 2 例，JBS"不+会$_e$"产出 28 例，而 SYY"不+会$_e$"和"不+可能"各只产出 1 例。

与单纯的命题否定（对命题进行否定，如"他不来"）和命题态度（说话人对命题的态度，即情态，如"他可能来"）只涉及一种运算（或称认知处理）相比，命题态度的否定（即情态否定）既要增加说话人对命题的主观态度，又要进一步对命题主观态度进行否定，涉及两种运算。可以肯定地说，凡是涉及更为复杂运算的语句儿童都会习得较晚。但动力情态否定和道义情态否定也涉及两种运算，儿童又为什么基本习得了呢？这可能又与各语义类型的主观化程度有关。在非否定性情态类型中，认识情态就是最后习得的。范莉（2007）曾就"应该"的两个义项对儿童进行语言测试，测试结果表明，早期儿童只要情景可能就倾向于将情态词理解为它的非认知性用法（即道义情态）。认识情态是说话人对命题为真或事件的现实状态的主观推测或推断，与道义情态相比具有较高的主观性，只有儿童具备了较好的主观推断能力和人际交流能力才能习得。

我们还可以看到，否定运算的加入对不同情态类型的习得有不同程度的延迟作用。比如 LXY 多义情态动词的非否定性情态类型习得起始年龄大约为"动力情态 1;06 岁→道义情态 1;09 岁→认识情态 1;08 岁"，而否定性情态类型的习得起始年龄大约为"动力情态否定 1;09 岁→道义情态否定 1;10 岁→认识情态否定 1;10 岁"；JBS 多义情态动词的非否定性情态类型习得起始年龄为"动力情态 1;07 岁→道义情态 1;08 岁→认识情态 2;01 岁"，而否定性情态类型的习得起始年龄为"动力情态否定 1;11 岁→道义情态否定 1;11 岁→认识情态否定 2;01 岁"。这样看来，情态否定习得的延迟与情态类型自身的语义特征有关，与运算的复杂程度也有关。

（二）从各情态类型的习得顺序上看，儿童基本是按照"动力情态否定→道义情态否定→认识情态否定"的顺序习得的。除双音节"愿意"之外，3;00 岁之前三名儿童基本习得了动力情态否定；而道义情态否定只有"不＋能$_{de}$""不＋要$_{de}$"和"不＋许"是在 3;00 岁之前习得，其他在 3;00 岁或者之后习得，另有个别组合在早期没有习得，如 SYY 的"不＋可以$_{de}$"，JBS 的"不＋应该$_{de}$"和 LXY 的"不＋准"；至于认识情态否定，LXY 和 SYY 产出了"不＋会$_e$"和"不＋可能"，JBS 只产出了"不＋会$_e$"，除了"要$_e$"和"得"作为语义程度极大的词否定时只能用否定替补形式外（相原茂，2000；石毓智，1992），其他可能性、盖然性及必然性的认识情态否定也没有产出。

（三）各类型的习得数量与习得顺序有一定的同步性，两者为正相关关系。不管总量还是各年龄阶段的产出数量，三名儿童动力情态否定的产出量都是最多的，其次是道义情态否定，最后是认识情态否定。同时动力情态否定与道义情态否定的产出数量随着年龄的增加而逐渐增多。

总的来说，儿童情态动词否定语义类型在时序及数量上的习得特征与非情态动词否定的语义类型习得特征大致吻合，尽管否定运算的加入使不同情态类型的习得发生了不同程度的延迟，但整体习得顺序并未发生较大改变。因此可以认为儿童对情态动词否定语义类型的习得仍然遵循情态动词的语义发展规律，从客观性强的语义特征逐渐到主观性强的语义特征，从较易认知的语义属性到较难认知的语义属性依次习得，有较强的认知规律可循。

9.3.2.3.2 情态动词否定语义量级的习得

我们知道，情态语义量级指的是说话人认为命题为真的可能性差异，一般分为可能性、盖然性和必然性，当然情态否定也可以分为三个语义量级。

但是并非所有情态类型都有清晰的语义量级，如前所述，认识情态和道义情态是有清晰的语义量级的，所表达的是典型的语义上的"可能"和"必然"，而动力情态的语义量级不够典型。故本节只考察认识情态和道义情态表达的语义量级。

我们仍用表格的形式呈现情态动词否定语义量级的习得情况。

表 9-3 情态动词否定的情态语义量级习得时间及频次

| 情态量级 | 情态动词否定 | LXY 时间 | LXY 数量 | SYY 时间 | SYY 数量 | JBS 时间 | JBS 数量 |
| --- | --- | --- | --- | --- | --- | --- | --- |
| 可能性 | 不+能 $_{de}$ | 1;10 | 45 | 2;10 | 25 | 2;02 | 201 |
| | 不+准 | — | 0 | 2;04 | 3 | 3;11 | 3 |
| | 不+可以 $_{de}$ | 3;08 | 1 | — | 0 | 3;01 | 7 |
| | 不+许 | 1;10 | 25 | 1;11 | 16 | 2;03 | 31 |
| | 不+可能 | 3;06 | 2 | 4;06 | 1 | — | 0 |
| 平均年龄及总数 | | 2;08 | 73 | 2;08 | 45 | 2;09 | 242 |
| 盖然性 | 不+会 $_e$ | 1;10 | 33 | 3;11 | 1 | 2;01 | 28 |
| | 不+要 $_{de}$ | 2;01 | 41 | 2;00 | 19 | 1;11 | 65 |
| | 不+应该 $_{de}$ | 3;07 | 2 | 3;00 | 2 | — | 0 |
| 平均年龄及总数 | | 2;06 | 76 | 3;00 | 22 | 2;00 | 93 |

根据表 9-3 我们可以看到：在可能性否定和盖然性否定方面，儿童的习得时间没有表现出明显的先后次序；不过三名儿童在习得总量上有一定的差异，LXY 两种量级否定的产出比重相当，JBS 可能性否定的产出比重远大于盖然

性否定，而 SYY 可能性否定的产出比重也是大于盖然性否定；此外，三名儿童都没有习得必然性情态动词否定。总的来说，早期儿童情态动词否定语义量级的发展不完善，早期儿童对可能性否定和必然性否定的区别敏感，必然性否定甚至还没有习得，对可能性否定与盖然性否定的区别不敏感。

如前所述，表达必然性语义量级的情态动词语义程度极大（相原茂，2000），否定时往往采用否定替补形式，如"肯定"没有"不+肯定"这样的否定形式，只有"不+可能"这样的替补形式，这使得必然性情态动词否定的数量很少。在我们考察的语料中，儿童没有习得必然性情态动词的否定替补形式，而是直接在情态动词前加上否定词，存在"不+肯定"这样的偏误用例。可见必然性情态动词的否定替补现象也是导致早期儿童没有习得必然性情态否定的原因之一。

## 9.4 情态动补构式否定式的早期习得

### 9.4.1 概念界定

情态动补构式指的是表达情态意义且形式特征固定为"V 得/不 C"的动补结构。这类结构没有显性的情态标记但却是现代汉语中情态表达的手段之一，其情态意义是在历时演化中从表结果或动作实现的意义中浮现出来的（吴福祥，2002a），是构式化的结果，所以我们把这类动补结构看作表达情态的构式。情态动补构式包括肯定式和否定式两类，其中补语 C 可以由动词充当也可以由形容词充当。

关于情态动补构式的情态语义类型，很多学者认为是表认识情态之可能或者不可能（朱德熙，1982：132—133；吕叔湘，1944/1984；等等），对此我们持不同意见。根据我们的观察，情态动补构式无论是否定式还是肯定式都是多义的，既可以解读为认识情态的不可能或可能，也可以解读为动力情态的是否有能力或有条件，怎样解读取决于语境，总的来说，与"能"的意义解读条件大体相同。比如，与反问句共现，表示认识情态之不可能或可能；与一般疑问句共现，则会产生情态意义的不确定性。如：

(42) 你怎么搬得动呢？（反问句，可能）
(43) 他没有健康码，进得去吗？（一般疑问句，可能/有条件）
(44) 这么多，你怎么吃得了啊？——吃不了。（反问句的答语，不可能）

情态动补构式中还有一种类型，即"V得"，否定式为"V不得"，按朱德熙（1982：133）的解释，"V得"的"得"与"V得C"中的"得"一样，"V得"就是"V得得"，第二个"得"是动词，做补语，因与前面的情态标记"得"同音同形而省略了，"V得得"与"V不得"一个为肯定式一个为否定式，如"吃得—吃不得、说得—说不得"。吕叔湘（1944/1984）认为这类情态动补构式表示可能、可以、允许，按吕先生的解释，"V得"与"V不得"也是多义的。但我们认为"V得"与"V不得"表达"可以、允许"是常态，表达"可能"则少见。如：

(45) 这话你也说得？（反问句，允许/许可）
(46) 人家动得，但你动不得。（对举句，可以）

鉴于情态动补构式语义上的多义性和情态含义需要"V不C"和"V得C"结构整体来表达，以往研究中有学者把这类结构的"V"后成分称为可能补语不太合适。

也有学者把这类结构称为能性述（动）补结构，这一称谓兼顾了情态意义由结构表达的特征，"能性"的说法也不限于情态意义的类型。不过，这类结构是历时构式化的结果，我们从儿童历时习得的视角探究该结构的发展，称为情态动补构式可能更好一些。

就情态动补构式的儿童语言习得来说，9.2 节提到的研究和探讨是有启发意义的，本节要探讨的问题是：

（1）情态动补构式在日常语言中存在显著的不对称现象，儿童习得时是否也存在不对称习得特征？

（2）儿童在何种语境下使用否定式又在何种语境下使用肯定式？

（3）日常语言中存在的情态动补构式不对称现象既可以从共时句法及功能特征方面寻找制约因素，也可以从历时演变上寻找原因。儿童的习得特征是否也能顺着这样的思路去解释？

（4）情态动补构式否定式的习得时序与情态动词否定的习得时序有没有不同？如果有，为什么？

至于情态动补构式的语义类型，因其具有多义性，本节暂不凸显这类数据，也不做相关探讨。

### 9.4.2　情态动补构式否定式习得概况[①]

需要说明的是本节对三名儿童产出数据的截取时间最大到2;06岁，原因是到该年龄段儿童情态动补构式的否定式和肯定式都有非常成熟且规模性的产出。儿童语料具体信息是：SYY 1;08—2;06岁，语料使用时数为26小时；LXY 1;02—2;06岁，语料使用时数为42小时；JBS 1;02—2;06岁，语料使用时数为44小时。

#### 9.4.2.1　习得数据

无论是否定式还是肯定式，三名儿童对情态动补构式的习得时间都是非常早的，基本在1;07岁到1;09岁之间。我们对三名儿童2;06岁之前所录全部语料进行穷尽性统计，从否定式和肯定式、儿童差异、习得时间及数量等方面进行量化，基本习得数据如表9-4所示（因版面限制去掉年龄中的0）：

表9-4　儿童情态动补构式习得基本数据

| 构式 | 儿童 | 首现时间 | 不同年龄段的习得数量 | | | | | | | | | | |
|---|---|---|---|---|---|---|---|---|---|---|---|---|---|
| | | | 1;7 | 1;8 | 1;9 | 1;10 | 1;11 | 2;0 | 2;1 | 2;2 | 2;3 | 2;4 | 2;5 | 2;6 |
| 否定式 | SYY | 1;8.06 | — | 29 | 12 | 24 | 34 | 2 | 6 | 6 | 17 | 34 | 35 | 66 |
| | LXY | 1;7.15 | 6 | 2 | 0 | 7 | 11 | 26 | 7 | 4 | 10 | 2 | 21 | 24 |
| | JBS | 1;8.13 | — | 3 | 0 | 7 | 10 | 6 | 8 | 14 | 16 | 13 | 8 | 23 |
| 各年龄段合计 | | | 6 | 34 | 12 | 38 | 55 | 34 | 21 | 24 | 43 | 49 | 64 | 113 |

---

[①] 本节数据及某些论证来自张云秋、李建涛（2022）。

续表

| 构式 | 儿童 | 首现时间 | 不同年龄段的习得数量 | | | | | | | | | | | |
|---|---|---|---|---|---|---|---|---|---|---|---|---|---|---|
| | | | 1;7 | 1;8 | 1;9 | 1;10 | 1;11 | 2;0 | 2;1 | 2;2 | 2;3 | 2;4 | 2;5 | 2;6 |
| 肯定式 | SYY | 1;8.06 | — | 1 | 0 | 1 | 3 | 0 | 2 | 3 | 12 | 19 | 16 | 9 |
| | LXY | 1;8.19 | — | 5 | 1 | 1 | 0 | 7 | 0 | 4 | 0 | 0 | 3 | 1 |
| | JBS | 1;9.12 | — | — | 4 | 1 | 1 | 0 | 4 | 0 | 0 | 3 | 1 | 9 |
| 各年龄段合计 | | | — | 6 | 5 | 3 | 4 | 7 | 6 | 7 | 12 | 22 | 20 | 19 |

首先，儿童的首现语例大体可以看作情态动补构式否定式的习得时间，只有例（47a）因表义复杂导致儿童表述不那么完整，根据语境我们可以得知，儿童在捉迷藏时要求游戏玩伴做到看不见自己，即"我要（你）看不见（我）"，儿童表述虽然不完整，但就"看不见"的使用来说，没有什么问题。以下是三名儿童情态动补构式否定式和肯定式的首现用例：

（47a）LXF：呦，典典在哪儿呢？这儿这儿，找到了，找到了。

　　　　JBS：我要<u>看不见</u>。

　　　　LXF：哦，藏起。（1;08）

（47b）JBS：骑车。

　　　　ZLZ：哦，骑车，哎哟！那么骑车啊，你骑得上去吗？

　　　　JBS：<u>骑得上</u>。

　　　　ZLZ：骑得上。那个骑车的小熊到哪儿去了？（1;09）

（48a）LYR：阿姨教你啊！阿姨教你啊！

　　　　LXY：<u>安不上</u>。

　　　　LYR：安不上。阿姨教你。（1;07）

（48b）HXT：拿个大的给你，拿着刀，够得着吗？

　　　　LXY：<u>够得着</u>。（1;08）

（49a）SYY：不粘住。

　　　　ZXT：粘不住就先放这，待会拿胶水粘。

     SYY：<u>粘不住</u>。

     ZXT：粘不住啊。（1;08）

（49b）ZSF：粘这啊，粘得住吗？

     ZXT：粘不住先倒着贴。

     SYY：<u>粘得住</u>，不倒了。（1;08）

  我们再通过两类情态动补构式的习得数据看儿童否定式的习得特征，有以下几点值得关注：

  （一）时量特征上，否定式的习得更早，比肯定式早一个月左右，不过习得差异也不算那么显著，显著的是产出量上的差别，否定式大大高于肯定式。例外的是被试儿童SYY，肯定式和否定式的习得时间相同，不过含有情态动补构式的那段对话中否定式仍然先产出，并且数量上两者相差巨大，1;08岁时肯定式只有1例，为"粘得住"，否定式则有29例之多，包括"粘不住、呆不住、够不着、摁不住、安不上"等多个否定式。

  （二）语境特征上，否定式基本上是自主产出，肯定式的首现语例则基本为回答性产出，如例（47b）、例（48b），只有SYY首现肯定式为隔句模仿。从全部语例上看，否定式自主性产出有压倒性优势，肯定式中则回答性产出比例更高，具体数据可见下文表9–5。

  （三）儿童使用否定式更加自如，仅就回答性产出来看，包括三种情况：一是对"VC"的否定性回答，如例（50）；二是对"V得C"的否定性回答，如例（49a）中SYY产出的"粘不住"；三是对成人提出的"V不C"的确认，如例（51）。肯定式回答性产出只有对问话中"V得C"的确认，如例（48b）。

    （50）WSS：爸爸买的奥特曼，给典典看的？

       JBS：啊，打开。

       WSS：典典打开吧！

       JBS：<u>我打不开</u>。（2;04）

(51) GCY: 后边那个呢？你怎么记不住啊？
SYY: 后边那个，记不住。(2;03)

综合上述特征，可以看出儿童优先习得否定式，并且否定式的习得更加成熟，两类情态动补构式的习得是不对称的，其中频率上的不对称更显著一些。

9.4.2.2 情态动补构式否定式习得的功能语境分析

我们通过两类情态动补构式习得数据看儿童优先习得否定式的功能动因。

首先考察与肯定式相比否定式的语境特征有什么不同，并且儿童的使用语境与习得特征有没有因果关系。两类情态动补构式的产出语境见表9-5：

表 9-5 儿童两类情态动补构式的功能语境特征

| | | | SYY | LXY | JBS | 小计及占比 | |
|---|---|---|---|---|---|---|---|
| V不C | 回答产出 | 否定"VC" | 10 | 6 | 6 | 22 | 4.5% |
| | | 否定"V得C" | 15 | 12 | 8 | 35 | 7.1% |
| | | 确认"V不C" | 12 | 4 | 1 | 17 | 3.4% |
| | 自主产出 | 否定他人要求 | 33 | 12 | 11 | 56 | 11.4% |
| | | 自主说明情况 | 179 | 79 | 80 | 338 | 68.6% |
| | 重复应和 | | 16 | 7 | 2 | 25 | 5% |
| V得C | 回答产出 | | 38 | 12 | 17 | 67 | 60.4% |
| | 自主产出 | 自发 | 25 | 8 | 6 | 39 | 35.1% |
| | | 反驳否定 | 3 | 2 | 0 | 5 | 4.5% |

通过表9-5可以看出否定式的产出语境如下：平均15%的语例为回答性产出，具体包括三种情况，即对"VC"的否定，如例(50)，对"V得C"的反驳，如例(52)，对成人提出的"V不C"进行确认，如例(51)。平均80%的语例是自主产出的，包括：成人或玩伴要求儿童做某事，儿童告知自己做不到，如例(53)；儿童自己做某件事但做不到，告知父母或玩伴这个事

实，如例（54）。另有5%的语例是儿童在对话时对他人说的"V不C"进行重复应和，如例（55）。

（52）SYY：拐一拐，豹子拐拐了。
　　　GCY：你拐得上来吗？
　　　SYY：拐不上来。（1;11）
（53）ZLZ：你说嗨哟嗨哟，拔萝卜。
　　　JBS：拔不动。（1;10）
（54）GCY：你会吗？
　　　SYY：会，还没使小勺吃呢，吃不了，凉了。（1;11）
（55）HXT：水喷出来就不好玩儿喽，鱼儿离开了水就活不了了，知道吗？
　　　LXY：活不了了，鱼儿都没有了。（2;00）

肯定式的使用语境：平均60%的语例是回答性的，即顺应模仿，一般为儿童开始做某事，玩伴或者父母担心儿童做不了，询问"V得C吗"，儿童顺应问句给予肯定性回答"V得C"；有近40%的语例是自主产出，包括两种情况，一是在游戏时告知玩伴可以或能够发生的事情，儿童断定可以或能够发生是经过观察或尝试过的，如例（56），二是玩伴或父母否定某件事的可能性（如"够不着""吹不响"等），儿童反驳成人的否定，告知该事的可能性，如例（57）。

（56）ZLZ：鸭鸭船在那边，我们从那边走吧？
　　　JBS：这里才过得去。（2;06）
（57）LZR：小鸭子也不会，宝宝的喇叭，只有宝宝能吹响。
　　　LZR：别人吹不响。
　　　LXY：维尼吹得响。（2;02）

通过儿童两类情态动补构式产出的功能语境分析，我们可以对两类格式习得的不对称特征做初步的功能解释，当然也就解释了否定式的高频使用动因。

否定式的绝大部分语例是自主产出的，可以看出儿童对语境的掌控更灵活，如上文所分析的，无论回答性产出还是自主产出都要面对更加多样的对话语境，因而理论上"V 不 C"的产出频率应该更高，儿童的产出事实确也如此。当我们说一个语言结构式的适用语境非常广泛的时候，就意味着该结构式的使用不依赖于语境。沈家煊（2005：189）也提到"V 不 C"比"V 得 C"的语法化程度高，摆脱了对特定语境的依赖，是语境适用范围广泛的结构式，使用频率会更高一些，儿童语言习得数据支持沈家煊（2005）的观点。另外，除回答性产出外，81% 左右的自主产出语例无法用"不能 VC"替代，2;06 岁前的儿童语料中也没有发现"不能 VC"。事实上"不能 VC"一般不说，除非表示"不被允许 VC"，而这一含义与"V 不 C"的没有能力、条件或可能达到某种结果完全不同，这样看来，"V 不 C"具有独特的不可替代的表义功能。总之，"V 不 C"回答性产出的低频性、产出语境的多样化和该构式的不可替代性共同导致了否定式的优先习得和高频产出。

肯定式中的回答性产出占比平均为 60%，占比很高，但恰恰是这一点使儿童运用"V 得 C"没有更多的选择余地，也就是说，只有成人使用"V 得 C"询问儿童时，儿童才会产出，儿童的产出量取决于成人的产出量，成人使用的频率低，儿童的产出量也会少。自主产出时儿童面对的语境也有限，多数情况为儿童根据自己的能力或者对客观事实的判断告知成人或玩伴正在做或马上要做的事情是可以或能够实现的，较少情况下儿童用"V 得 C"反驳否定式"V 不 C"。另外，儿童自主产出的"V 得 C"似乎也可以用"能 VC"替代，如果这样，儿童"V 得 C"的使用就有更通用的替代形式，使产出的必要性大大降低。如果在本文所提到的语境中儿童选择"V 得 C"进行表述，说明儿童的情态表述是客观的肯定，并非主观推断。从语用功能上看，儿童掌握了反驳否定，但还不能用"V 得 C"表示委婉否定或者不太有把握的肯定。总的来说，成人"V 得 C"的使用频率、

"V得C"的可替代性及儿童对"V得C"功能特征的不完全习得共同导致了肯定式的低频产出。

## 9.5 两类情态否定习得特征的对比分析

我们再对情态动词否定和情态动补构式否定式的习得数据进行对比，通过比较可以看到情态动补构式否定式的习得时间明显早于情态动词否定：三名儿童所有情态动词否定中最早产出的情态动词否定是在1;09—1;11岁之间，但与情态动补构式否定式对应的"不+能"结构中"不+能$_{de}$"的最早产出时间是1;10—2;02岁，"不+能$_{dy}$"则是2;01—2;06岁，而情态动补构式否定式在1;08岁就有表意明确、语境适切的自主性产出，被试儿童LXY甚至在1;07岁就有6例产出。

从两类情态否定的构成来看，情态动补构式否定式的结构更长更复杂，按理说应该落后于情态动词否定的习得，但是儿童却优先习得这类句法结构复杂一些的情态否定，原因何在？这是一个有趣的问题，值得关注。

首先，我们考虑过儿童对情态动补构式否定式的习得是不是整体习得，即儿童把情态动补构式当作一个词来习得。但通过考察情态动补构式的习得路径，我们发现儿童对情态动补构式否定式的习得是一个构式化的过程，并非整体习得，"V不C"应由"VC"发展而来。这样一些证据可以验证我们的这一推测：一是"V不C"由"VC"发展而来，那么在"V不C"产出之前就有一定数量的"VC"自主产出；二是最初产出的"V不C"或者为自主产出，或者是对"VC"的否定，而不是对"V得C"的否定。第二个习得事实已经由表9-5的数据证实，关于第一个习得事实我们又检索了儿童"V不C"产出之前的语料，发现儿童产出很多"VC"结构，限于篇幅，这里仅举一名儿童产出的两个例句：

（58）LXF：干吗？
　　　　JBS：<u>搬走</u>。

　　　　LXF：起来。
　　　　JBS：啊。(1;04)
（59）LGT：哦，它冷，给它穿好不好？
　　　　JBS：<u>穿上</u>。
　　　　LGT：熊熊说我不洗澡啦，冷，穿上。(1;07)

上述习得数据说明，儿童在习得"V 不 C"之前先习得了表结果或实现的"VC"，然后添加否定词习得了"V 不 C"，用以表示没有能力、条件或可能实现某种动作结果或状态，即"V 不 C"的习得是一个建构的过程。根据吴福祥（2002a）、蒋绍愚（1995）的研究，"V 不 C"是"VC"通过加否定标记而历时演变的结果，这说明历时语法化研究的结论与本节儿童语言习得的事实具有互证性。

总的来说，儿童习得情态动补构式否定式与习得情态动词否定一样，都需要临时组合。那么情态动补构式否定式的优先习得最好从表达功能或输入上寻找原因。我们的思考如下：

（一）情态动补构式否定式语义特征的独特性。上文提到，情态动补构式肯定式表达可以用"能 VC"替换，"VC"都在"能"的辖域范围内，只是"V 得 C"的表达更委婉、客观一些，语用功能有些不同，但情态类型不会发生变化。否定式却不能用"不能 VC"或"能不 VC"替换，"不能 VC"中的否定不能透过情态壳制约"VC"（宋永圭，2004），即"VC"不在"不"的辖域范围内，因此与"V 不 C"的不同不是语用功能的不同，而是语义的不同，所以不能替代"V 不 C"，"能不 VC"不能替换"V 不 C"也是两者语义迥异的原因。这样看来"V 不 C"具有独特的不可替代的表义功能。情态动补构式否定式所否定的不是动作行为的不能或不可能，而是动作行为达到某种状态或结果的不能或不可能，儿童产出的语境往往是互动参与者在做某事或讲述故事中的某人或某动物在做某事，但是却达不到所希望的状态和结果。我们推测，由于儿童往往是在做事（包括做游戏）的语境中产出情态否定，这样的语境决定了儿童对所做事件状态或结果的关注度比动作行为本身更高，所以儿童产出情态否定时更早更多使用情态动补构式否定式。

（二）情态动补构式否定式语境适用范围的广泛性。前文研究还表明情态动补构式否定式的适用语境是非常广泛的，这一点不仅影响儿童选择"V不C"多于"V得C"，也对儿童选择"V不C"多于"不能V（C）"有很大的影响。关于"V不C"的语境适用范围上文已经论证过，兹不赘述，但与"V不C"相对应的"不+能"，其中的"不+能$_e$"在使用上却是受限的。"V不C"表示动作行为达到某种状态或结果的不能或不可能，可以表示根情态，也可以表示认识情态，与之对应的情态动词否定，儿童只习得了"不+能$_{dy}$"没有习得"不+能$_e$"。我们知道，关于认识情态之可能只有"能"和"可能"两个情态动词来表达，但"能"表达可能性时句法共现条件复杂，使用受限，儿童习得"能$_e$"的时间很晚（参见第四章和第六章相关小节），那么认识情态可能性的否定用法"不+能$_e$"没有习得就可以得到解释了；另外，情态动补构式否定式却较少受到句法限制，语境适用范围广泛，因此可以弥补情态动词"能"表达认识情态可能性否定方面因受限而使用频率较低、儿童习得时间较晚这一缺陷，使情态否定表达手段可以互相照应，满足各情态类型的否定表达。

（三）输入的影响。儿童情态否定两类结构的习得特征是否与成人输入的时量特征有关系呢？为此我们检索了LXY和JBS两名儿童"V不C"和"不+能"首次产出之前的输入语料，具体数据见表9-6：

表9-6　LXY和JBS两类情态否定结构的输入数据

| 儿童 | 结构 | 儿童产出时间 | 语料截取时点 | 输入量 | 首次输入时间 |
| --- | --- | --- | --- | --- | --- |
| LXY | 不+能$_{dy}$ | 2;06 | 2;06岁前 | 25 | 1;02 |
| | 不+能$_{de}$ | 1;10 | 1;10岁前 | 74 | 1;02 |
| | 不+能$_e$ | — | 2;06岁前 | 2 | 1;10 |
| | 所有"V不C" | 1;07 | 1;07岁前 | 73 | 1;02 |
| | [V不C]$_e$① | 1;10 | 2;06岁前 | 12 | 1;10 |

---

① 这里的[V不C]$_e$指的是具有认识情态义的情态动补构式否定式。

续表

| 儿童 | 结构 | 儿童产出时间 | 语料截取时点 | 输入量 | 首次输入时间 |
|---|---|---|---|---|---|
| JBS | 不+能 $_{dy}$ | 2;01 | 2;01 岁前 | 19 | 1;03 |
| | 不+能 $_{de}$ | 2;02 | 2;02 岁前 | 112 | 1;02 |
| | 不+能 $_e$ | — | 2;06 岁前 | 0 | — |
| | 所有"V 不 C" | 1;08 | 1;08 岁前 | 107 | 1;02 |
| | [V 不 C] $_e$ | 2;00 | 2;06 岁前 | 17 | 1;11 |

从输入与产出的关系看，有两种情况：

（一）输入与产出有关系。从情态动词的认识情态否定方面看，儿童没有产出应该与成人输入有关，因为"能"表示认识情态时需要特定的句法条件，所以成人语言中表认识情态的"能"在使用时也是受限的，因此成人对儿童的输入不仅时间晚而且数量极少甚至没有输入，儿童也需要具备相应的句法语义接口知识并且在合适的语境中使用，因此没能产出。再从情态动补构式否定式的认识情态否定方面看，成人的输入中有一些"V 不 C"在上下文语境中可以解读为认识情态，如例（60）。另外，有一些"V 不 C"是儿童对上文"V 得 C"的否定，如果上文中成人输入的"V 得 C"解读为认识情态，儿童产出的"V 不 C"也应该是认识情态，这是成人输入诱发儿童产出"V 不 C"的认识情态否定表达，这类诱发性的语例在成人输入中有一定的比例，如例（61）。

（60）ZLZ：（指着 JBS 画的布）谁画的？

　　　ZLZ：脏脏了，<u>洗不掉</u>。

　　　JBS：典典画的，脏脏，<u>洗不掉</u>。

　　　ZLZ：典典画的，那上面有墨水，<u>洗不掉</u>了。

　　　JBS：<u>洗不掉</u>。

　　　ZLZ：<u>洗不掉</u>怎么办？（2;00）

（61）LXY：这样。
　　　　ZYY：上得去吗？
　　　　LXY：上不去。
　　　　ZYY：那咋办？谁帮忙。（1;10）

　　（二）输入与产出没有关系。我们可以看到儿童情态动词根情态否定"不+能$_{dy}$"和"不+能$_{de}$"的输入时间与情态动补构式否定式是完全一样的，输入量则各有不同。不过关于输入量与产出时间的关系在第三章情态类型习得部分有所论述，数据显示在输入时间大体等同的情况下输入量如果不是极少并不影响产出时间。儿童 LXY 的动力情态否定"不+能$_{dy}$"输入量小，"不+能$_{de}$"输入量大，前者习得时间晚，后者习得时间早，但 JBS 的动力情态否定"不+能$_{dy}$"输入量也小，"不+能$_{de}$"输入量大，但前者习得时间并不晚，反而比后者早；LXY 的道义情态否定"不+能$_{de}$"和"V 不 C"的输入量基本等同，但是"V 不 C"的产出却比"不+能$_{de}$"早三个月，JBS 的道义情态否定"不+能$_{de}$"比"V 不 C"的输入量多一些，但是"V 不 C"的习得仍然比"不+能$_{de}$"更早。

　　通过上文数据，我们可以看出，成人输入对两类情态否定习得特征的影响仍然是必要不充分条件，成人如果没有输入，儿童就不会习得，认识情态否定习得就是如此，但有足够的成人输入儿童却未必早早产出，非认识情态否定和情态动补构式否定式的习得就是这样。那么儿童更早习得情态动补构式否定式，与这类情态否定独特的语义特征、语境适用范围的广泛性以及相应的儿童认知运算能力有直接的关联。

# 第十章 结语：早期情态习得的论证意义

## 10.1 情态习得在语言习得中的地位

情态是人类语言句法的有机组成部分，不同流派的语言学家在关于句法的论述中都强调情态的独立句法地位，比如认知功能语言学家认为情态与时体、语气一样，是句子锁定成分的一部分（Dirven & Verspoor, 1998），生成语言学家则认为情态是句法的功能范畴之一（Butler, 2003; Cinque, 1999），属于 IP。因此考察儿童情态习得有重要意义，至少可以通过情态习得窥知早期句法如何发展出与可能世界知识相关的功能范畴，在功能范畴的发展中又有哪些因素起作用，进而明确什么因素是更为本质的制约因素。

情态虽然是句法结构的重要组成部分，但情态表达主要通过词汇手段，所以情态习得既是句法习得，也是词汇习得和语义习得。但是情态语义并非个体词的词汇意义，其语义解读有完整的内在逻辑和语义引申，这样的语义习得是由输入经验决定的还是有独特的内在的语义计算？对这一问题的思考有助于对语言习得的柏拉图问题进行思考。

## 10.2 早期情态系统习得研究的重要发现

### 10.2.1 情态表达手段的整体习得特征

如果不考虑某类情态表达手段是否全部习得，那么从情态系统的整体习得来看，儿童倾向于从后到前，从外到内习得各类情态表达手段。

具体来说就是，儿童优先习得情态助词，然后差不多同时习得情态动词和情态动补构式，再之后儿童逐步习得了情态副词，但是情态插入语习得特别少见。儿童在情态副词的习得上已经很不完整，产出词数仅占我们所给的情态副词总表中的12%，因此，情态插入语在早期没有习得是可以预见的。不过，像上面那样表述情态系统的整体习得可能意义不大，因为情态副词和情态助词都是情态的补充成分，在语义类型的表现上与情态动词不具备可比性，所以我们从情态副词和情态助词的情态意义主要为认识情态这一点出发，以认识情态语义这一各类情态表达成分都具备的语义类型为单一维度来看不同情态表达成分的发展特征，这样我们可以看到儿童是从VP后句末情态助词开始，然后习得VP前情态动词的认识情态义，最后习得VP前情态副词。

对这样的整体习得特征，我们需要解释两个问题：第一，都是情态的补充成分，儿童为什么优先习得VP后情态助词而不是VP前情态副词（包括早于VP前单音节情态副词）？第二，VP前情态动词是人类语言中最典型的情态表达手段，儿童为什么没有优先习得情态动词而是优先习得VP后情态助词？

情态助词是儿童最早习得的句法成分，因为语气是句子的强制性共现成分，儿童只要产出句子必然具有语气，现代汉语是使用句末语气助词的语言，那么儿童习得句末语气助词中的情态意义并非自觉习得，而是在语气习得的裹挟中习得的，也就是在强制性语气习得时不由自主地获得了情态意义。这是VP后情态助词优先于情态副词和情态动词的一个重要原因。

根据以往研究，儿童对时间成分的整体习得（张云秋、王赛，2009；张云秋等，2014）与情态成分的整体习得特征有共同性，即时意义（外部时间成分）优先习得，体意义（内部时间成分）随后习得。另外，根据范莉（2010）的研究，儿童习得否定范畴也是先习得外部否定后习得内部否定。儿童在时间、否定和情态三个方面整体习得的一致性值得关注和更深入的研究。

### 10.2.2 情态语义的习得特征

#### 10.2.2.1 情态类型与情态量级的习得特征

情态语义的习得特征表现在语义类型和语义量级两个维度上，具体表现为：

（一）情态语义类型维度的习得按从根情态到认识情态的方向发展。这一特征主要体现在典型情态表达手段情态动词的习得上，情态动词否定词的习得也如此。情态助词使用时共现的句法形式如果认知处理难易度大致等同，也遵循这一习得规律。

（二）情态语义量级梯度的习得按从可能性量级到必然性量级的方向发展。这一特征不仅体现在情态动词的习得上，也体现在情态副词的习得上。至于情态助词的语义量级习得特征，如果句法形式认知处理难易度大致等同，也遵循这一习得规律。

上述两个方面的发展特征在情态动词习得上全部体现出来，但是情态语义类型维度的生长特征在情态副词的习得上并不显著，情态语义量级梯度的发展特征则在情态副词的习得上很显著。第四章的习得数据显示儿童对情态副词的语义类型习得不敏感，未呈现出与情态动词同样的时序特征，但是对语义量级是敏感的，即与认识情态动词习得一样，呈现出从可能到必然的语义发展特征，这一特征证明情态副词是情态的补充模式（Hoye, 1997），情态助词因为是兼职情态成分，也可以看作情态的补充模式。补充即对情态语义量级进行调节，包括对情态值的细化（强化和弱化）和说话人对命题或事件态度的主客观程度进行补充。

#### 10.2.2.2　情态意义的不确定性

儿童早期产出的情态语义类型并非总是那么清晰，存在大量的意义不确定现象。表现为：

（一）内部情态意义越复杂的词，出现意义不确定现象的比例越高，如"能"和"要"的情态意义更复杂，意义不确定的产出总占比均高于"会"。

（二）不同情态意义共存类型存在不均衡现象，表现为"动力与认识"意义共存类型产出比最高，"动力与道义"意义共存类型次之，"道义与认识"意义共存类型最低。

多义情态词内部语义的复杂性和语义演变具有过程性是情态意义不确定产出的内在原因，成人语言中尚且存在情态义含混现象（徐晶凝，2008：256—257），儿童从无到有的情态义习得更不可避免地出现情态义模棱两可的现象。张云秋等（2014）曾证明儿童习得多义词义项的时序特征与词语语义演变有较高的互证性，我们也有理由相信语义演变过程的渐变状态（如"要"的将然性）在儿童习得时会留下痕迹。

### 10.2.2.3 情态语义与其他范畴的协同发展

与情态成分共属同一子系统的其他锁定成分（时体成分和语气成分）以及动词情状属性的习得对情态意义共存类型产出的不均衡特征应该负有一定的责任。三个情态意义中动力情态义习得时间最早，认识情态义最晚，这是因为认识情态义的认知与解读更为复杂，与时体标记和句类及语气标记的习得有较高相关性，即涉及了语义与句法的接口知识，因此"动力与认识"意义共存类型产出总比也是最高的。儿童语言习得中的情态意义不确定现象从一个侧面证明时体范畴和语气范畴与情态范畴关系密切，它们被功能语言学家看作同一语言子系统是有道理的。早期儿童语言中的情态意义不确定性给我们一个启示，即儿童语义的习得与句法、语用的发展关系密切，它们之间的习得具有协同性。

从早期儿童情态语义的不确定性出发，本研究进一步考察了情态语义类型与动词情状的共现习得，情态与否定的共现习得。情态类型与情状类型的共现习得表现为认识情态倾向于与静态情状、达成情状结合，根情态倾向于与活动情状、完结情状结合。这种共现规律与不同情状动词的内在语义特征有关，并且情状类型与情态类型习得顺序的平行性特征也可能受制于情状动词的语义特征。

另外，关于情态动词否定的习得我们发现否定运算的加入对情态否定语义类型和语义量级的习得都有一定的延迟作用，但情态动补构式否定式的习得又可以弥补早期情态动词否定延迟习得带来的空缺。

## 10.3 早期情态习得的论证意义

### 10.3.1 对语言习得理论的论证作用

关于儿童语言习得，主要有两种理论：一是基于理性的天赋论（Chomsky, 1981; Pinker, 1994; Wexler, 1998, 1999; Lust, 1999; Crain & Pietrowski,

2001；Hyams，1986；Radford，1990；Snyder，2007；等等）；二是基于经验的建构论（Tomasello，2000a，2000b，2003；Ambridge et al.，2014；等等）。关于上述儿童早期语言发展的理论流派及其分歧，学界已经有很多介绍和讨论（如 Tomasello，2003；Lust，2006；杨小璐，2012；彭鹭鹭，2016；等等），兹不赘述。我们认为两种理论的本质分歧在于如何看待语言的初始状态和可学性（learnability）问题。简言之，天赋学派认为语言的初始状态不是空白，而是存在一套先天遗传而来的普遍语法，普遍语法是早期语言快速发展的决定性因素；建构学派认为没有什么先天存在的普遍语法，儿童不过是通过互动使用而逐渐建构起抽象的句法，普遍认知能力（如共同关注能力和模式发现能力）是儿童习得语言的基础，经验则在儿童语言习得中起到重要的作用。天赋学派内部还有一些分歧，如 Pinker（1994，1999）认为应该把语言分成不同的菜单，其中语法是天赋的，人类语法的可学性是由语法基因决定的，但是语言中的词语则是学习的，即由经验提供。Borer & Wexler（1987）、Radford（1990）、Wexler（1999）等则认为儿童的句法表现与成人不同，是一个发育成熟的过程，但发育的过程与经验因素没有关系，而是受制于先天的遗传因素，即普遍语法规定了句法生长的方向。儿童句法具有遗传属性，但儿童语法并非一开始就和成人完全一样，就像人类先天具有的其他技能一样，需要一个发育成熟的过程。那些涉及句法和语义接口的知识或原则发育成熟较晚。

我们可以通过情态语义的习得探讨经验、认知以及遗传在语言习得中的作用。

#### 10.3.1.1 情态语义发展特征的习得与输入的关系

首先我们需要分析情态词的习得属性，是词语习得还是语义习得，或者是句法习得？

情态表达手段一般为词汇手段，作为有意义的能指，儿童对情态词的习得似乎是词语的习得，但情态作为句法的功能范畴，其意义不是一般的词汇意义，因此情态是抽象的语义或者句法语义。假如一位母亲总是带着自己的小孩在自家有鸭有鹅的院子里劳作，这个小孩很小就可能分辨出鸭与鹅的区别，而对许多住在城市的家庭来说，儿童习得鸭与鹅这两个词只能通过儿童读物，否则不可能了解这两种动物的名称。但是，情态词的习得不需要上述语境，对情态词的习得涉及能力、意愿、准则、社会规约以及主观推测与推断，这说明情态词的习得主要是抽象语义或句法语义的习得，而非简单地建立能指与所指的关联。

在第三章和第六章中，我们统计了情态类型和情态量级的输入，发现输入与产出的关系很复杂。在情态动词所表达的语义类型方面，输入的时间和频率在儿童情态语义习得上是有作用的，但有输入没有产出、输入早未必产出早以及输入频率低未必产出晚这些情况说明输入的作用是复杂的：就单个情态意义来说，有输入才有产出；但就全部情态意义的发展特征来说，在有输入的前提下儿童什么年龄段习得哪些情态义项却不是由输入的时量特征和方式特征来决定的。这样看来，输入之于情态语义的发展规律来说是必要不充分条件，即儿童在得到输入的前提下怎样按一定的规则习得情态语义应该是遵循一定的认知机制而具有内在的顺序性。

在情态量级方面，儿童得到的输入也能证明成人相关语义量级的输入是必要的，但情态量级的发展特征与情态量级语义的形成及理解的认知难易度也有极大的关系。

总的来说，我们可以确定儿童情态语义的习得与输入有关系，不过儿童产出的时序特征与输入的时量特征没有一对一的关联，那么对儿童语言习得来说，输入起到的是提供样本的作用。

#### 10.3.1.2 认知：语义计算假说

前文我们对儿童情态动词和情态副词的输入与产出情况进行了量化分析，可以确定的是儿童产出的情态词大多伴随一定量的输入，即作为一个个体词习得，输入和习得有基本的对应关系，但是我们看不出儿童情态类型和情态量级的习得与输入是否存在显著的对应关系，也就是说，输入数据不能解释情态类型和情态量级的发展特征。

如果情态语义习得特征不能用基于经验的输入来解释，那么儿童从根情态到认识情态、从可能性量级到必然性量级这样的习得规则和语义扩张应该依赖于天赋的某种能力,我们认为这种能力应该与基于隐喻、转喻和范畴化等认知能力的语义计算能力有关。

从语义类型方面看,从根情态到认识情态的发展也是多义情态动词的历时演变脉络,儿童语言习得规律与词义历时演变规律的互证性说明两者有共同的认知基础,如隐喻和转喻等,但如果进一步追问这样的认知能力来自于哪儿,我们仍然不能给出明晰的答案。建构派学者(Tomasello,2003)认为无论词汇、语义还是句法,儿童都是基于互动使用而习得的。在天赋派中有学者(Pinker,1999)认为句法是遗传而来的,但是词语是后天习得的,在此观点下,情态动词尽管是句法语义界面成分,但作为词语,应该是基于经验或输入而习得的。不过,情态词习得中最有魅力也最有意义的部分是其语义的发展特征,因此情态习得是语义成分及语义范畴的习得。

儿童习得语义不仅需要理解词语之间以及词语和真实世界的关联,也需要范畴化能力和语义计算能力(Lust,2006:220—221),比如儿童需要计算逻辑成分的辖域(如否定词的辖域)才能获得逻辑成分的意义。我们认同人类的二元遗传模式,即生物的遗传和文化的遗传,文化遗传是人类独有的适应性认知。[①] 鉴于此,我们假设儿童生来就具备一些基本的认知能力及认知模式(如隐喻、转喻、范畴化等),因而天生具备与这样的认识模式相关的语义计算能力,儿童情态语义的习得特征正是这一语义计算能力的体现。在第四章和第六章我们已经证明了儿童情态语义的发展基于单词义项,而且从根情态向认识情态发展这一特征是基于隐喻和转喻能力的语义计算的结果。若如此,从根情态到认识情态这一语义扩张特征不仅适用于汉语儿童,各种语言儿童的情态语义扩展路径都应如此,而根据国外学者已有研究(Guo,1994,1995;Perkins,1983;Stephany,1986;Shatz & Wilcox,1991;O'Neill & Atance,2000;Choi,1991,1995;Byrnes & Duff,1989;等等),许多不同语言儿童情态类型的习得特征与汉语早期儿童的情态类型习得特征是一致的。

---

① 参见 M. Tomasello 著、张敦敏译《人类认知的文化起源》,中国社会科学出版社,2011 年版,第 53 页。

情态量级梯度的发展特征也与语义计算能力有很大的关系。必然性和可能性情态量级与儿童对可能世界的认知有关，根据可能世界语义学解释（Kripke，1980/2001），必然性推断意味着基于在已经为真的现实世界外设想每一种与现实世界有关的可能世界，并且在这些可能世界中没有反例；而可能性推测不需要设想所有的可能世界，命题只要在一个可能世界（包括已经为真的现实世界）里为真就可以成立。从语义形成和理解来看，可能性的语义计算简单，只针对当下的一个对象，必然性的语义计算针对所有情况，显然复杂于可能性，就对可能世界的认知来说，必然性是可能性的扩张。儿童以简单计算为基础，从简单到复杂的扩张是儿童语义习得的重要策略。

#### 10.3.1.3　句法合并与儿童情态习得特征

生成语法理论是否可以预测儿童情态语义的习得特征，这是值得探讨的。根据最简方案，句法是由实词层（VP）、屈折层（TP）和补词层（CP）构成的层级系统，即 [CP [TP [vP [VP]]]]，这个层级模型自下而上，从右向左，两两合并（Chomsky，2007），在合并中涉及一系列的规则。普遍语法句法结构层级如图10-1所示：

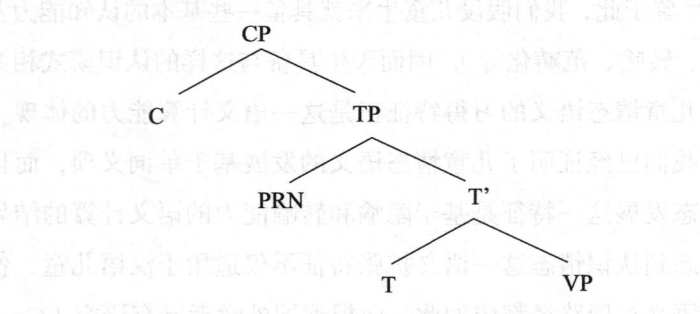

图10-1　普遍语法句法结构层级

当然，每个层级都可以根据句法成分的进一步合并而细化，如图10-2（Radford，2009：152，200）所示。

图10-2框中部分都是某一句法层级的初步细化。Rizzi（1997）就把功能范畴CP分化为话题（top）和焦点（foc），并认为这些子范畴都在TP之上，而Belletti（2004）则认为话题和焦点也可以在TP之下。传统上生成语法把

情态成分看作 TP 层，但近年来一些研究者认为情态成分根据其功能有的可以留在 VP 层，有的也可以提升到 CP 层，并在制图理论（cartographic theory）框架下对情态语义在句法结构中的分布层级做了细致的句法分析（蔡维天，2010：208—221），见图 10-3：

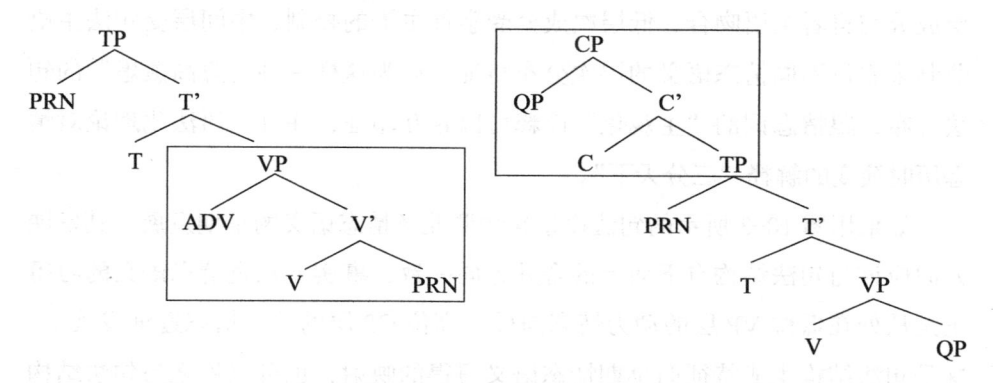

**图 10-2　普遍语法各句法结构层级的细化**

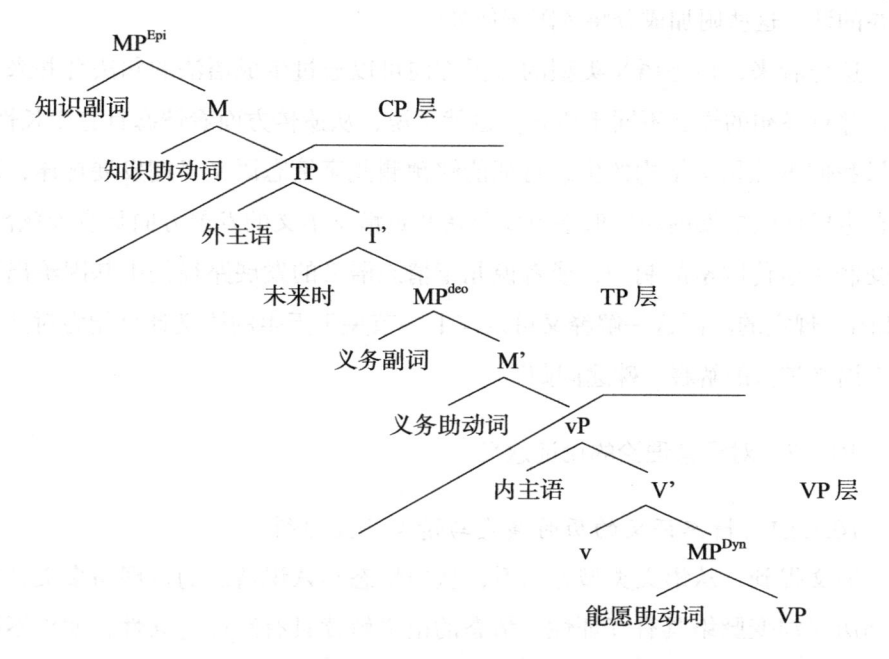

**图 10-3　情态语义在句法结构中的分布层级（蔡维天，2010）**

通过图 10-3 我们可以看到：认识情态语义、道义情态语义和动力情态语义分别分布在 CP 层、TP 层和 VP 层。Cinque（1999）认为情态成分所呈现的句法分布层次是情态词语义特征向句法的映射，如果立足于对句法层次特征寻求相关解释，把图 10-3 看作语义向句法的投射有一定的道理。蔡维天则从高层成分与言者主语吻合、低层次成分受事件主语的控制、中间层受句法主语节制来看待不同情态语义的层次分布特征，认为这样一种"愈高愈虚"的句法分布，跟情态词的"主观化"诠释可以相互印证，并且与语法化理论对情态历时演变的解释"三分天下"。

如果用图 10-3 所示的句法模型来预测儿童情态语义的早期发展，其发展方向应该与句法结构自下而上的合并方向一致，事实上儿童情态语义的习得正是从处在低位 VP 层的动力情态向处在高位 CP 层的认识情态逐渐发展的。这是句法结构生成特征向早期情态语义习得的映射，也可以称之为句法结构向语义特征的映射。情态成分依附于句子的主要动词或命题，如果句法树不存在的话，这些附加成分将依附于何处？

这样看来，情态语义类型的习得方向可以通过生成语法的句法合并来预测，并且最初的样态不同于成人，也就是说，从遗传方面看情态具有生长性。如果我们承认句法结构的生成特征能够预测儿童情态语义早期发展规律，那么在生成语法框架内我们似乎也要承认儿童情态语义的发展方向具有天赋性，即受制于遗传因素的制约，或者说儿童情态语义的发展路径是由基因给出的"蓝图"规定的。而这一解释又可以与上一节关于天生的语义计算能力对儿童情态语义扩张的解释"殊途同归"。

### 10.3.2 对语言理论的论证意义

#### 10.3.2.1 情态语义的历时演变与情态语义习得

前文提到，从语义类型方面看，从根情态到认识情态的发展与多义情态动词历时演变脉络具有互证性。情态的语义解读具有跨语言共性，如果不同的情态类型具有引申关系，那么就意味着如果一种语言有认识情态就一定存在根情态（包括动力情态或者道义情态），这一共性与跨语言儿童情态语义类型的发展特征是吻合的（Perkins, 1983; Stephany, 1986; Coates, 1988; Byrnes & Duff, 1989; Moore et al., 1990; Shatz & Wilcox, 1991; Choi, 1991, 1995; Guo, 1994; Noveck et al., 1996; Papafragou, 1998; O'Neill & Atance, 2000; 范莉, 2007; 郭婷, 2013; 杨贝, 2014）。从根情态到认识情态的引申，是语义从客观性到主观性历时演变的过程，也是语法化的路径。与语义演变相关的是句法上表现为认识情态离中心词远而动力情态离中心词近，王晓华（2011）曾比较汉语和日语情态类型连用的语序特征，发现尽管两种语言情态词和中心语的位置不同，但若以中心语为参照则呈现出动力情态临近中心语而认识情态比根情态离中心语更远的语序共性特征。本研究数据表明，汉语儿童情态语义类型习得是根情态优先，情态词连用时与成人一样，基本符合王晓华（2011）提出的共性特征。儿童情态语义类型发展特征以及情态词连用特征与情态语义解读的语言共性基本吻合，说明类型学提出的语言共性与语言习得有一定的互证关系。反过来，儿童语言习得也可以给情态类型学研究提供证据，辅以论证。

#### 10.3.2.2 情态的原型范畴属性与儿童语言习得

情态作为语义范畴，应该是一个原型范畴，包括典型情态成分和非典型情态成分。情态动词就是情态范畴中的典型表达手段，并且就跨语言来说是人类语言普遍使用的情态表达手段。就现代汉语句子的不同锁定成分来说，情态虽然与时体有一定的关联却不会混淆，但常常与语气范畴纠缠不清，从典型情态成分到非典型情态成分的连续统，往往就是从情态动词到情态副词或语气副词再到句末语气助词的连续统。关于情态范畴与语气范畴的连续统可参见第二章图 2-1。理论上讲，儿童会通过原型成员识别范畴（Langacker, 1991），因而对原型范畴的习得会优先习得该范畴的典型成员，然后是非典型成员。优先习得也意味着儿童对典型成员的句法语义特征习得最为充分，尽管我们没有办法考察儿童对图 10-3 所列全部成分的习得，但就已经考察的情态动词、情态副词和情态助词以及情态动补构式来看，儿童情态成分习得数据支持情态是原型范畴这一结论。

早期汉语儿童习得情态动词是最充分的，不仅数量接近成人，语义习得也非常成熟：情态动词语义类型维度的习得已经成熟，三名被试儿童认识情态的起始习得平均年龄甚至在 2;00 岁之前，情态动词语义量级梯度的习得同样在 3;00 岁时就已经成熟，单音节情态动词习得平均年龄为 2;09 岁。早期情态动词的语义发展方向表现出极强的规律性，语义类型从根情态到认识情态，语义量级则从可能性到必然性。

早期汉语儿童情态副词的习得数量很少，到 4;06 岁时习得数量不过 20 个左右。从语义发展来看，儿童对情态副词的语义类型不敏感，但是对语义量级敏感，即遵循情态动词习得时的发展方向，从可能性到必然性。Hoye（1997）把情态副词看作情态的补充模式，我们进一步认为情态副词对情态的补充体现在语义量级的补充上，表现为细化（强化和弱化）情态值和对情态的主观性与客观性进行调节。而从情态的原型范畴属性上看，情态的补充模式不是情态范畴的典型成员，是情态的较典型成员或非典型成员。情态助词的习得数量虽然不少，习得时间也很早，但是情态助词是兼职情态表达成分，也是情态范畴的非典型成员，其语义习得特征往往受制于共现的句类特征，没有显著的规律。

就动词前情态表达手段来说，情态动词和情态副词的地位不一样：前者是情态表达的主要手段，也可以称之为情态范畴中的典型成员，那么，在情态语义类型维度上和情态语义量级梯度上的语义表现主要通过情态动词体现出来，因此情态动词也是跨语言情态表达的主要手段，具有跨语言共性；后者虽然在不同语言中也广泛使用，但主要是情态的补充成分，可以对情态值进行调节。按上述解释，儿童对动词前情态词的习得应该是优先习得典型情态表达手段情态动词，儿童习得也的确如此。儿童优先习得情态动词，并且情态语义的发展特征主要通过情态动词的习得表现出来，也就是说儿童对情态动词的习得在语义类型维度的差异和语义量级梯度的差异上都非常敏感，并且规律性很强。但是儿童对较后习得的情态副词在语义类型维度上不敏感，但是在语义量级梯度上非常敏感，与习得情态动词所体现出来的语义量级发展特征一致。

## 10.4 结束语

情态习得研究是跨语言习得研究的重要内容，研究意义重大，若能全面详尽考察全部情态表达成分的儿童语言习得是最好的，但鉴于汉语儿童产出实际和写作的需要，我们只详尽考察了儿童情态动词、情态副词和情态助词的习得，从情态否定方面考察了情态动补构式的习得，其他成分则没有考察，这是一种缺憾，主要原因在于汉语早期儿童对情态插入语的习得是零星的，本书没能对该类情态表达成分的习得进行考察，另外，动词中的认识动词数量很少，很难单独成为一章。本书的另一缺憾是数据问题，我们的数据主要来自三名普通话儿童的自发产出语料，一般来说，从一种语料中发现的规律如果是真实的，那么这一规律应该也禁得起用其他方法获取的数据的检验，好的规则往往也是自发数据和实验数据的共同发现，但本文没有通过实验数据对基于自然产出得出的数据进行验证，原因在于儿童自发产出情态成分的年龄非常小，相应的实验研究最好也要设计 2;00 岁或 2;00 岁以下被试组，但是对如此低龄的儿童进行较为抽象的情态语义理解或产出实验是极为困难的，我们尝试了很多办法，但效果不理想，因此最终放弃了获取实验数据的努力。

然而，本书的研究结果仍然是令人兴奋的。我们系统地梳理了现代汉语情态表达成分的儿童语言习得面貌，也试图通过儿童情态系统的整体习得特征和情态语义的发展特征来寻找情态习得的理论意义。情态系统的整体习得呈现由外向内、从后向前的趋势，这一特征一方面对已有的句法习得观有所佐证（胡建华，2016；张云秋、晁代金，2019），另一方面因其与时间成分、否定成分表现出同样的习得倾向而更有意义。本书认为情态是人类语言句法的有机组成部分，具有独立的句法地位，同时也是人类语言最为重要的语义范畴之一，因而情态的儿童语言习得研究具有重要的理论意义和学术价值，值得投入更多的精力进行更为全面而细致的研究。

# 参考文献

陈　平　1988　《论现代汉语时间系统的三元结构》，《中国语文》第6期。
陈婷君　2016　《普通话儿童动词情状与情态动词的共现关系研究》，首都师范大学硕士学位论文。
蔡维天　2010　《谈汉语模态词的分布与诠释之对应关系》，《中国语文》第3期。
崔诚恩　2002　《现代汉语情态副词研究》，中国社会科学院研究生院博士学位论文。
崔希亮　2003　《事件情态和汉语的表态系统》，中国语文杂志社编《语法研究和探索》（十二），北京：商务印书馆。
戴耀晶　1997　《现代汉语时体系统研究》，杭州：浙江教育出版社。
戴耀晶　2000　《试论现代汉语的否定范畴》，《语言教学与研究》第3期。
邓守信　1985　《汉语动词的时间结构》，《语言教学与研究》第4期。
范开泰　1988　《语义分析说略》，中国语文杂志社编《语法研究和探索》（四），北京：北京大学出版社。
范　莉　2007　《儿童和成人语法中的否定和否定辖域》，合肥：安徽大学出版社。
范　莉　2010　《普通话中动词后情态的早期获得》，《现代语文》（语言研究版）第6期。
范晓蕾　2020　《汉语情态词的语义地图研究》，北京：商务印书馆。
符达维　1986　《对双重否定的几点探讨——兼与林文金同志商榷》，《福建论坛》（文史哲版）第6期。
傅满义　2002　《儿童语言中的副词》，安徽师范大学硕士学位论文。
高增霞　2003　《汉语担心—认识情态词"怕""看""别"的语法化》，《中国社会科学院研究生院学报》第1期。
关思怡　2013　《副词与主语的相对位置关系考察》，北京大学硕士学位论文。
郭　婷　2013　《汉语早期儿童情态动词的习得：情态类型和情态量级》，首都师范大学硕士学位论文。
郭小朝、许政援　1991　《儿童早期语言发展中动词和动词结构的运用与句子的建构——对个案的分析研究》，《心理科学》第6期。
郭昭军　2003a　《从"会2"与"可能"的比较看能愿动词"会2"的句法和语义》，中国语文杂志社编《语法研究和探索》（十二），北京：商务印书馆。

郭昭军　2003b　《汉语情态问题研究》，南开大学博士学位论文。
贺　阳　1992　《试论汉语书面语的语气系统》，《中国人民大学学报》第5期。
胡建华　2016　儿童句法的生长模式，香港中文大学中国社会科学院学者讲座系列。
胡明扬　1981　《北京话的语气助词和叹词》，《中国语文》第5—6期。
胡明扬　1988　《语气助词的语气意义》，《汉语学习》第6期。
胡　莹　2014　《汉语早期儿童认识情态习得研究》，首都师范大学硕士学位论文。
黄伯荣、廖序东　2011　《现代汉语》（增订五版下册），北京：高等教育出版社。
黄国文　1988　《语篇分析概要》，长沙：湖南教育出版社。
黄郁纯　1999　《汉语能愿动词之语义研究》，台湾师范大学硕士学位论文。
蒋绍愚　1995　《内部构拟法在近代汉语语法研究中的运用》，《中国语文》第3期。
孔令达等　2004　《汉族儿童实词习得研究》，合肥：安徽大学出版社。
李　敏　2010　《现代汉语的义务情态分析》，《语言教学与研究》第1期。
李　明　2003　《汉语表必要的情态词的两条主观化路线》，中国语文杂志社编《语法研究和探索》（十二），北京：商务印书馆。
李若凡　2014　《普通话儿童论元结构的最初习得》，首都师范大学硕士学位论文。
李宇明　2004　《儿童语言的发展》，武汉：华中师范大学出版社。
李宇明、陈前瑞　1999　《语言的理解与发生》，武汉：华中师范大学出版社。
林文金　1984　《关于双重否定的几个问题》，《福建论坛》（文史哲版）第3期。
刘　云　2010　《类型学视野下的汉语认识情态副词语法化研究》，北京大学博士学位论文。
刘月华　1980　《可能补语用法的研究》，《中国语文》第4期。
鲁　川　2003　《语言的主观信息和汉语的情态标记》，中国语文杂志社编《语法研究和探索》（十二），北京：商务印书馆。
罗竹风主编　1991　《汉语大词典》（第七卷），上海：汉语大词典出版社。
吕叔湘　1944/1984　《与动词后"得"与"不"有关之词序问题》，《汉语语法论文集》（增订本），北京：商务印书馆。
吕叔湘　1944/1982　《中国文法要略》，北京：商务印书馆。
吕叔湘主编　1999　《现代汉语八百词》（增订本），北京：商务印书馆。
吕叔湘、朱德熙　1952/2005　《语法修辞讲话》，沈阳：辽宁教育出版社。
吕俞辉　2013　《汉语可能补语的不对称现象》，《外语学刊》第6期。
马建忠　1898/2002　《马氏文通》，北京：商务印书馆。
马庆株　1981　《时量宾语和动词的类》，《中国语文》第2期。
马庆株　1988　《能愿动词的连用》，《语言研究》第1期。
孟建安　1996　《谈双重否定句式》，《修辞学习》第2期。

彭利贞　2007a　《论情态与情状的互动关系》,《浙江大学学报》(人文社会科学版)第5期。
彭利贞　2007b　《现代汉语情态研究》,北京:中国社会科学出版社。
彭鹭鹭　2016　《儿童句法结构的获得》,中国社会科学院研究生院博士学位论文。
齐春红　2006　《现代汉语语气副词研究》,华中师范大学博士学位论文。
齐沪扬　2002a　《论现代汉语语气系统的建立》,《汉语学习》第2期。
齐沪扬　2002b　《情态语气范畴中语气词的功能分析》,《南京师范大学文学院学报》第3期。
齐沪扬　2002c　《语气词与语气系统》,合肥:安徽教育出版社。
邱闯仙　2010　《现代汉语插入语研究》,南开大学博士学位论文。
杉村博文著,沙野译　1982　《V得C、能VC、能V得C》,《汉语学习》第6期。
沈家煊　1994　《"语法化"研究综观》,《外语教学与研究》第4期。
沈家煊　1999　《不对称和标记论》,南昌:江西教育出版社。
沈家煊　2005　《也谈能性述补结构"V得C"和"V不C"的不对称》,沈家煊、吴福祥、马贝加主编《语法化与语法研究》(二),北京:商务印书馆。
石毓智　1992　《肯定和否定的对称与不对称》,台北:台湾学生书局。
石毓智　2001　《肯定和否定的对称与不对称》,北京:北京语言文化大学出版社。
史金生　2003　《语气副词的范围、类别和共现顺序》,《中国语文》第1期。
史金生　2011　《现代汉语副词连用顺序和同现研究》,北京:商务印书馆。
司红霞　2015　《现代汉语插入语研究》,长春:东北师范大学出版社。
宋永圭　2004　《现代汉语情态动词"能"的否定研究》,复旦大学博士学位论文。
孙德金　1996　《汉语助动词的范围》,胡明扬主编《词类问题考察》,北京:北京语言学院出版社。
孙利萍　2005　《可能式"得"字句的句法不对称考察》,《云南师范大学学报》(对外汉语教学与研究版)第2期。
孙利萍　2007　《汉语可能补语的语法意义》,《江南大学学报》(人文社会科学版)第1期。
汤廷池　1979　《助词"会"的两种用法》,《国语语法研究论集》,台北:台湾学生书局。
王　季　2018　《普通话儿童句法习得的最初面貌》,首都师范大学硕士学位论文。
王　力　1943　《中国现代语法》,北京:商务印书馆。
王　伟　2000　《情态动词"能"在交际过程中的义项呈现》,《中国语文》第3期。
王晓华　2011　《现代日汉情态对比研究》,上海外国语大学博士学位论文。
王晓凌　2003　《现代汉语情态动词语义研究》,复旦大学硕士学位论文。
王悦婷　2012　《汉语早期儿童句末情态系统习得研究》,首都师范大学硕士学位论文。

吴福祥　2002a 《汉语能性述补结构"V 得／不 C"的语法化》，《中国语文》第 1 期。

吴福祥　2002b 《能性述补结构琐议》，《语言教学与研究》第 5 期。

吴芸莉　2014 《现代汉语情态动词的连用和维向》，北京大学硕士学位论文。

肖唐金　2010 《英语情态卫星副词的语篇功能》，《吉首大学学报》（社会科学版）第 3 期。

肖应平　2011 《现代汉语情态副词与动词情状的同现研究》，《现代语文》（语言研究版）第 10 期。

相原茂　2000 《汉语助动词的否定式》，陆俭明主编《面临新世纪挑战的现代汉语语法研究：'98 现代汉语语法学国际学术会议论文集》，济南：山东教育出版社。

谢佳玲　2002 《汉语的情态动词》，台湾清华大学博士学位论文。

谢　天　2016 《现代汉语情态性插入语的研究》，首都师范大学硕士学位论文。

忻爱莉　2000 《华语情态动词的语意与句法成分之互动》，世界华语文教育学会编《第六届世界华语文教学研讨会论文集》（第一册：语文分析组），台北：世界华文出版社。

邢红兵　1997 《现代汉语插入语研究》，陈力为、袁琦主编《语言工程》，北京：清华大学出版社。

徐晶凝　2008 《现代汉语话语情态研究》，北京：昆仑出版社。

杨　贝　2014 《汉语儿童认识型情态动词的早期习得》，《语言教学与研究》第 1 期。

杨　贝、董燕萍　2013 《汉语动力型情态动词的早期获得》，《华文教学与研究》第 1 期。

杨小璐　2012 《儿童早期句法发展：基于规则还是基于使用？》，《外语教学与研究》第 4 期。

杨荣祥　2005 《近代汉语副词研究》，北京：商务印书馆。

张家龙　2010 《从言模态和从物模态的联系、区别及其哲学意义》，《云南师范大学学报》（哲学社会科学版）第 1 期。

张谊生　2000a 《现代汉语副词的性质、范围与分类》，《语言研究》第 1 期。

张谊生　2000b 《现代汉语副词研究》，上海：学林出版社。

张永来　1990 《关于插入语与句子成分的划界问题》，《语言研究》第 2 期。

张云秋等　2014 《汉语儿童早期语言的发展》，北京：商务印书馆。

张云秋、晁代金　2019 《儿童句法怎样生长：基于语言共性的习得模式构想》，《首都师范大学学报》（社会科学版）第 6 期。

张云秋、郭　婷　2014 《从"在"字句习得看儿童的早期句法发展》，《当代语言学》第 4 期。

张云秋、李若凡　2017 《普通话儿童早期语言中的情态量级》，《中国语文》第 1 期。

张云秋、林秀琴　2017 《情态副词的功能地位》，《首都师范大学学报》（社会科学版）第 3 期。

张云秋、王　赛　2009　《汉语早期儿童时间意识的开始——"了"的习得意味着什么？》，《首都师范大学学报》（社会科学版）第1期。

张云秋、李建涛　2022　《普通话情态动补构式的儿童语言习得》，北京大学外国语言学及应用语言学研究所编《语言学研究》（第三十辑），北京：高等教育出版社。

张则顺　2012　《现代汉语确信情态副词的语用研究》，《语言科学》第1期。

赵　岳　2014　《汉语儿童情态副词习得研究》，首都师范大学硕士学位论文。

中国语文杂志社编　2003　《语法研究和探索》（十二），北京：商务印书馆。

中国社会科学院语言研究所词典编辑室编　2012　《现代汉语词典》（第6版），北京：商务印书馆。

周北海　1996　《模态逻辑》，北京：中国社会科学出版社。

朱德熙　1982　《语法讲义》，北京：商务印书馆。

朱冠明　2002　《副词"其实"的形成》，《语言研究》第1期。

朱冠明　2005　《情态与汉语情态动词》，《山东外语教学》第2期。

Ambridge, Ben, Julian M. Pine, and Elena V. M. Lieven 2014 Child Language Acquisition: Why Universal Grammar Doesn't Help. *Language* 90(3): e53–e90.

Belletti, Adriana (ed.) 2004 *Structures and Beyond*. New York/Oxford: Oxford University Press.

Borer, Hagit, and Kenneth Wexler 1987 The Maturation of Syntax. In Roeper, Thomas, and Edwin Williams (eds.), *Parameter Setting (Studies in Theoretical Psycholinguistics)*, 123–172. Springer, Dordrecht: Reidel Publishing Company.

Butler, Jonny 2003 *A Minimalist Treatment of Modality*. Lingua 113(10): 967–996.

Byrnes, James P., and Michelle A. Duff 1989 Young Children's Comprehension of Modal Expressions. *Cognitive Development* 4(4): 369–387.

Choi, Soonja 1991 Early Acquisition of Epistemic Meaning in Korean: A Study of Sentence-Ending Suffixes in the Spontaneous Speech of Three Children. *First Language* 11(31): 93–119.

Choi, Soonja 1995 The Development of Epistemic Sentence-Ending Modal Forms and Functions in Korean Children. In Bybee, Joan, and Suzanne Fleischman (eds.), *Modality in Grammar and Discourse*. Amsterdam: John Benjamins Publishing Company.

Chomsky, Noam 1981 *Lectures on Government and Binding*. Dordrecht, Netherlands: Foris.

Chomsky, Noam 2005 Three Factors in Language Design. *Linguistic Inquiry* 36(1): 1–22.

Chomsky, Noam 2007 Approaching UG from Below. In Sauerland, Uli, and Hans-Martin Gärtner (eds.), *Interface+ Recursion= Language?*, 1–29. New York: Mouton de Gruyter.

Chung, Sandra and Alan Timberlake 1985 Tense, Aspect and Mood. In Shopen, Timothy (ed.), *Language Typology and Syntactic Description, Vol. 3: Grammatical Categories and the*

*Lexicon*. Cambridge: Cambridge University Press.

Cinque, Guglielmo 1999 *Adverbs and Functional Heads: A Cross-Linguistic Perspective*. New York: Oxford University Press.

Coates, Jennifer 1983 *The Semantics of the Modal Auxiliaries*. London: Croom Helm, Ltd.

Coates, Jennifer 1988 The Acquisition of the Meanings of Modality in Children Aged Eight and Twelve. *Journal of Child Language* 15(2):425–434.

Crain, Stephen, and Paul Pietroski 2001 Nature, Nurture and Universal Grammar. *Linguistics and Philosophy* 24(2):139–186.

Dan I. Slobin 1979 *Psycholinguistics* (2nd Edition). Glenview, Illinois: Scott, Foresman and Company.

Dik, Simon C. 1978 *Functional Grammar*. Amsterdam: North-Holland Publishing Company.

Dirven, René, and Marjolyn Verspoor (eds.) 1998 *Cognitive Exploration of Language and Linguistics*. Amsterdam: John Benjamins Publishing Company.

Givón, Talmy 1984 *Syntax: A Functional-Typological Introduction* (vol. 1). Amsterdam: John Benjamins Publishing Company.

Guo, Jiansheng 1994 *Social Interaction, Meaning, and Grammatical Form: Children's Development and Use of Modal Auxiliaries in Mandarin Chinese*. Ph. D. dissertation, University of California, Berkley.

Guo, Jiansheng 1995 The Interactional Basis of the Mandarin Modal néng 'CAN'. In Bybee, Joan, and Suzanne Fleischman (eds.), *Modality in Grammar and Discourse*. Amsterdam: John Benjamins Publishing Company.

Halliday, Michael Alexander Kirkwood 1976 English System Networks. In Kress, Gunther R. (ed.), *System and Function in Language: Selected Papers*, 101–135. London: Oxford University Press.

Halliday, Michael Alexander Kirkwood 1994 *An Introduction to Functional Grammar* (2nd Edition). London: Edward Arnold.

Hoye, Leo 1997 *Adverbs and Modality in English*. London/New York: Longman.

Hyams, Nina 1986 *Language Acquisition and the Theory of Parameters*. Dordrecht: Reidel.

Jespersen, Otto 1924 *The Philosophy of Grammar*. London: George Allen and Unwin Ltd. 何勇等（译）《语法哲学》，北京：语文出版社，1988。

Johnson, Mark 1987 *The Body in the Mind: The Bodily Basis of Meaning, Imagination and Reason*. Chicago: Chicago University Press.

Kratzer, Angelika 1991 Modality. In Von Stechow, Arnim, and Dieter Wunderlich (eds.), *Semantics: An International Handbook of Contemporary Research*. Berlin: De Gruyter.

Kripke, Saul A. 1980 *Naming and Necessity*. Cambridge: Harvard University Press. 梅文（译）《命名与必然性》，上海：上海译文出版社，2001年。

Langacker, Ronald W. 1991 *Foundations of Cognitive Grammar: Descriptive Application* (vol. 2). Stanford: Stanford University Press.

Lee, Thomas Hun-Tak（李行德）1981 *Acquisition of Negation in a Mandarin-Speaking Child*. M. A. dissertation, University of Hong Kong, Hong Kong.

Leech, Geoffrey N. 1971 *Meaning and the English Verb*. London: Longman.

Lieven, Elena, and Michael Tomasello 2008 Children's First Language Acquisition from a Usage-Based Perspective. In Robinson, Peter, and Nick C. Ellis (eds.), *Handbook of Cognitive Linguistics and Second Language Acquisition*, 168–196. London: Routledge.

Lust, Barbara 1999 Universal Grammar: The Strong Continuity Hypothesis in First Language Acquisition. In Ritchie, William, and Tej Bhatia (eds.), *Handbook of Child Language Acquisition*, 111–145. London: Academic Press.

Lust, Barbara 2006 *Children Language: Acquisition and Growth*. New York: Cambridge University Press.

Lyons, John 1977 *Semantics* (vol.2). Cambridge: Cambridge University Press.

MacWhinney, Brian 2000 *The CHILDES Project: Tool for Analyzing Talk* (3rd Edition). Mahwah, NJ: Lawrence Erlbaum Associates.

McDaniel, Dana, Cecile McKee, and Helen Smith Cairns (eds.) 1996 *Method for Assessing Children's Syntax*, 55–232. Cambridge, MA: MIT Press.

Moore, Chris, Kiran Pure, and David Furrow 1990 Children's Understanding of the Modal Expression of Speaker Certainty and Uncertainty and Its Relation to the Development of a Representational Theory of Mind. *Child Development* 61(3): 722–730.

Narrog, Heiko 2012 *Modality, Subjectivity and Semantic Change: A Cross-Linguistic Perspective*. Oxford: Oxford University Press.

Noveck, Ira A., Simon Ho, and Maria Sera 1996 Children's Understanding of Epistemic Modals. *Journal of Child Language* (23): 621–643.

O'Neill, Daniela K., and Cristina M. Atance 2000 Maybe My Daddy Give Me a Big Piano: The Development of Children's Use of Modals to Express Uncertainty. *First Language* 20(58): 29–52.

Palmer, Frank Robert 1979 *Modality and the English Modals*. New York: Longman.

Palmer, Frank Robert 1986 *Mood and Modality* (1st Edition). Cambridge: Cambridge University Press.

Palmer, Frank Robert 2001 *Mood and Modality* (2nd Edition). Cambridge: Cambridge University

Press.

Papafragou, Anna 1998 The Acquisition of Modality: Implications for Theories of Semantic Representation. *Mind and Language* (3): 370–399.

Papafragou, Anna 2000 *Modality: Issues in the Semantics-Pragmatics Interface.* Oxford: Elsevier.

Perkins, Michael R. 1983 *Modal Expressions in English.* Norwood: Ables Publishing Company.

Pinker, Steven 1994 *The Language Instinct: The New Science of Language and Mind.* London: Penguin Books.

Pinker, Steven 1999 *Words and Rules: The Ingredients of Language.* New York: Basic Books, A Member of the Perseus Books Group.

Portner, Paul 2009 *Modality.* Oxford: Oxford University Press.

Radford, Andrew 1990 *Syntactic Theory and the Acquisition of English Syntax: The Nature of Early Child Grammars of English.* Oxford: Basil Blackwell.

Radford, Andrew, 2009 *Analysing English Sentences: A Minimalist Approach.* New York: Cambridge University Press.

Rizzi, Luigi 1997 The Fine Structure of the Left Periphery. In Haegeman, Liliane (ed), *Elements of Grammar*, 281–337. Dordrecht/Boston/London: Kluwer Academic Publisher.

Roberts, Ian, and Anna Roussou 1999 A Formal Approach to Grammaticalization. *Linguistics* (6):1011–1041.

Shatz, Marilyn, and Sharon A. Wilcox 1991 Constraints on the Acquisition of English Modals. In Gelman, Susan A., and James P. Byrnes (eds.), *Perspectives on Language and Thought.* Cambridge: Cambridge University Press.

Shepherd, Susan Carol 1981 *Modals in Antiguan Creole, Child Language Acquisition, and History.* Ph. D. dissertation, Stanford University, Stanford.

Snyder, William 2007 *Child Language: The Parametric Approach.* Oxford: Oxford University Press.

Stephany, Ursula 1986 Modality. In Fletcher, Paul, and Michael Garman (eds). *Language Acquisition* (2nd Edition). Cambridge, MA: Cambridge University Press.

Sweetser, Eve 1990 *From Etymology to Pragmatics: Metaphorical and Cultural Aspects of Semantics Structure.* Cambridge: Cambridge University Press.

Tai, James HY. ( 戴浩一 ) 1984 Verbs and Times in Chinese: Vendler's Four Categories. Papers from *Parasession on Lexical Semantics*, 289–296. Chicago Linguistic Society.

Talmy, Givón 1984 *Syntax: A Functional-Typological Introduction* (vol. 1). Amsterdam: John Benjamins Publishing Company.

Talmy, Leonard 1988 Force Dynamics in Language and Cognition. *Cognitive Science* 12(1):

49−100.

Taylor, John R. 2002 *Cognitive Grammar*. Oxford: Oxford University Press.

Tiee, Henry Hung-Yeh（铁鸿业）, and Donald M. Lance 1986 *A Reference Grammar of Chinese Sentences with Exercises*. Tucson: University of Arizona Press.

Tomasello, Michael 2000 *The Cultural Origins of Human Cognition*. Cambridge: Harvard University Press. 张敦敏（译）《人类认知的文化起源》，北京：中国社会科学出版社，2011。

Tomasello, Michael 2000a The Item-Based Nature of Children's Early Syntactic Development. *Trends in Cognitive Sciences* 4(4): 156−163.

Tomasello, Michael 2000b First Steps toward a Usage-Based Theory of Language Acquisition. *Cognitive Linguistics* 11(1): 61−82.

Tomasello, Michael 2003 *Constructing a Language: A Usage-Based Theory of Language Acquisition*. Harvard: Harvard University Press.

Traugott, Elizabeth Closs 1982 From Propositional to Textual and Expressive Meanings: Some Semantic-Pragmatic Aspects of Grammaticalization. In Labov, William, Winfred P. Lehmann, and Yakov Malkiel (eds.). *Perspectives on Historical Linguistics*. Amsterdam: John Benjamins Publishing Company.

Traugott, Elizabeth Closs, and Graeme Trousdale 2013 *Constructionalization and Constructional Changes*. New York: Oxford University Press.

Tsang, Chui Lim（曾聚廉）1981 A Semantic Study of Modal Auxiliary Verbs in Chinese. Ph. D. dissertation, Stanford University Press, Stanford.

Tsao, Teresa Chieh-fei（曹捷斐）1996 *Mood in Mandarin Chinese: Negative Modal Markers Bu and Mei*. M. A. dissertation, FuJen Catholic University, Taiwan.

Vendler, Zeno 1967 *Linguistic and Philosophy*. Ithaca: Cornell University Press.

Warnsby, Anna 2004 Constraints on the Interpretation of Epistemic Modality in English and in Swedish. In Facchinetti, Roberta, and Frank Robert Palmer (eds.), *English Modality in Perspective: Genre Analysis and Contrastive Studies*, 163−190. Frankfurt am Main: Peter Lang Publishing Group.

Wexler, Ken 1998 Very Early Parameter Setting and the Unique Checking Constraint: A New Explanation of the Optional Infinitive Stage. *Lingua* 106(1−4): 23−79.

Wexler, Ken 1999 Maturation and Growth of Grammar. In Ritchie, William, and Tej Bhatia (eds.), *Handbook of Child Language Acquisition*, 55−109. San Diego, London, Boston, New York, Sydney, Tokyo, Toronto: Academic Press.

# 后　记

　　汉语情态表达系统的建构和表达手段的整体研究及个案研究是这二十多年来汉语句法语义研究的一个热点，当然我也一直非常关注汉语情态研究的一些成果。我对跨语言儿童语言项目习得的共性特征和个性差异非常感兴趣，很想看看汉语儿童在人类普遍使用的情态系统上是怎么习得的，以及汉语儿童的习得特征与欧美、日韩同类研究中的儿童习得特征有什么共性和差异，因此十年前我就指导了几位硕士研究生从情态动词习得、情态副词习得等几个方面进行了尝试性研究。2013年底完成了国家社科基金后期资助项目成果的出版工作之后，我终于能集中精力系统地考虑汉语情态系统的儿童语言习得问题。幸运的是这个研究得到了2014年度国家社科基金一般项目的资助，通过几年的细致研究，我最初感兴趣的问题基本得到了答案。2018年底结项后，我又进行了多次修改和打磨，其间因新冠肺炎这场罕见的疫情多有曲折，不过现在终于可以交付出版了。

　　感谢匿名审阅专家们对书稿的肯定，第一次审阅使本书能够得到首都师范大学文学院的出版资助，第二次评审使本书在书号并不宽裕的情况下能够有幸在商务印书馆出版。感谢商务印书馆汉语中心的朱俊玄先生，他为本书的出版付出了很多努力。特别感谢本书的责任编辑戴燃女士，儿童语言习得研究需要大量的数据，戴燃女士对书中每一处数字和表格数据都做了极为细致的核对，纠正了我在数据量化时出现的许多失误。我以为这正是一个优秀编辑的可贵品质，令我非常敬佩。感谢首都师范大学和首师大文学院对学术著作出版工作的支持。同时我也要感谢已经毕业的几位硕士，她们是赵岳、王悦婷、张倩倩、陈婷君、韩露露。她们的初步研究是本研究的工作基础，尽管她们硕士毕业论文中的最初结论是我的思考，并且随着语料库的丰富，对数据也做了极大的修订和补充,而且许多新的思考和结论与原来的论证也大不相同,但她们前期的工作仍然是重要的。最后我要感谢我的姐姐桂秋和妹妹文秋,她们更多地照顾我们的父亲,让我有一些时间来做我喜爱的研究。

儿童语言习得是最有价值和魅力的语言学分支研究之一,愿通过本书的出版让更多的学者了解儿童语言习得,共同探索语言的奥秘。

2020 年初冬
于西三环北路 105 号